Lass meine Hand nicht los

SAKI SAKIMOTO

1

Aus dem Japanischen von Christina Rinnerthaler

Inhalt

Distanz.1

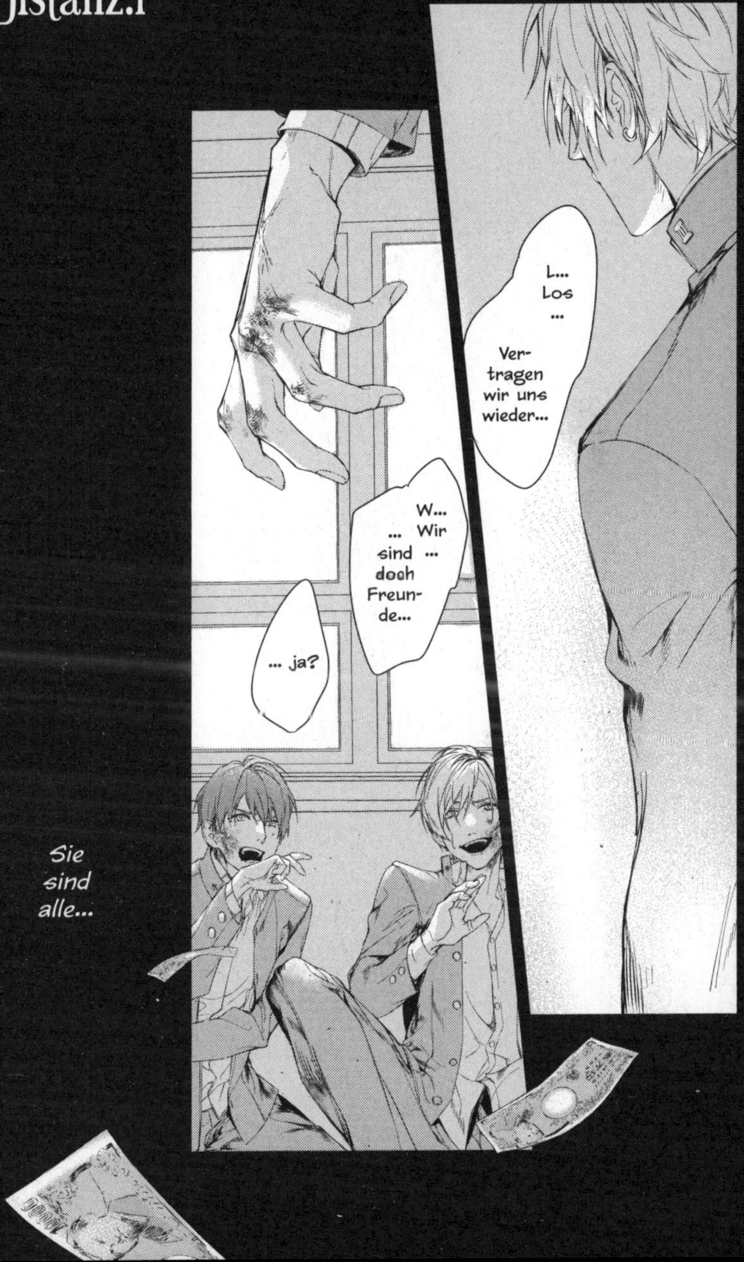
L... Los ... Vertragen wir uns wieder...
W... ... Wir sind ... doch Freunde...
... ja?
Sie sind alle...

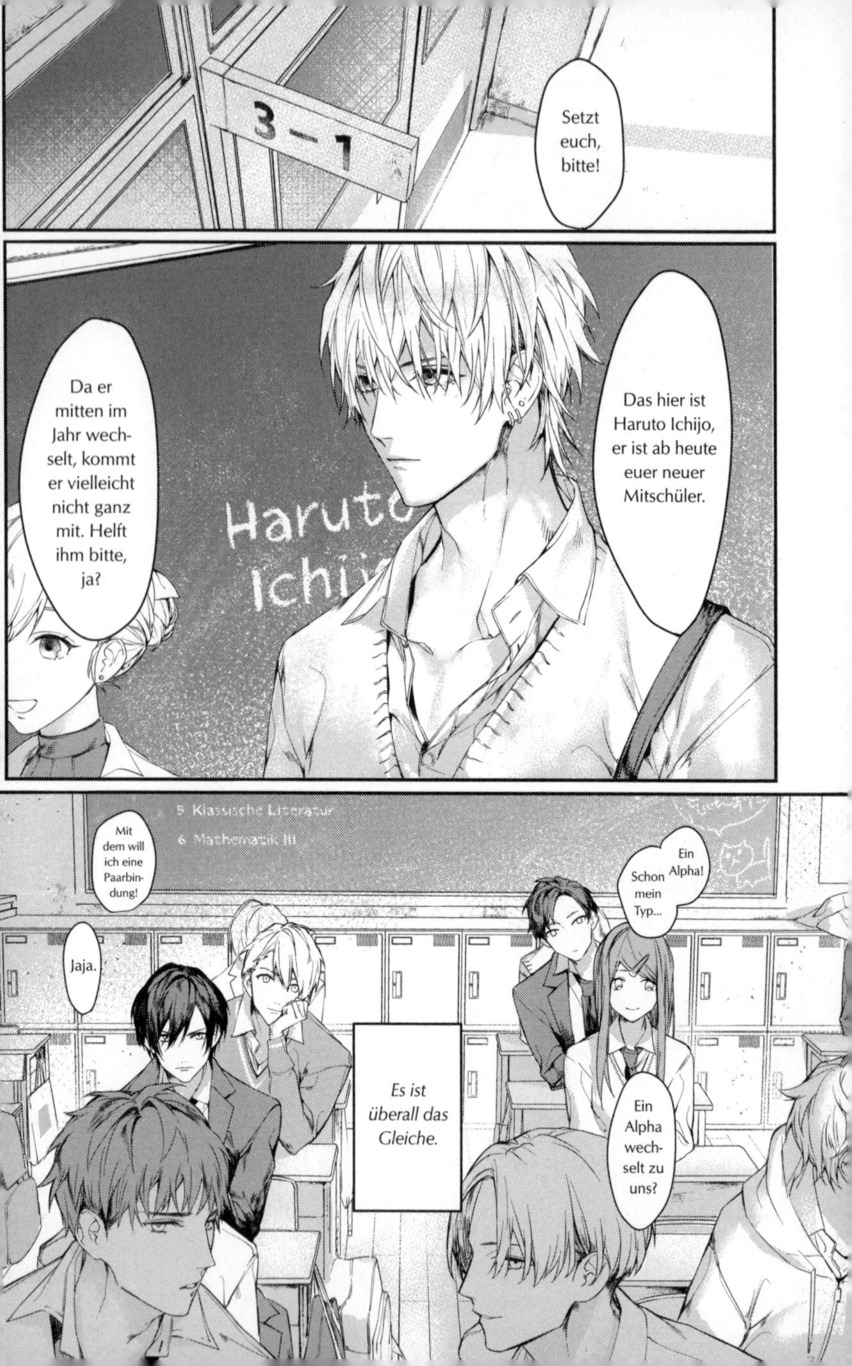

3-1
Setzt euch, bitte!
Das hier ist Haruto Ichijo, er ist ab heute euer neuer Mitschüler.
Da er mitten im Jahr wechselt, kommt er vielleicht nicht ganz mit. Helft ihm bitte, ja?
5 Klassische Literatur
6 Mathematik III
Ein Alpha!
Schon mein Typ...
Ein Alpha wechselt zu uns?
Es ist überall das Gleiche.
Mit dem will ich eine Paarbindung!
Jaja.

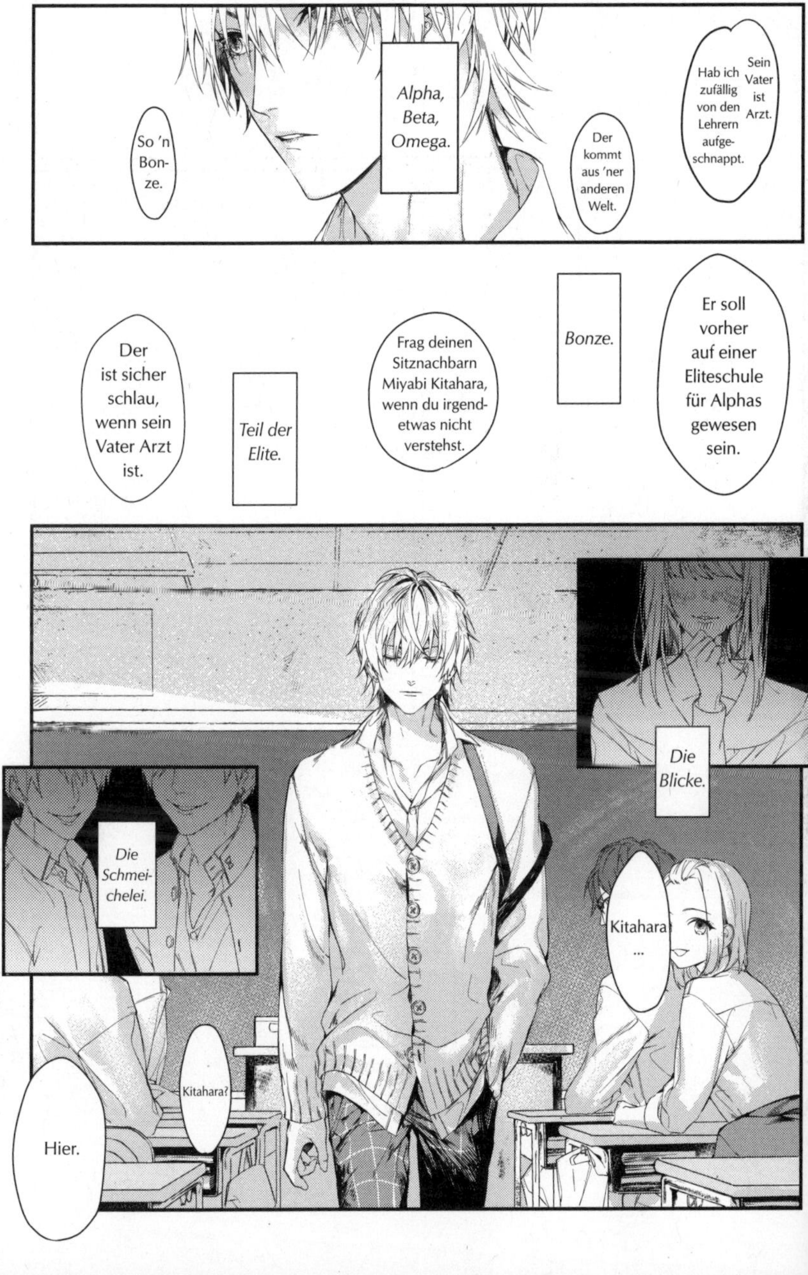
Sein Vater ist Arzt.
Hab ich zufällig von den Lehrern aufgeschnappt.
Der kommt aus 'ner anderen Welt.
Alpha, Beta, Omega.
So 'n Bonze.
Er soll vorher auf einer Eliteschule für Alphas gewesen sein.
Bonze.
Frag deinen Sitznachbarn Miyabi Kitahara, wenn du irgendetwas nicht verstehst.
Teil der Elite.
Der ist sicher schlau, wenn sein Vater Arzt ist.
Die Blicke.
Kitahara ...
Die Schmeichelei.
Kitahara?
Hier.

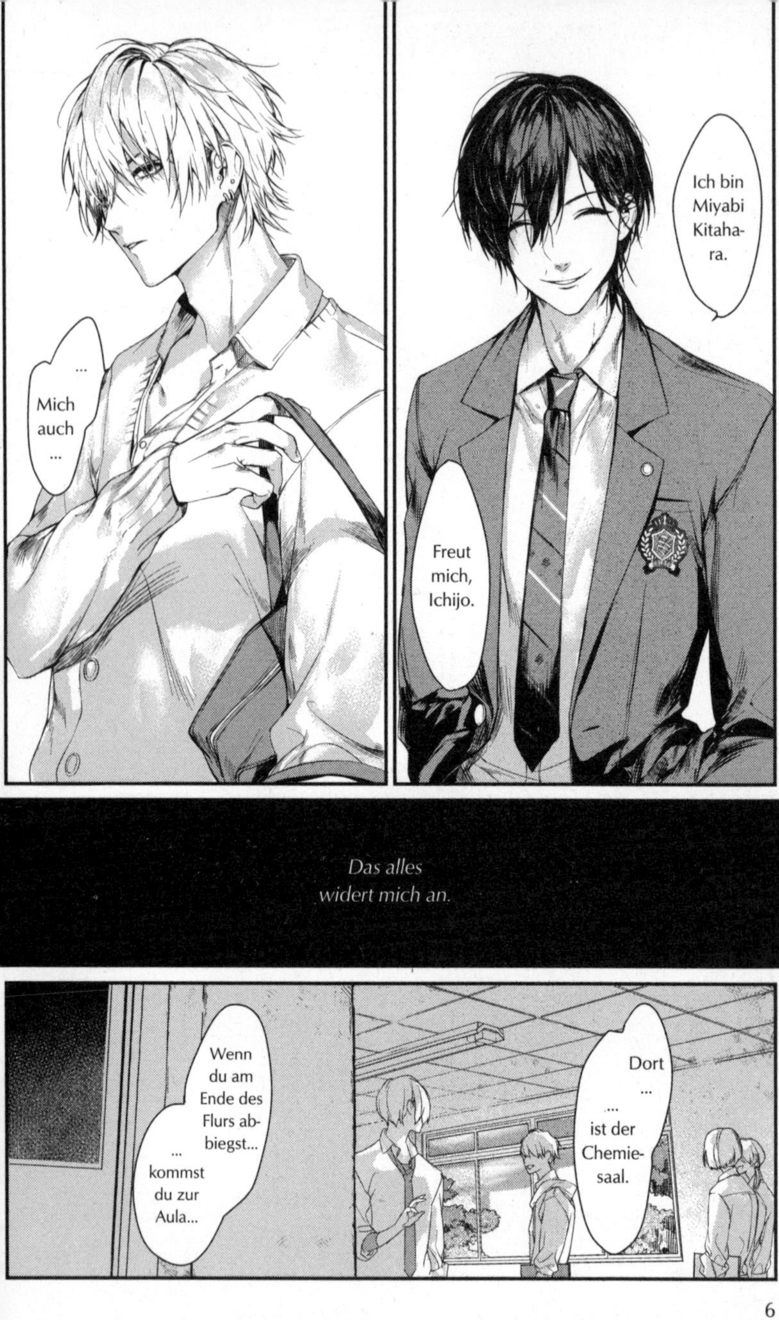
Ich bin Miyabi Kitahara.
Freut mich, Ichijo.
... Mich auch ...
Das alles widert mich an.
Dort ... ... ist der Chemiesaal.
Wenn du am Ende des Flurs abbiegst...
... kommst du zur Aula...

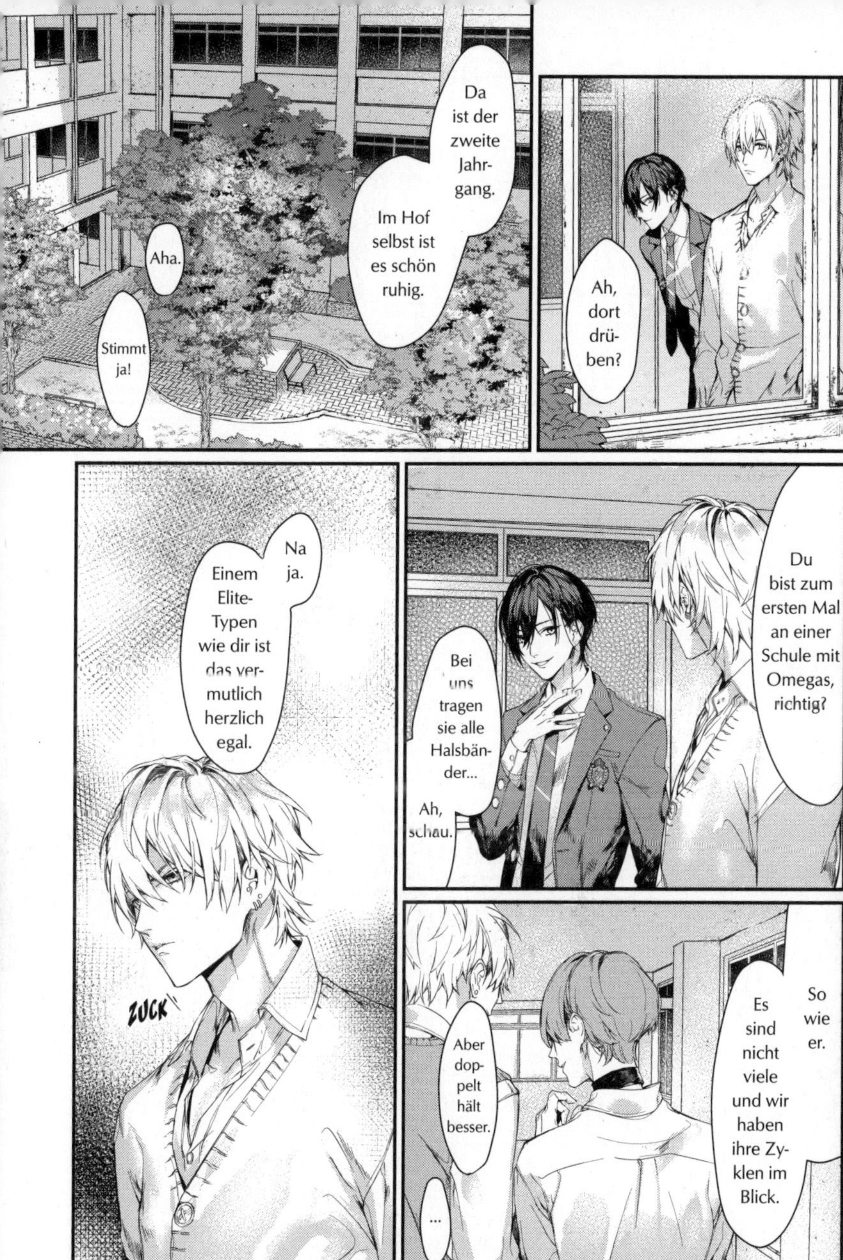
Ah, dort drüben?
Da ist der zweite Jahrgang.
Im Hof selbst ist es schön ruhig.
Aha.
Stimmt ja!
Du bist zum ersten Mal an einer Schule mit Omegas, richtig?
Bei uns tragen sie alle Halsbänder...
Ah, schau.
So wie er.
Es sind nicht viele und wir haben ihre Zyklen im Blick.
Aber doppelt hält besser.
...
Na ja.
Einem Elite-Typen wie dir ist das vermutlich herzlich egal.
ZUCK

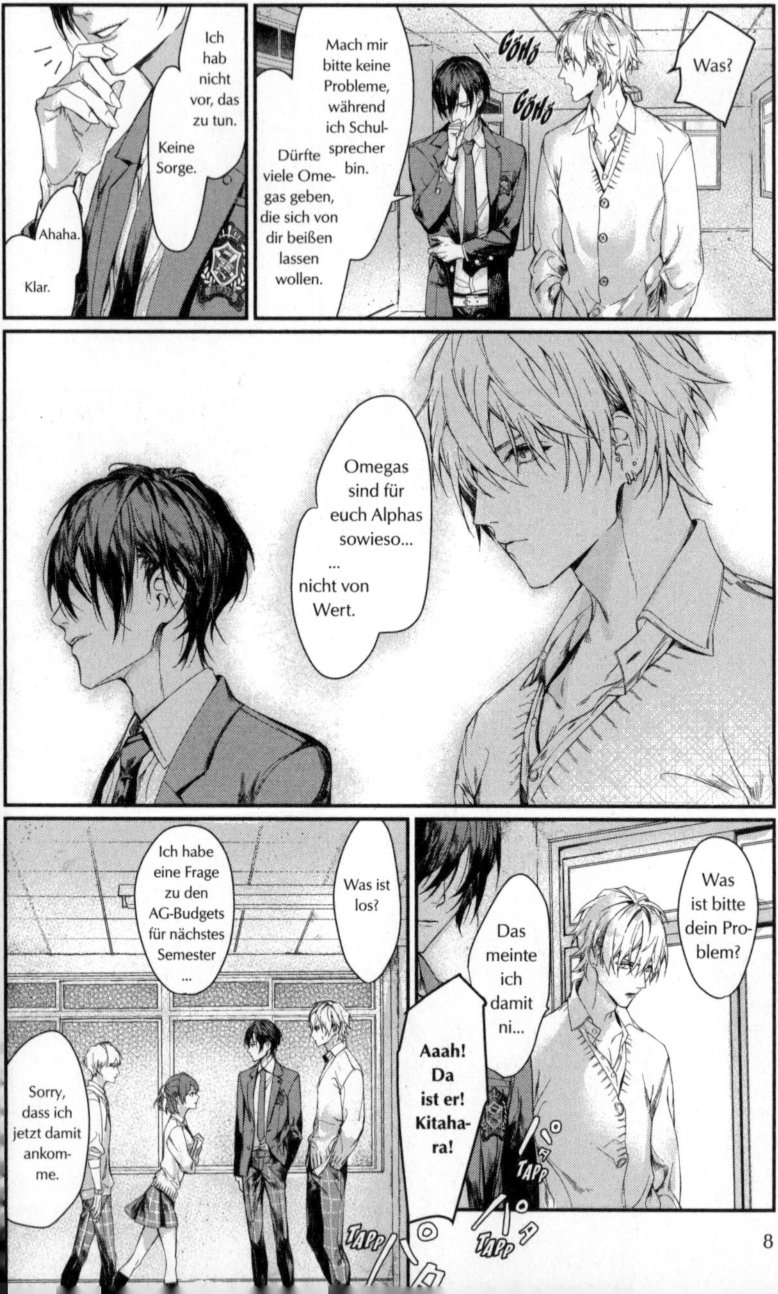
Was?
GÖHÖ
GÖHÖ
Mach mir bitte keine Probleme, während ich Schulsprecher bin.
Dürfte viele Omegas geben, die sich von dir beißen lassen wollen.
Ich hab nicht vor, das zu tun.
Keine Sorge.
Ahaha.
Klar.
Omegas sind für euch Alphas sowieso...
... nicht von Wert.
Was ist bitte dein Problem?
Das meinte ich damit ni...
Aaah! Da ist er! Kitahara!
TAPP
TAPP
Was ist los?
Ich habe eine Frage zu den AG-Budgets für nächstes Semester ...
Sorry, dass ich jetzt damit ankomme.
TAPP

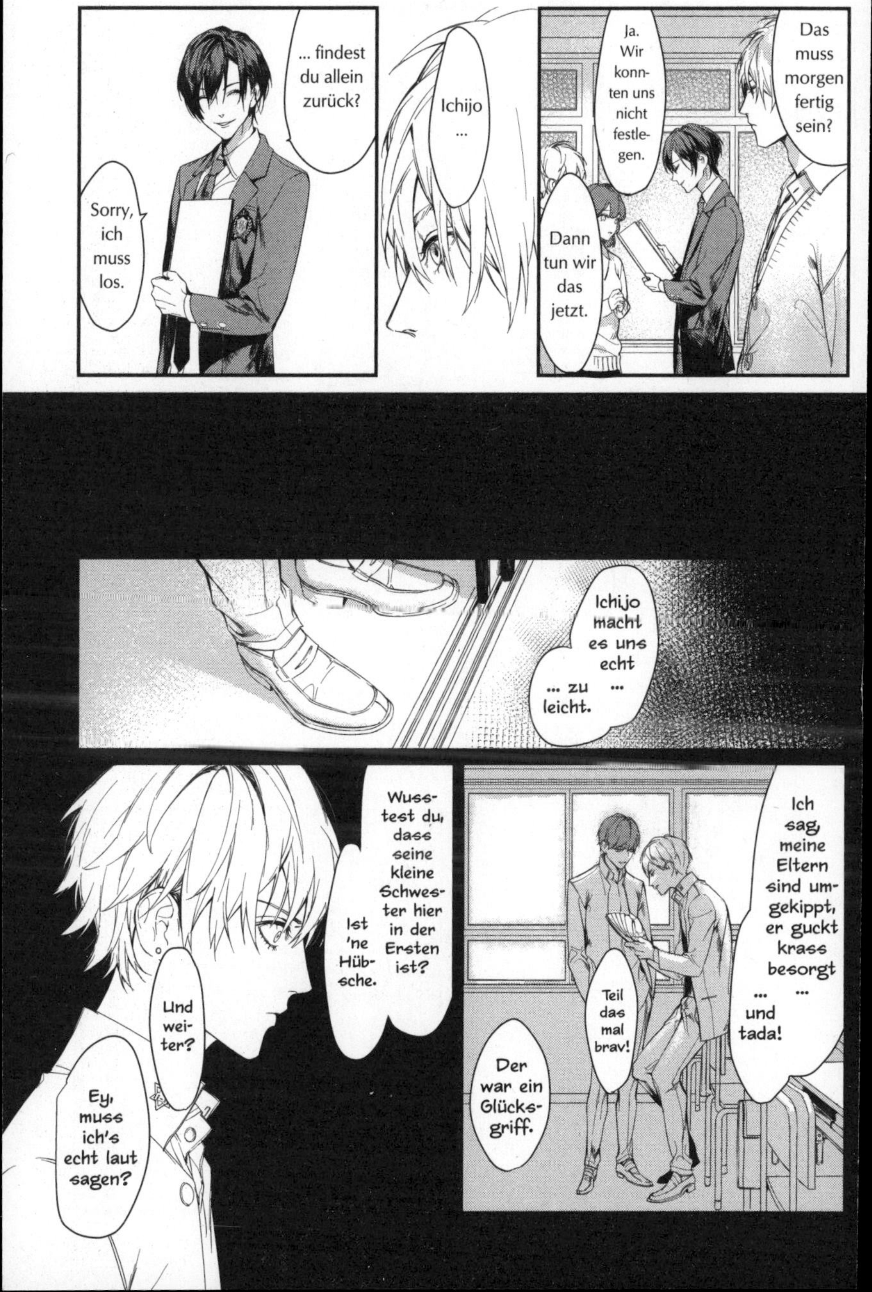

Das muss morgen fertig sein?
Ja. Wir konnten uns nicht festlegen.
Dann tun wir das jetzt.
Ichijo ...
... findest du allein zurück?
Sorry, ich muss los.
Ichijo macht es uns echt ...
... zu leicht.
Ich sag, meine Eltern sind umgekippt, er guckt krass besorgt ...
... und tada!
Teil das mal brav!
Der war ein Glücksgriff.
Wusstest du, dass seine kleine Schwester hier in der Ersten ist?
Ist 'ne Hübsche.
Und weiter?
Ey, muss ich's echt laut sagen?

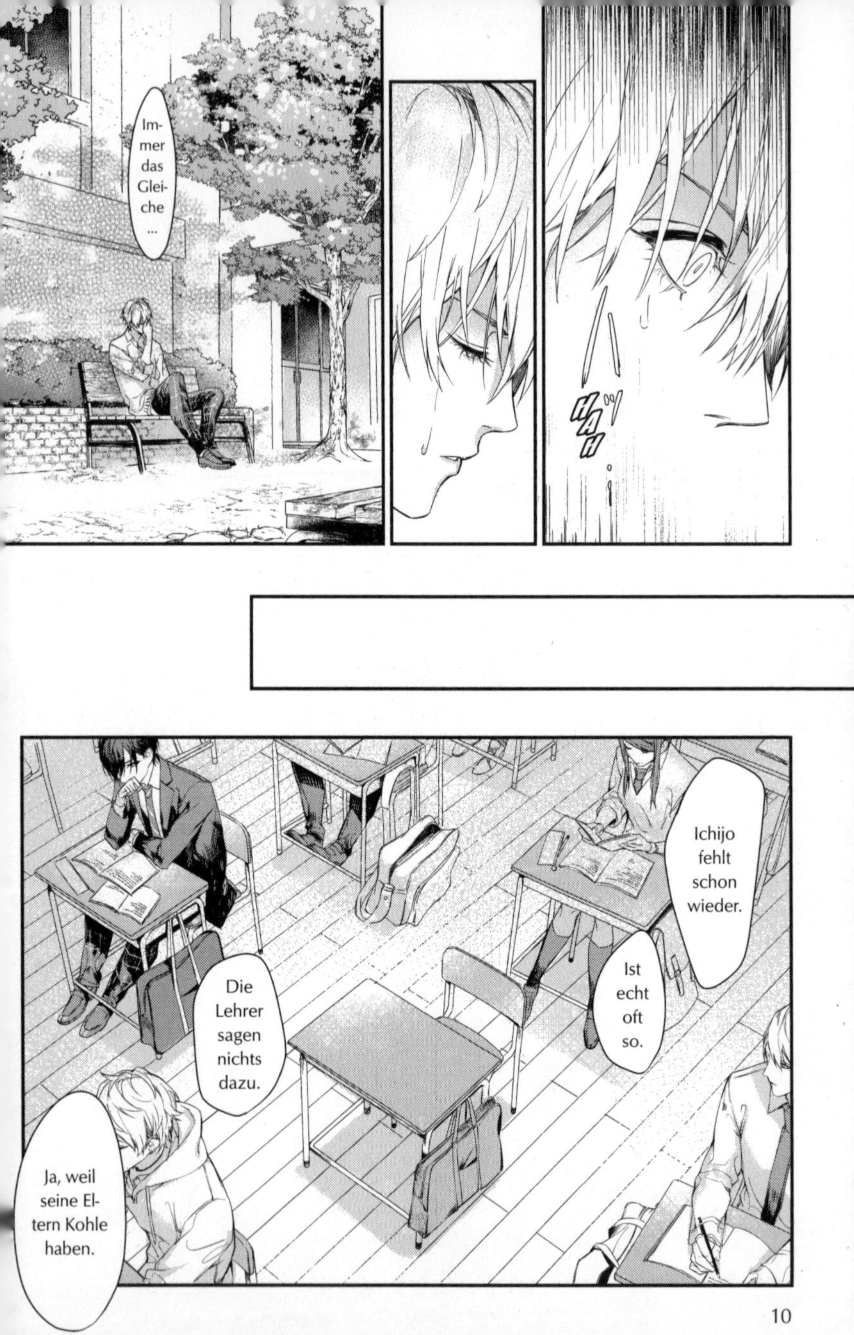
HAH
Immer das Gleiche ...
Ichijo fehlt schon wieder.
Ist echt oft so.
Die Lehrer sagen nichts dazu.
Ja, weil seine Eltern Kohle haben.

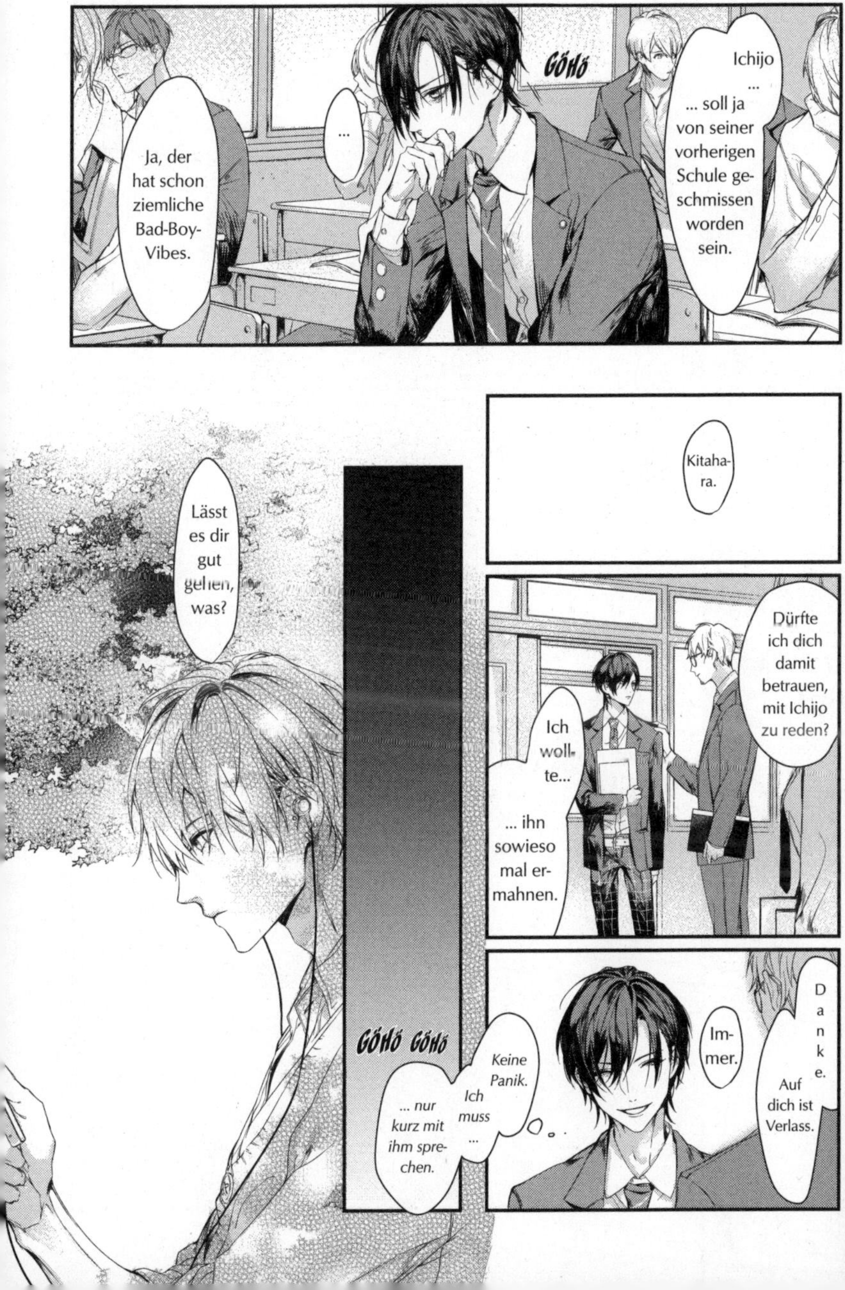
Ichijo ... ... soll ja von seiner vorherigen Schule geschmissen worden sein.
GÖHÖ
...
Ja, der hat schon ziemliche Bad-Boy-Vibes.
Kitahara.
Dürfte ich dich damit betrauen, mit Ichijo zu reden?
Ich wollte...
... ihn sowieso mal ermahnen.
Danke.
Auf dich ist Verlass.
Immer.
Keine Panik.
Ich muss ...
... nur kurz mit ihm sprechen.
GÖHÖ GÖHÖ
Lässt es dir gut gehen, was?

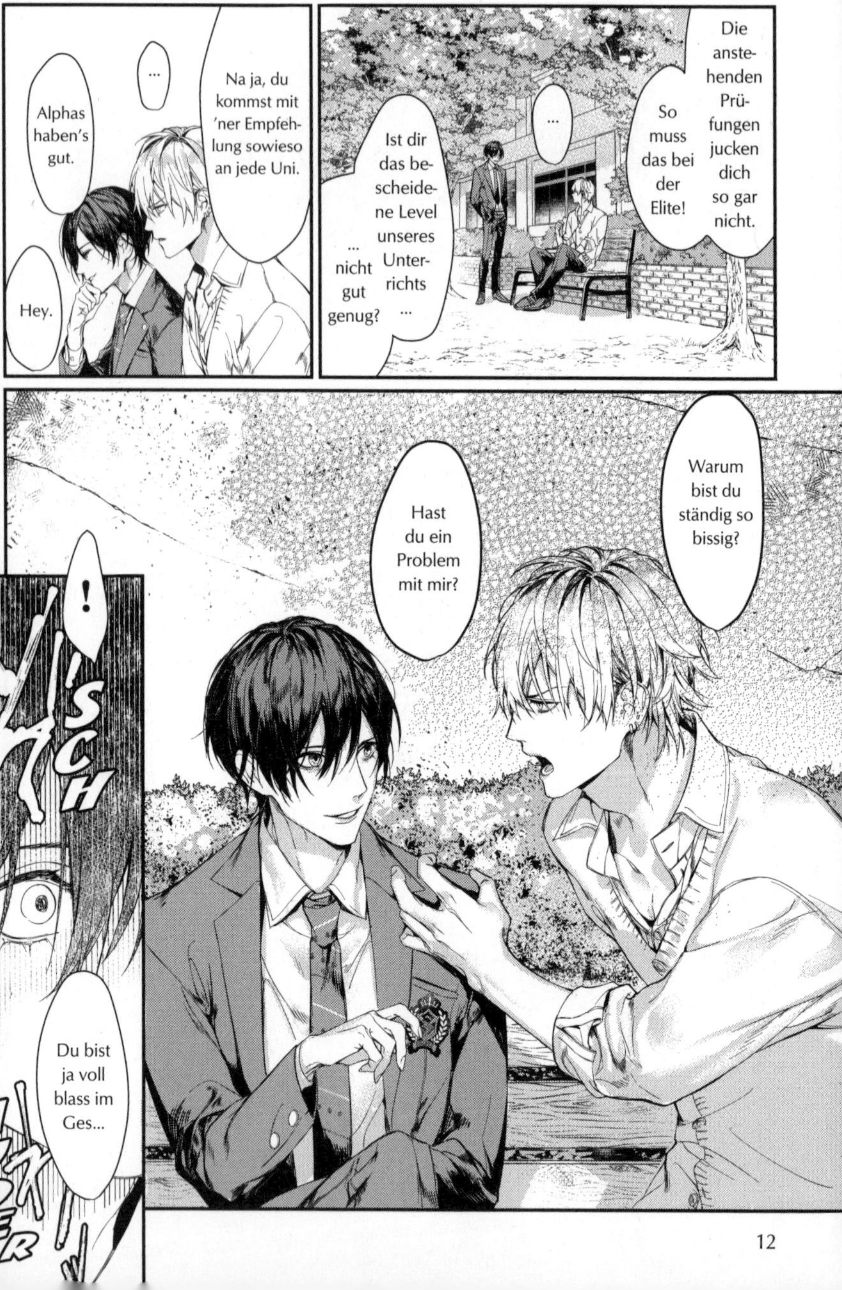
Die anstehenden Prüfungen jucken dich so gar nicht.
So muss das bei der Elite!
...
Ist dir das bescheidene Level unseres Unterrichts ...
... nicht gut genug?
Na ja, du kommst mit 'ner Empfehlung sowieso an jede Uni.
...
Alphas haben's gut.
Hey.
Warum bist du ständig so bissig?
Hast du ein Problem mit mir?
!
Du bist ja voll blass im Ges...

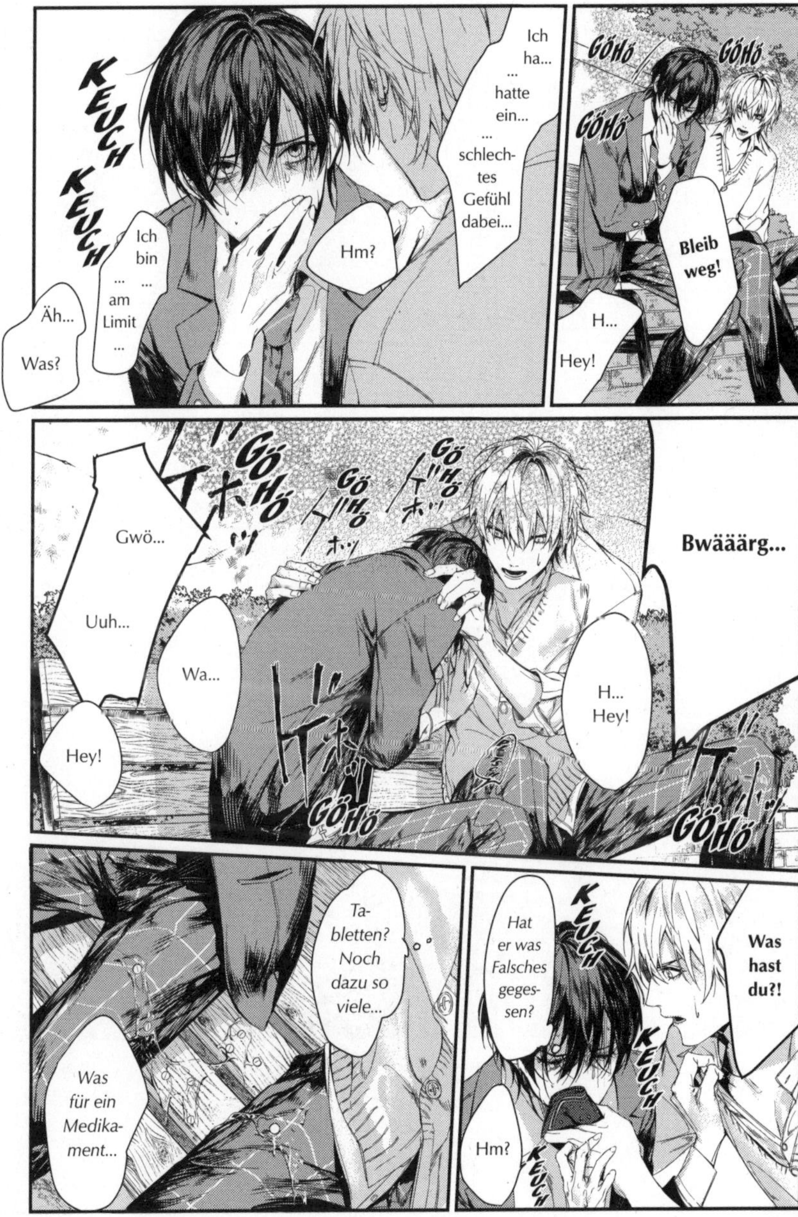
GÖHÖ
GÖHÖ
GÖHÖ
Bleib weg!
H... Hey!
Ich ha... ... hatte ein... ... schlech-tes Gefühl dabei...
Hm?
KEUCH KEUCH
Ich bin ... ... am Limit ...
Äh... Was?
Bwäääärg...
GÖHÖ
GÖHÖ
H... Hey!
GÖHÖ
GÖHÖ
Wa...
Gwö... Uuh...
Hey!
Was hast du?!
KEUCH
Hat er was Falsches geges-sen?
KEUCH
Hm?
KEUCH
Ta-bletten? Noch dazu so viele...
Was für ein Medika-ment...

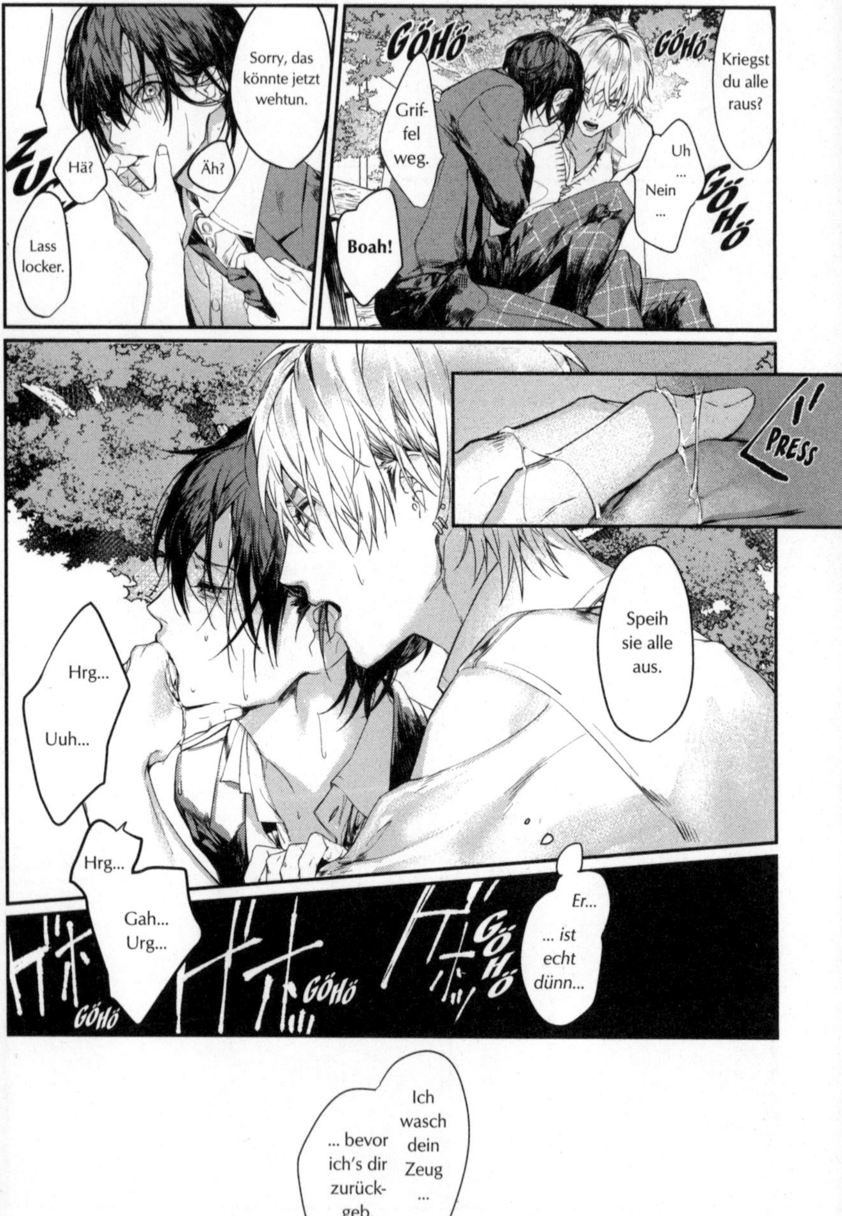
Kriegst du alle raus?
GÖHÖ
GÖHÖ
Uh ... Nein ...
GÖHÖ
Grif-fel weg.
Boah!
Sorry, das könnte jetzt wehtun.
Äh?
Hä?
Lass locker.
PRESS
Speih sie alle aus.
Hrg... Uuh...
Hrg...
Er... ... ist echt dünn...
GÖHÖ
GÖHÖ
Gah... Urg...
GÖHÖ
Ich wasch dein Zeug ...
... bevor ich's dir zurückgeb.

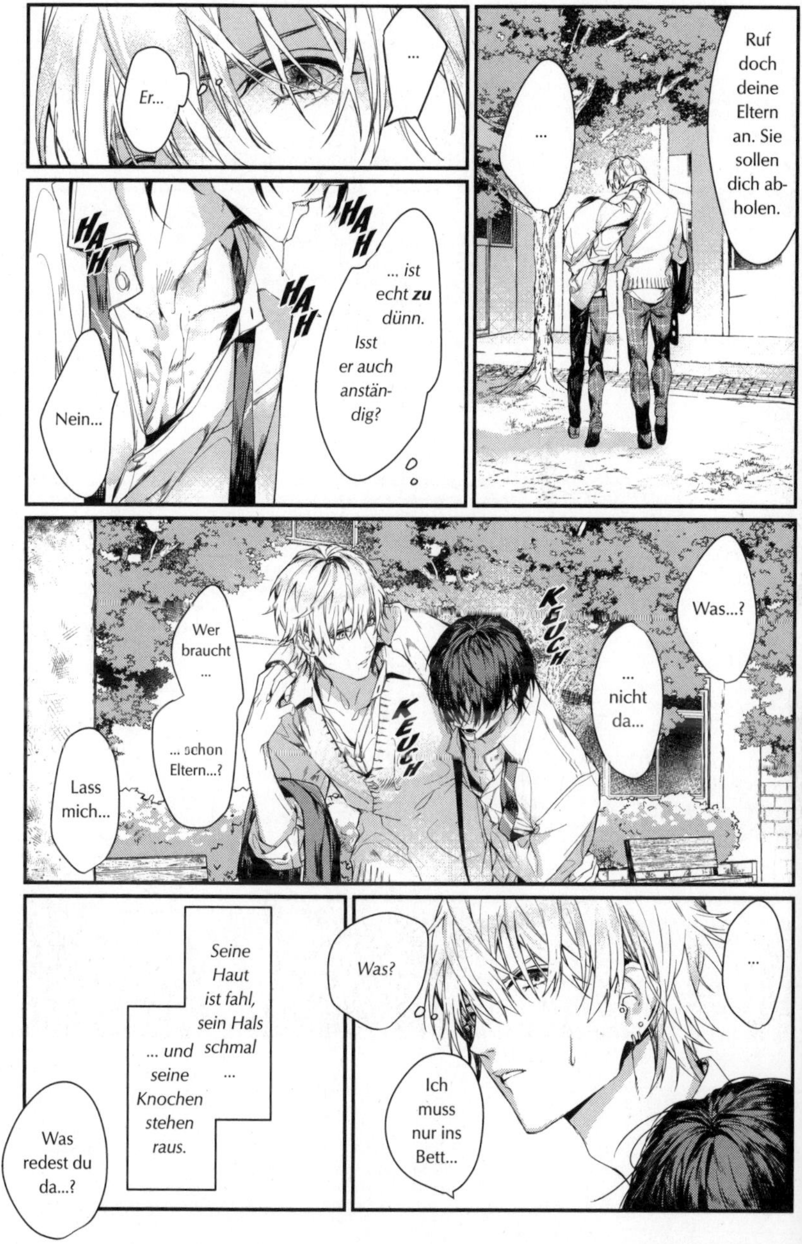
Ruf doch deine Eltern an. Sie sollen dich abholen.
...
...
Er...
... ist echt zu dünn. Isst er auch anständig?
HAH HAH HAH
Nein...
Was...?
KEUCH
... nicht da...
Wer braucht ...
KEUCH
... schon Eltern...?
Lass mich...
...
Was?
Ich muss nur ins Bett...
Seine Haut ist fahl, sein Hals schmal ...
... und seine Knochen stehen raus.
Was redest du da...?

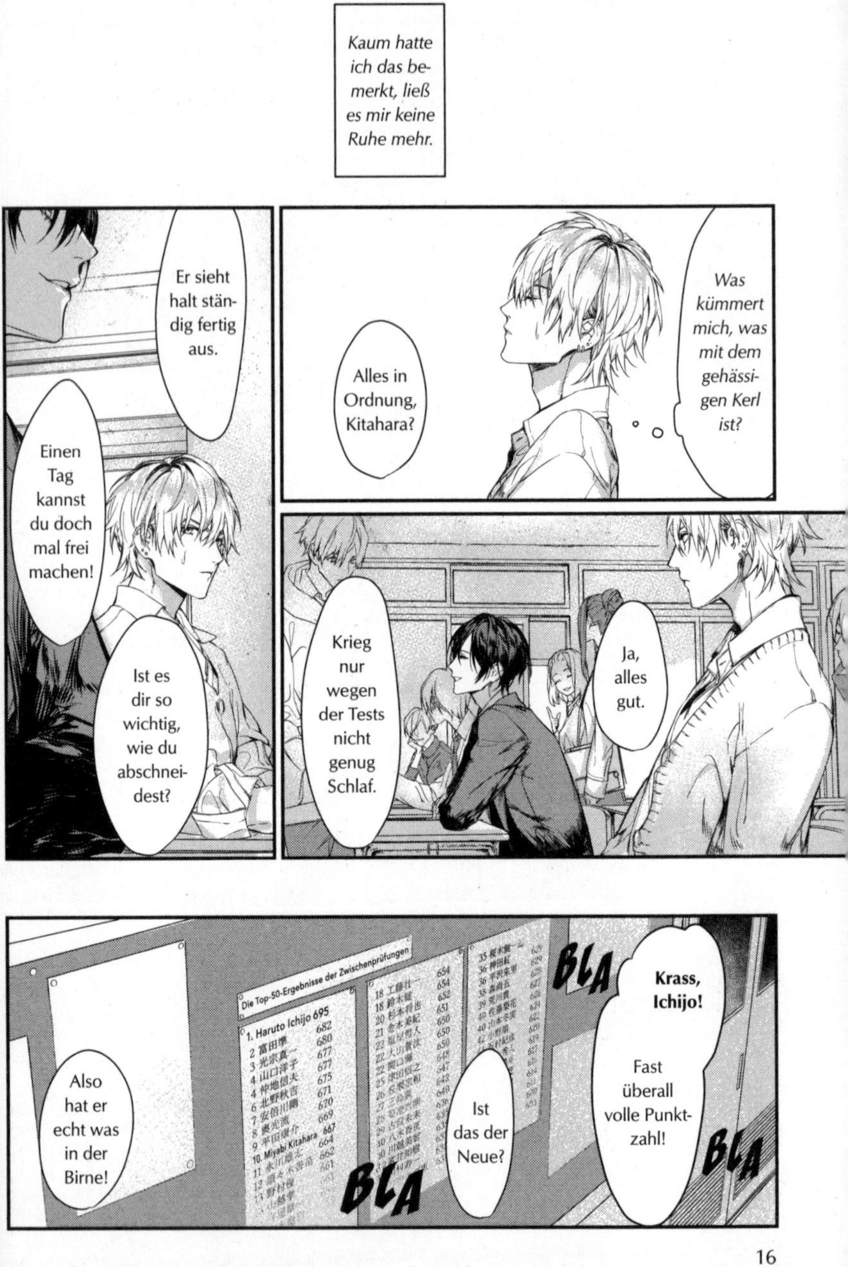

Kaum hatte ich das bemerkt, ließ es mir keine Ruhe mehr.
Was kümmert mich, was mit dem gehässigen Kerl ist?
Alles in Ordnung, Kitahara?
Ja, alles gut.
Krieg nur wegen der Tests nicht genug Schlaf.
Er sieht halt ständig fertig aus.
Einen Tag kannst du doch mal frei machen!
Ist es dir so wichtig, wie du abschneidest?
Die Top-50-Ergebnisse der Zwischenprüfungen
1. Haruto Ichijo 695
10. Miyabi Kitahara 667
BLA
Krass, Ichijo!
Fast überall volle Punktzahl!
BLA
Ist das der Neue?
BLA
Also hat er echt was in der Birne!

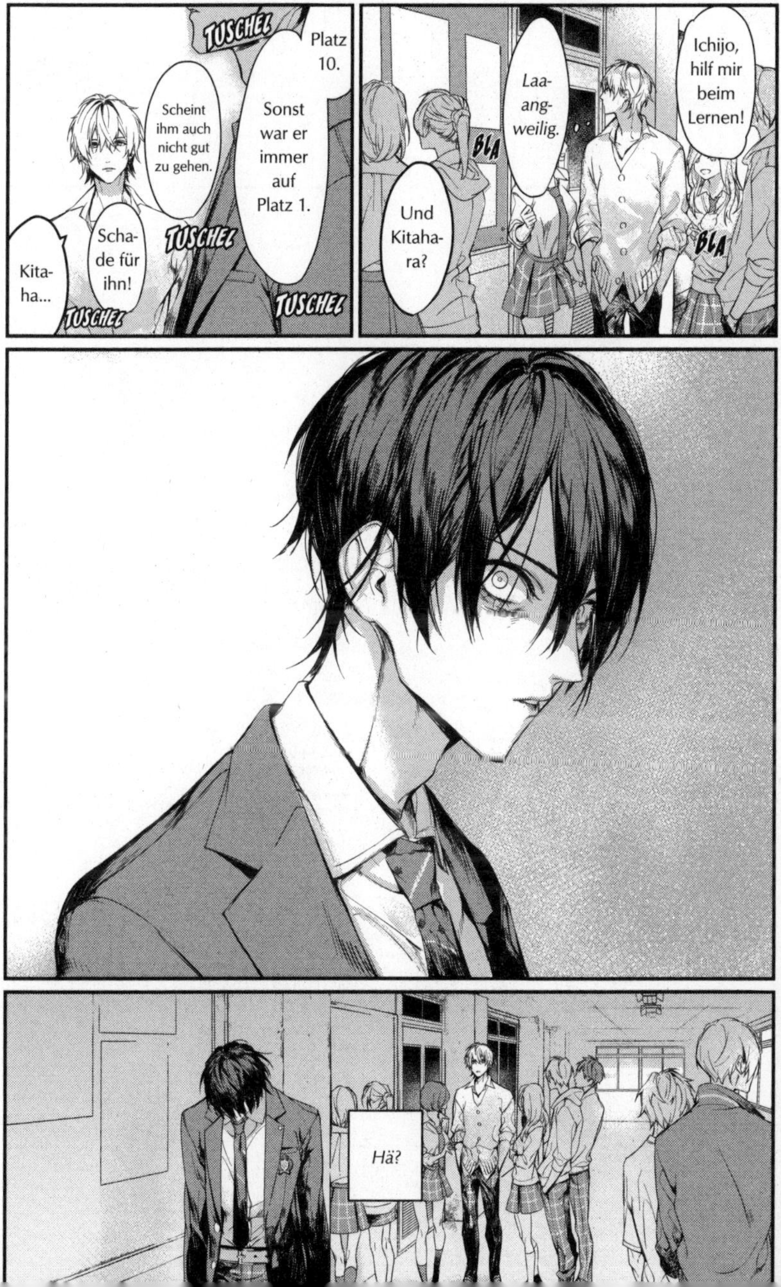
Ichijo, hilf mir beim Lernen!
BLA
Laa-ang-weilig.
BLA
Und Kitahara?
Platz 10.
TUSCHEL
Sonst war er immer auf Platz 1.
TUSCHEL
Scheint ihm auch nicht gut zu gehen.
TUSCHEL
Scha-de für ihn!
Kita-ha...
TUSCHEL
Hä?

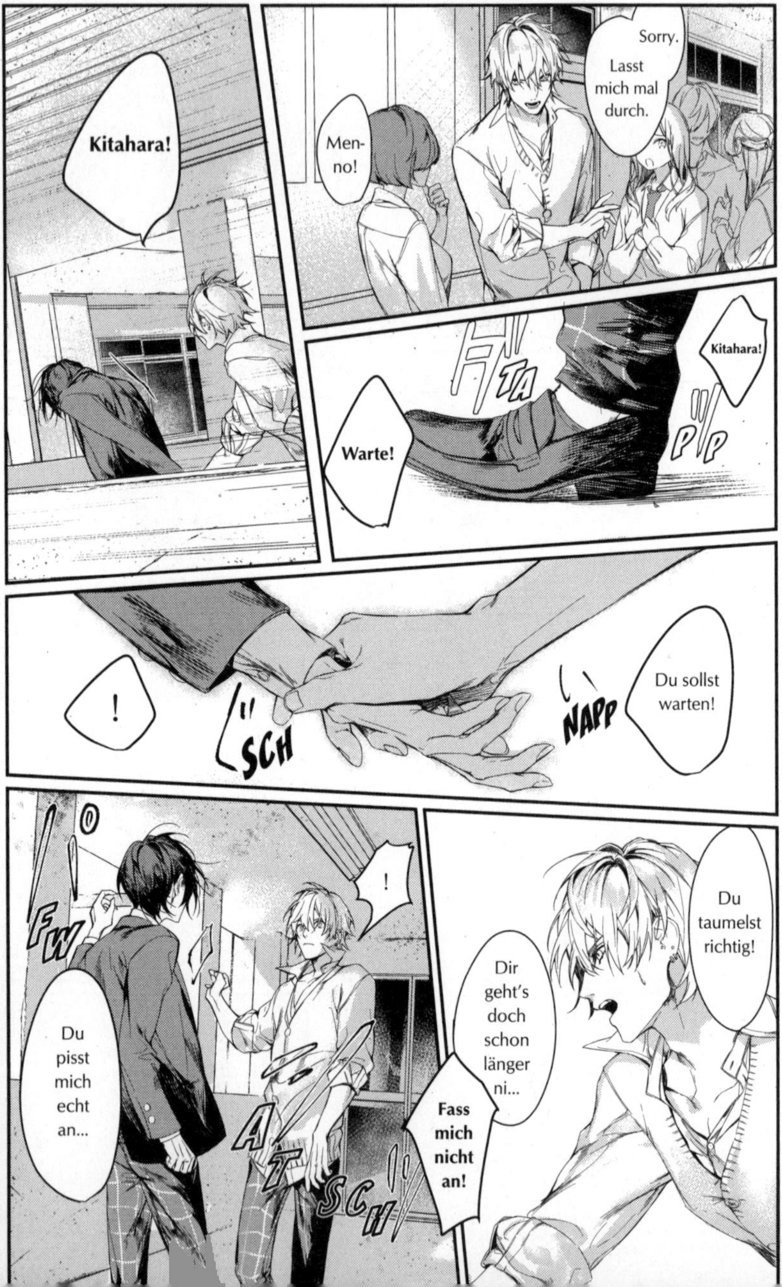
Sorry.
Lasst mich mal durch.
Men-no!
Kitahara!
TA
PP
Warte!
Kitahara!
Du sollst warten!
NAPP
SCH
!
Du taumelst richtig!
Dir geht's doch schon länger ni...
Fass mich nicht an!
ATSCH
!
FW
Du pisst mich echt an...

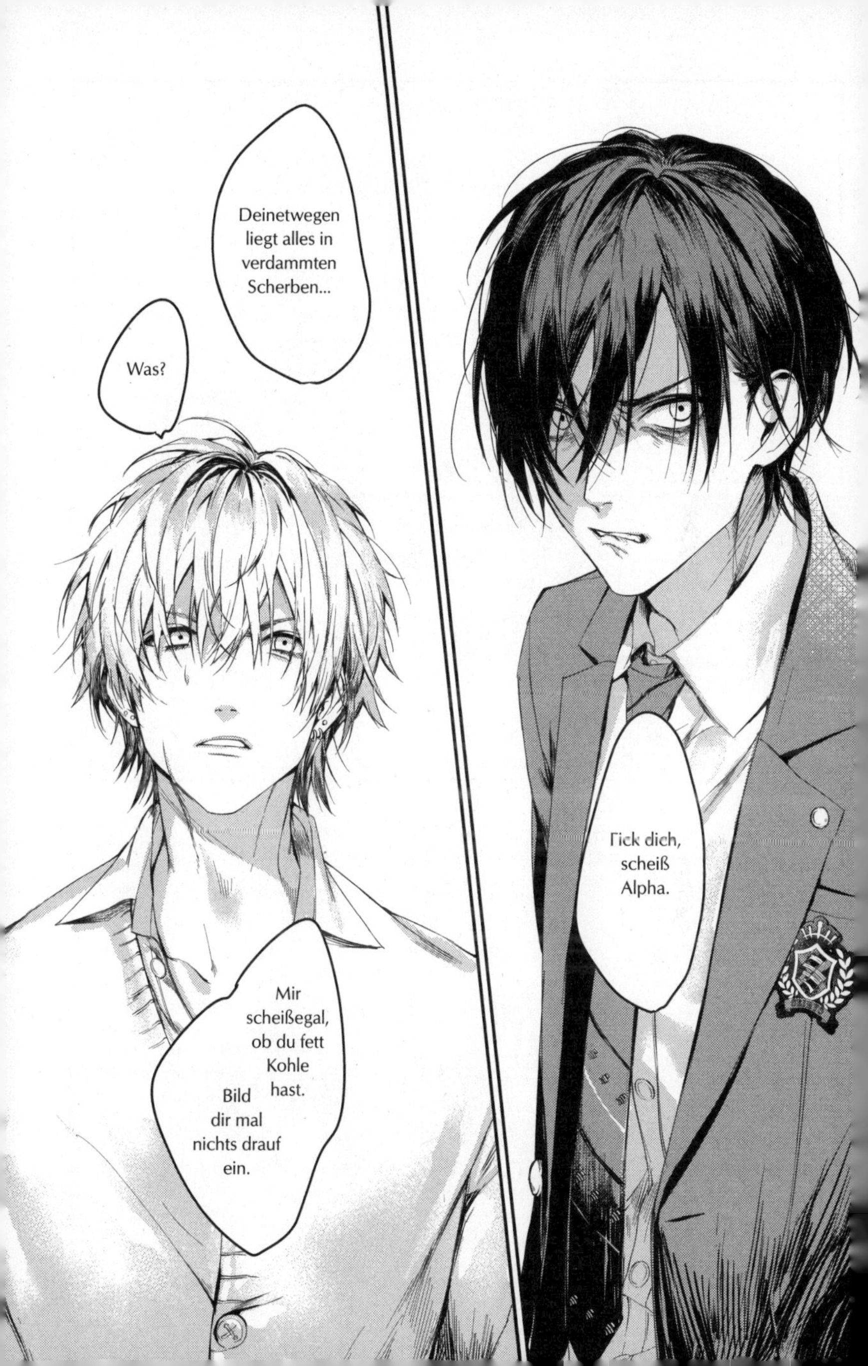
Fick dich, scheiß Alpha.
Deinetwegen liegt alles in verdammten Scherben...
Was?
Mir scheißegal, ob du fett Kohle hast. Bild dir mal nichts drauf ein.

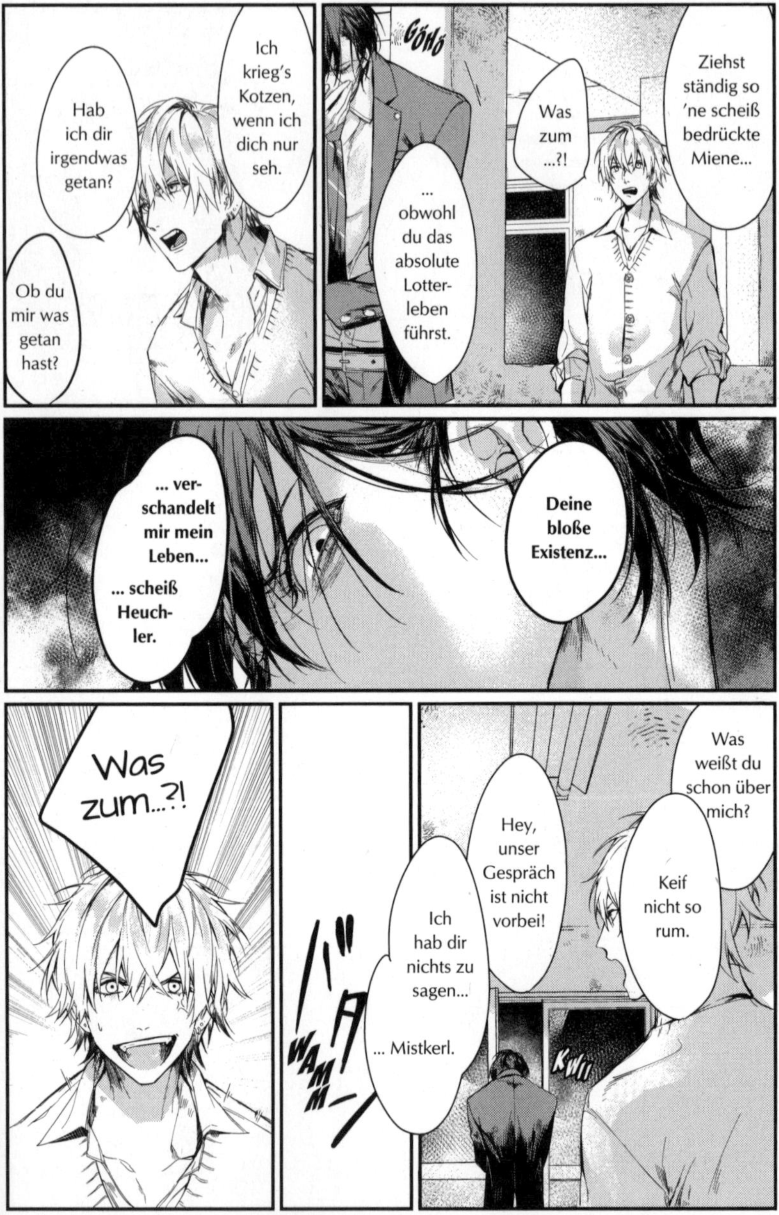
Ziehst ständig so 'ne scheiß bedrückte Miene...
Was zum ...?!
GÖHÖ
... obwohl du das absolute Lotterleben führst.
Ich krieg's Kotzen, wenn ich dich nur seh.
Hab ich dir irgendwas getan?
Ob du mir was getan hast?
Deine bloße Existenz...
... verschandelt mir mein Leben...
... scheiß Heuchler.
Was weißt du schon über mich?
Keif nicht so rum.
Hey, unser Gespräch ist nicht vorbei!
Ich hab dir nichts zu sagen...
... Mistkerl.
KWII
WAMM
Was zum...?!

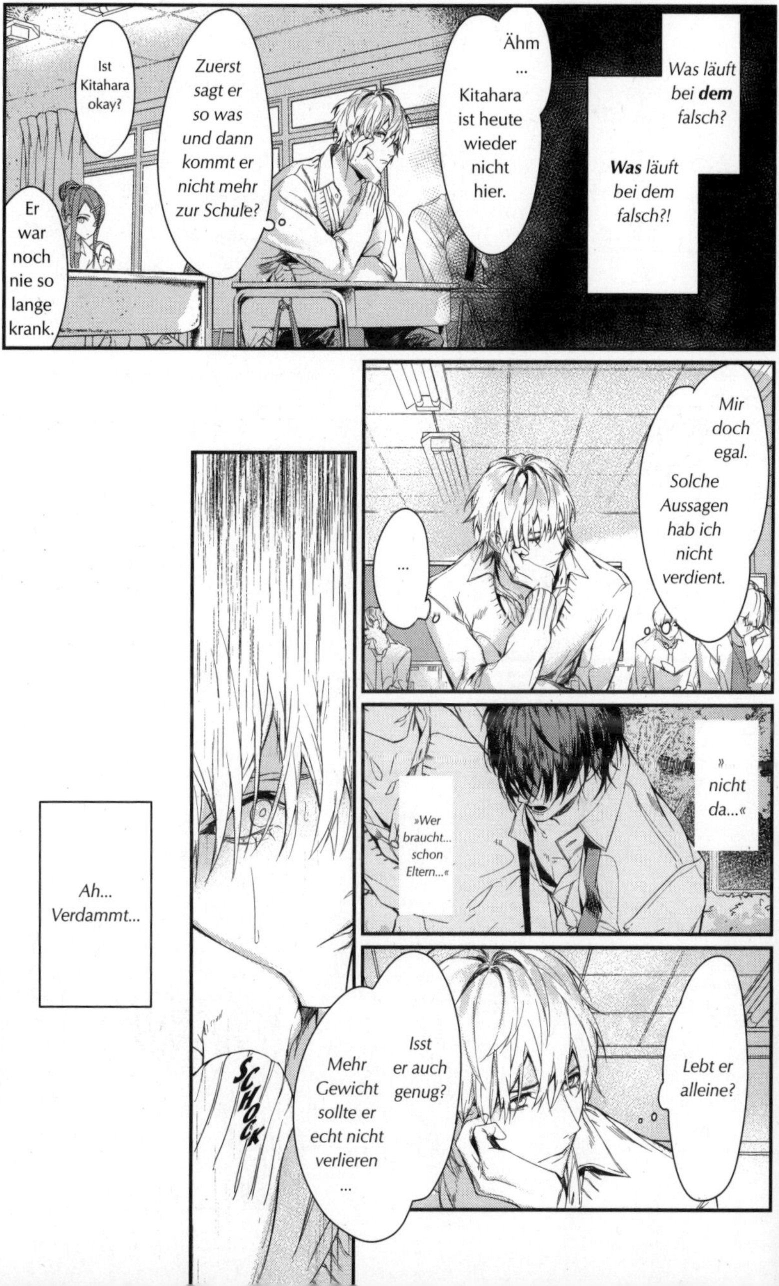
Was läuft bei **dem** falsch?
Was läuft bei dem falsch?!
Ähm ... Kitahara ist heute wieder nicht hier.
Zuerst sagt er so was und dann kommt er nicht mehr zur Schule?
Ist Kitahara okay?
Er war noch nie so lange krank.
Mir doch egal.
Solche Aussagen hab ich nicht verdient.
...
»... nicht da...«
»Wer braucht... schon Eltern...«
Lebt er alleine?
Isst er auch genug?
Mehr Gewicht sollte er echt nicht verlieren ...
SCHOCK
Ah... Verdammt...

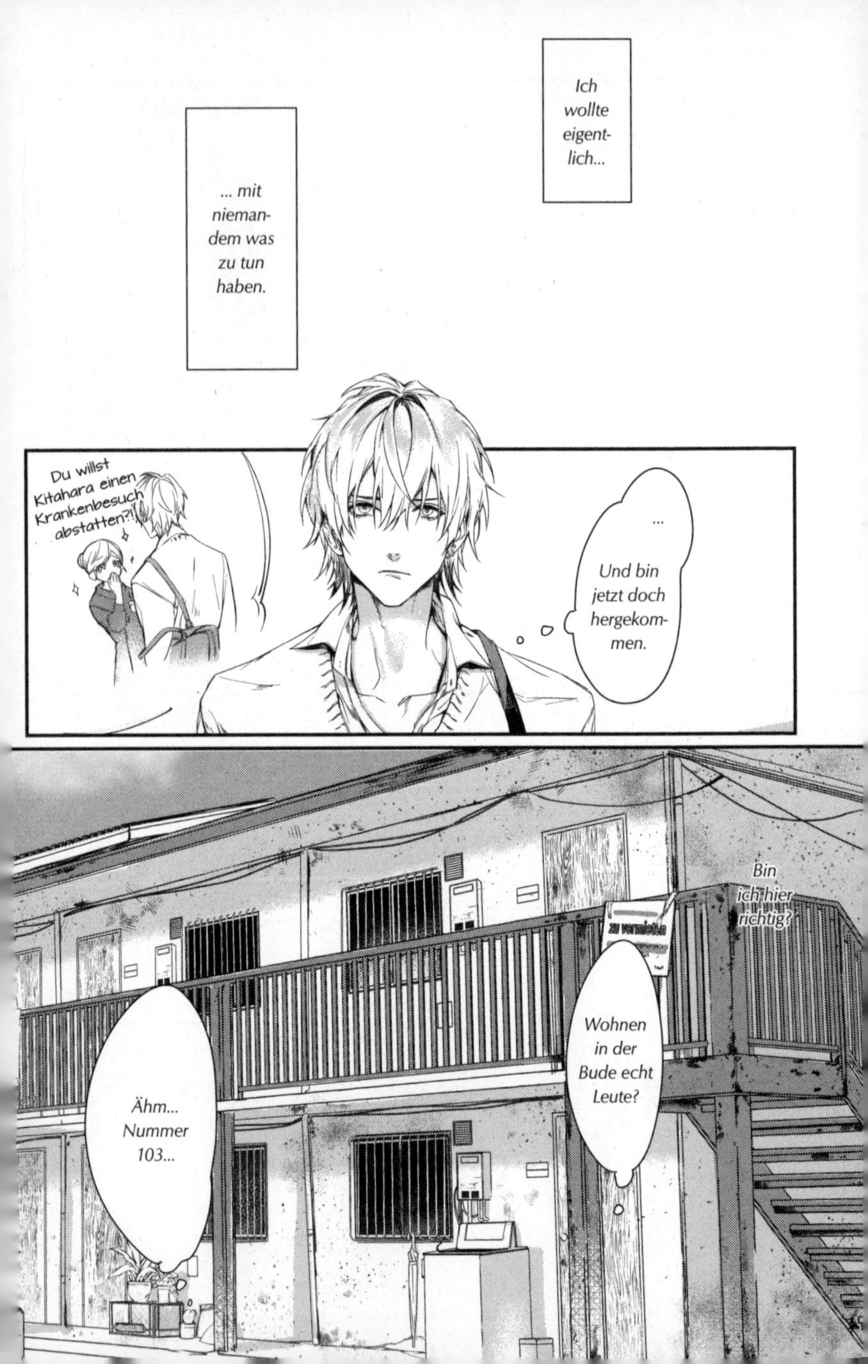
Ich wollte eigentlich...
... mit niemandem was zu tun haben.
...
Und bin jetzt doch hergekommen.
Du willst Kitahara einen Krankenbesuch abstatten?!
Bin ich hier richtig?
zu vermieten
Wohnen in der Bude echt Leute?
Ähm... Nummer 103...

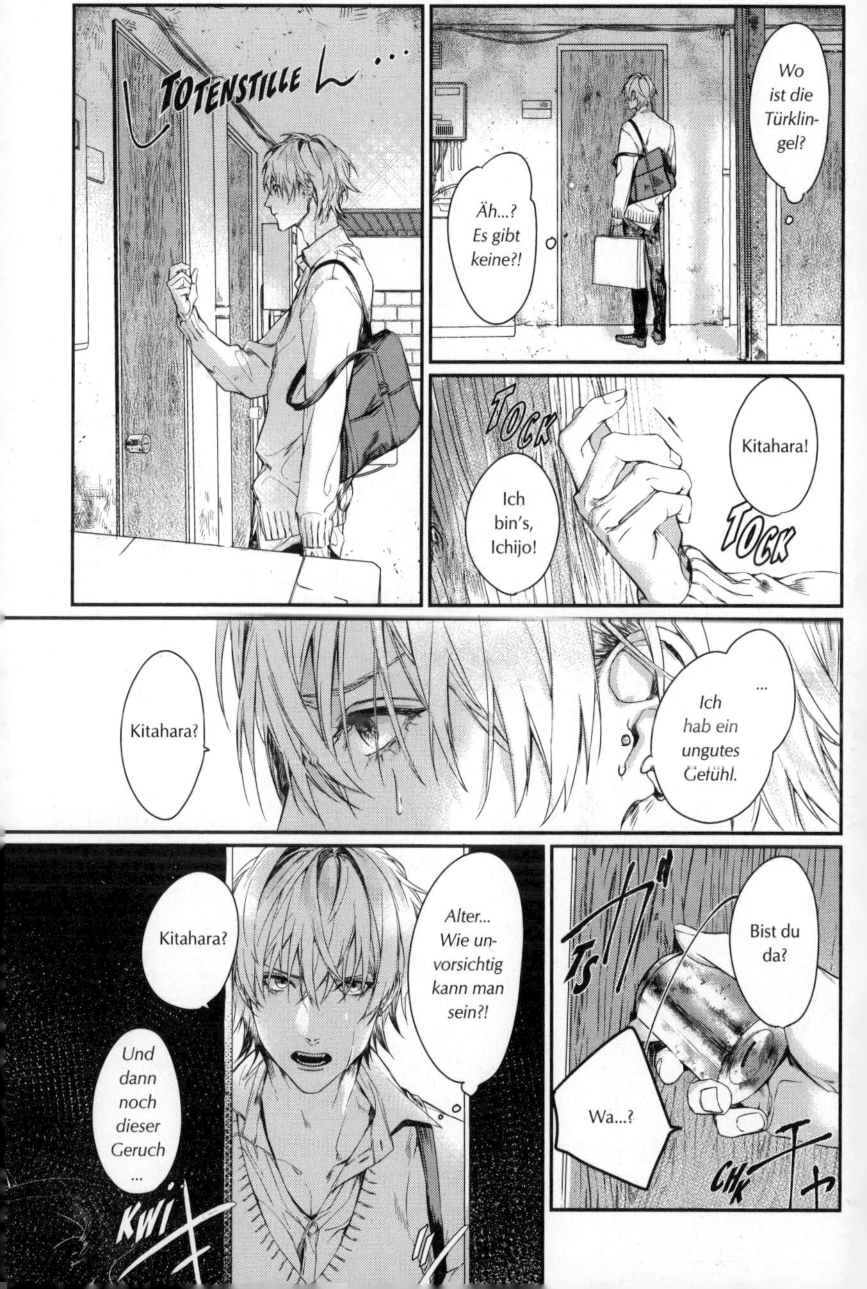
Wo ist die Türklingel?
Äh...? Es gibt keine?!
TOCK
Kitahara!
TOCK
Ich bin's, Ichijo!
TOTENSTILLE ...
...
Ich hab ein ungutes Gefühl.
Kitahara?
Bist du da?
TS
Wa...?
CHK
Alter... Wie unvorsichtig kann man sein?!
Kitahara?
Und dann noch dieser Geruch ...
KWI

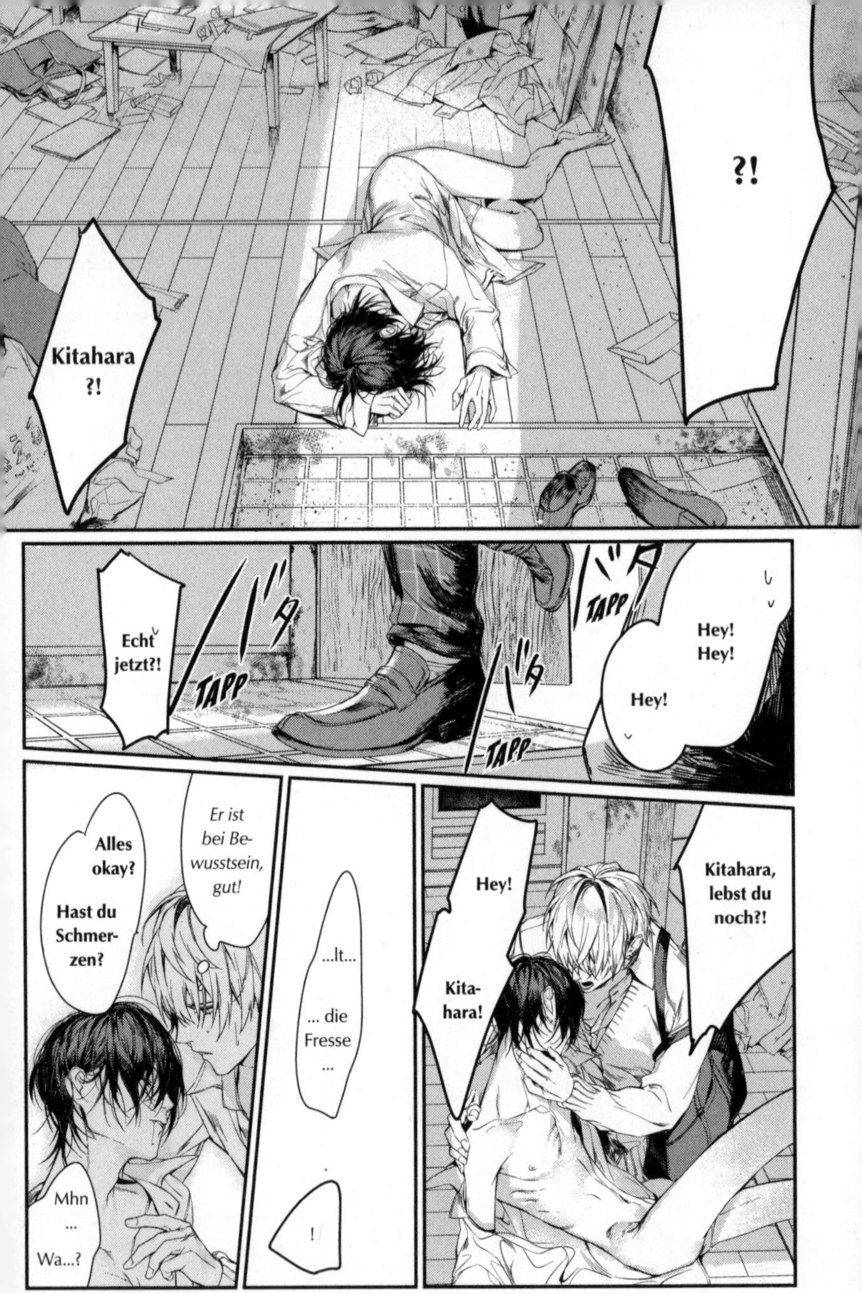
?!
Kitahara ?!
Hey! Hey!
Hey!
TAPP
TAPP
TAPP
Echt jetzt?!
Kitahara, lebst du noch?!
Hey!
Kita-hara!
...It...
... die Fresse ...
!
Er ist bei Be-wusstsein, gut!
Alles okay? Hast du Schmer-zen?
Mhn ... Wa...?

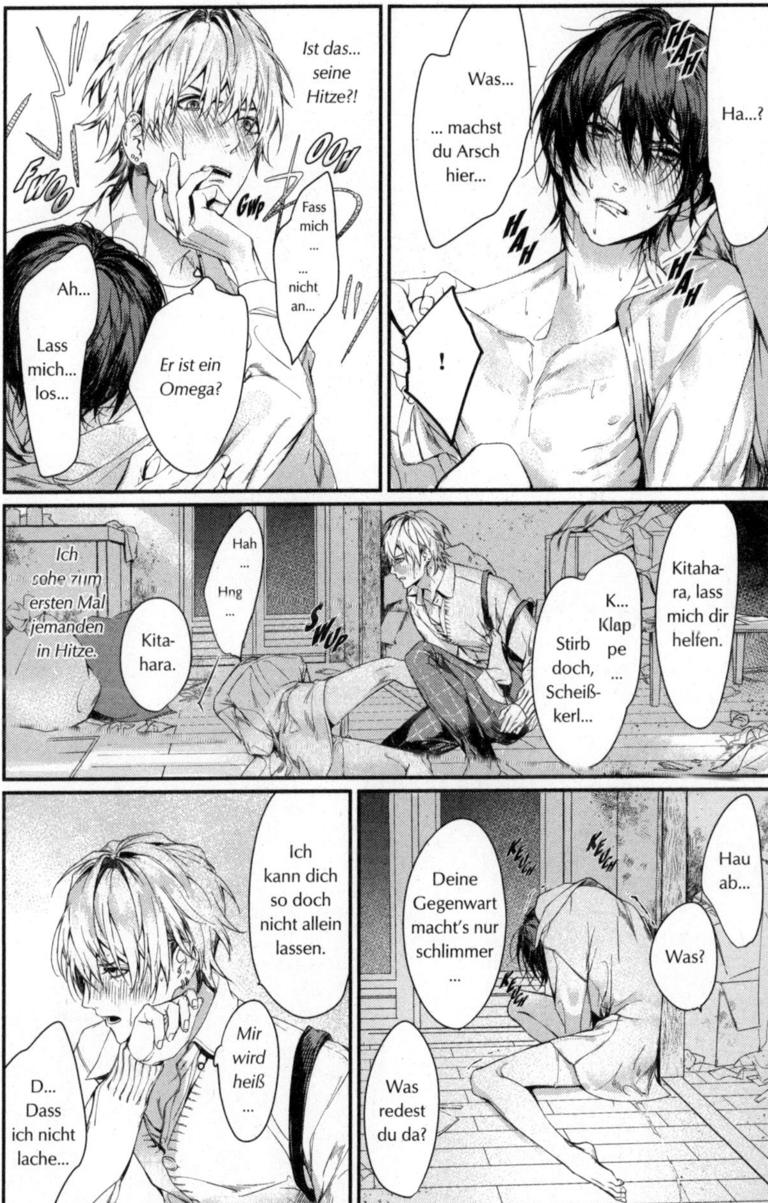
HAH
Ha...?
Was...
... machst du Arsch hier...
HAH
HAH
!
Ist das... seine Hitze?!
OOH
FWOO
GWP
Fass mich ... ... nicht an...
Ah... Lass mich... los...
Er ist ein Omega?
Kitahara, lass mich dir helfen.
K... Klappe ...
Stirb doch, Scheißkerl...
SWUP
Hah ... Hng ...
Kitahara.
Ich sehe zum ersten Mal jemanden in Hitze.
Hau ab...
KEUCH
Was?
Deine Gegenwart macht's nur schlimmer ...
KEUCH
Was redest du da?
Ich kann dich so doch nicht allein lassen.
Mir wird heiß ...
D... Dass ich nicht lache...

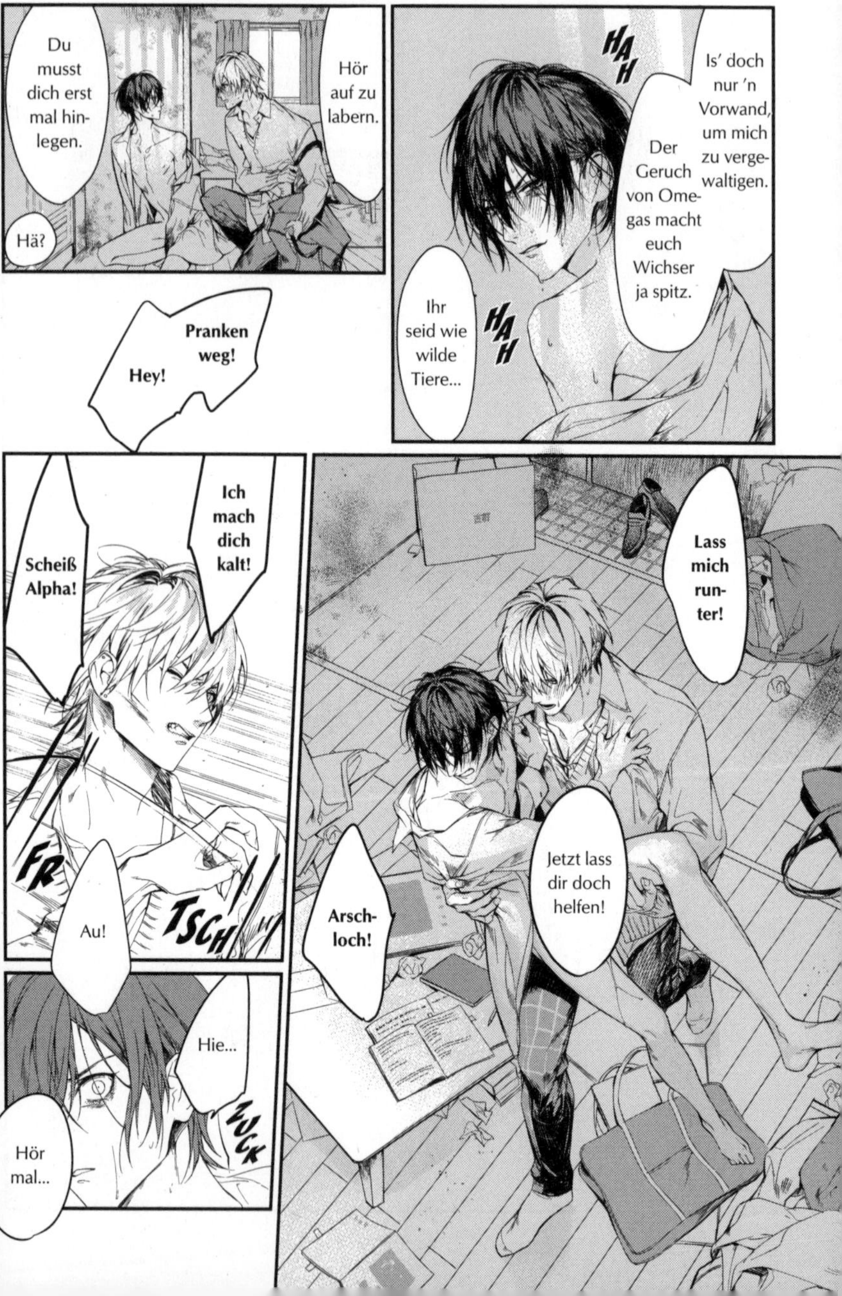

Is' doch nur 'n Vorwand, um mich zu vergewaltigen.
Der Geruch von Omegas macht euch Wichser ja spitz.
HAH
Ihr seid wie wilde Tiere...
HAH
Hör auf zu labern.
Du musst dich erst mal hinlegen.
Hä?
Pranken weg!
Hey!
Lass mich runter!
Jetzt lass dir doch helfen!
Arschloch!
Ich mach dich kalt!
Scheiß Alpha!
FR
TSCH
Au!
Hie...
ZUCK
Hör mal...

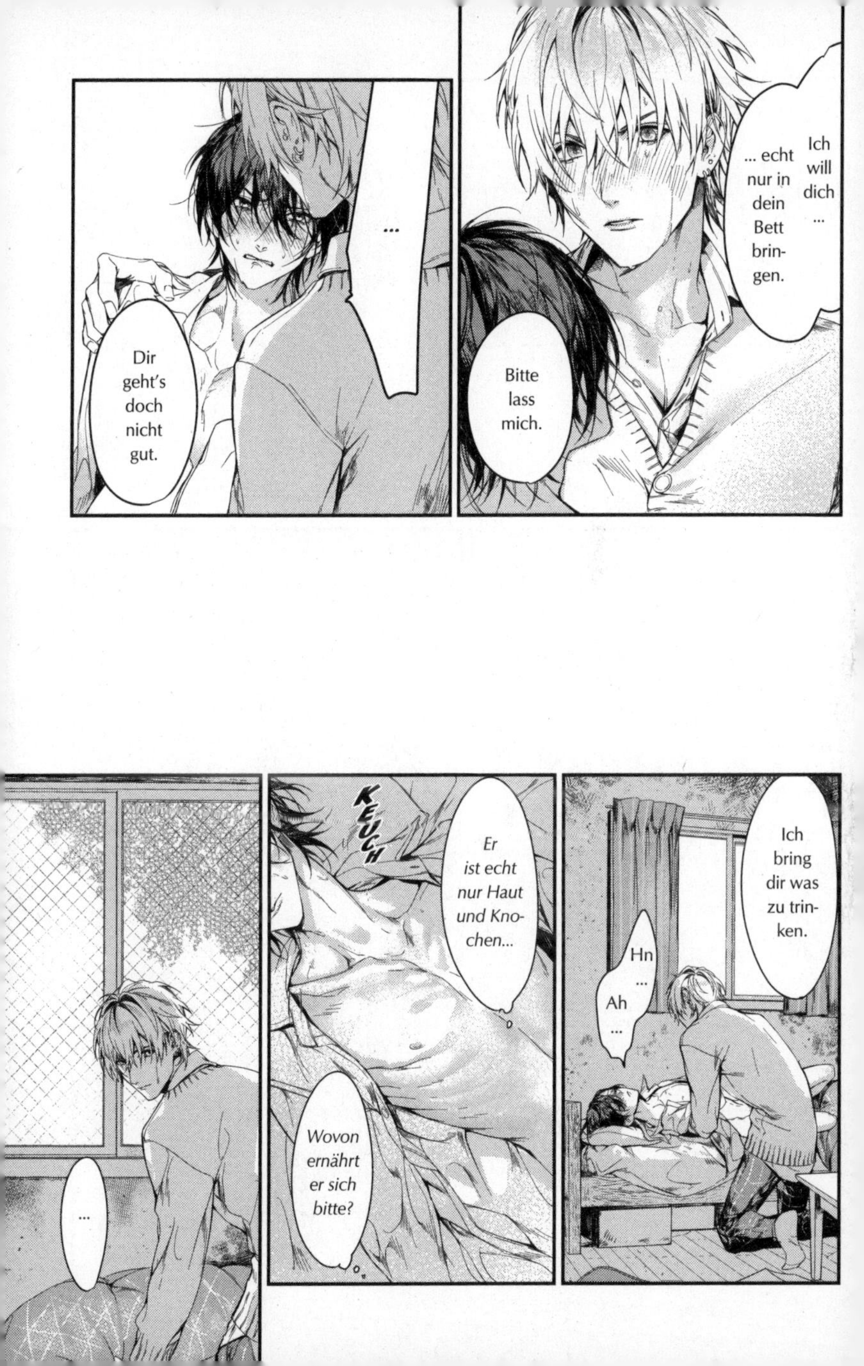
Ich will dich ...
... echt nur in dein Bett bringen.
Bitte lass mich.
...
Dir geht's doch nicht gut.
Ich bring dir was zu trinken.
Hn ... Ah ...
KEUCH
Er ist echt nur Haut und Knochen...
Wovon ernährt er sich bitte?
...

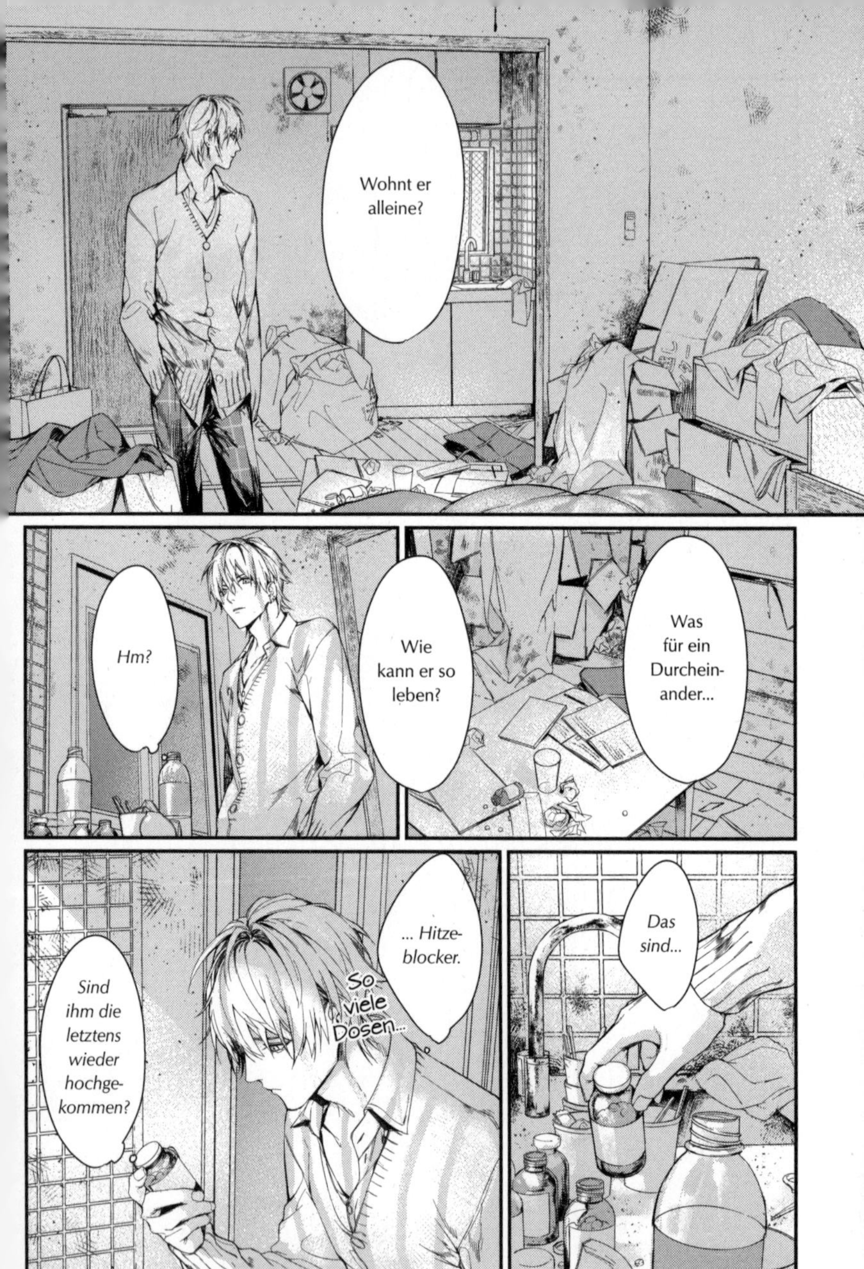
Wohnt er alleine?
Was für ein Durchein-ander...
Wie kann er so leben?
Hm?
Das sind...
... Hitze-blocker.
So viele Dosen...
Sind ihm die letztens wieder hochge-kommen?

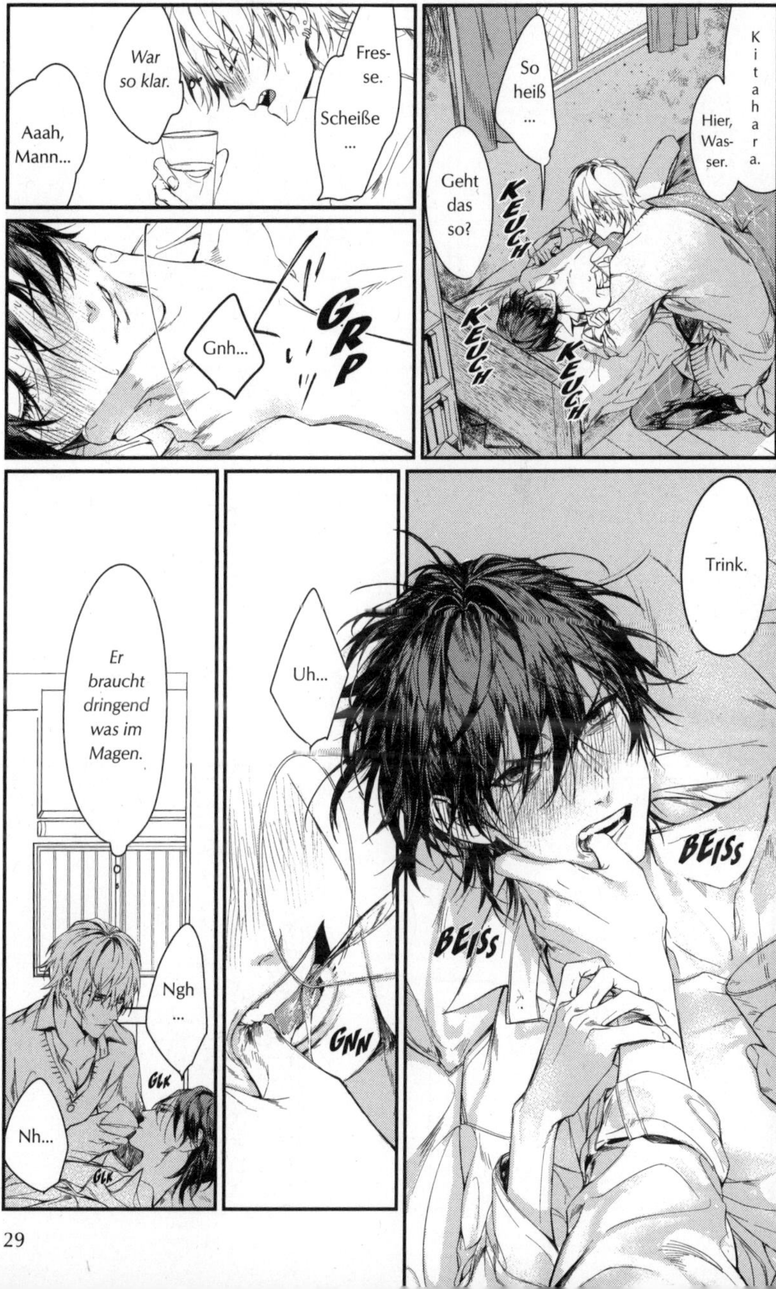
Kitahara.
Hier, Wasser.
So heiß ...
Geht das so?
KEUCH
KEUCH
KEUCH
Fresse. Scheiße ...
War so klar.
Aaah, Mann...
GRP
Gnh...
Trink.
BEISS
BEISS
Uh...
GNN
Er braucht dringend was im Magen.
Ngh ...
GLK
Nh...
GLK

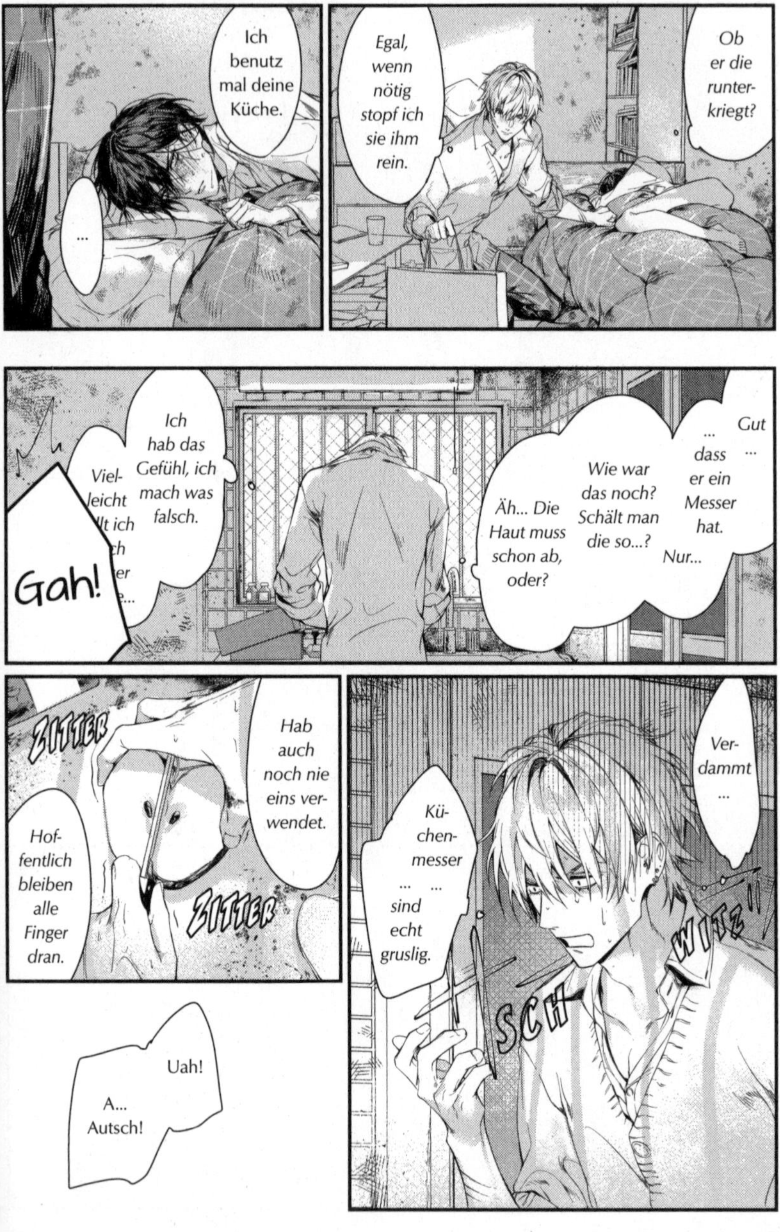
Ob er die runterkriegt?
Egal, wenn nötig stopf ich sie ihm rein.
Ich benutz mal deine Küche.
...
Gut ... dass er ein Messer hat. Nur...
Wie war das noch? Schält man die so...?
Äh... Die Haut muss schon ab, oder?
Ich hab das Gefühl, ich mach was falsch.
Gah!
Verdammt ...
Küchenmesser ... ... sind echt gruslig.
SCHWITZ!!
Hab auch noch nie eins verwendet.
ZITTER
ZITTER
Hoffentlich bleiben alle Finger dran.
Uah!
A... Autsch!

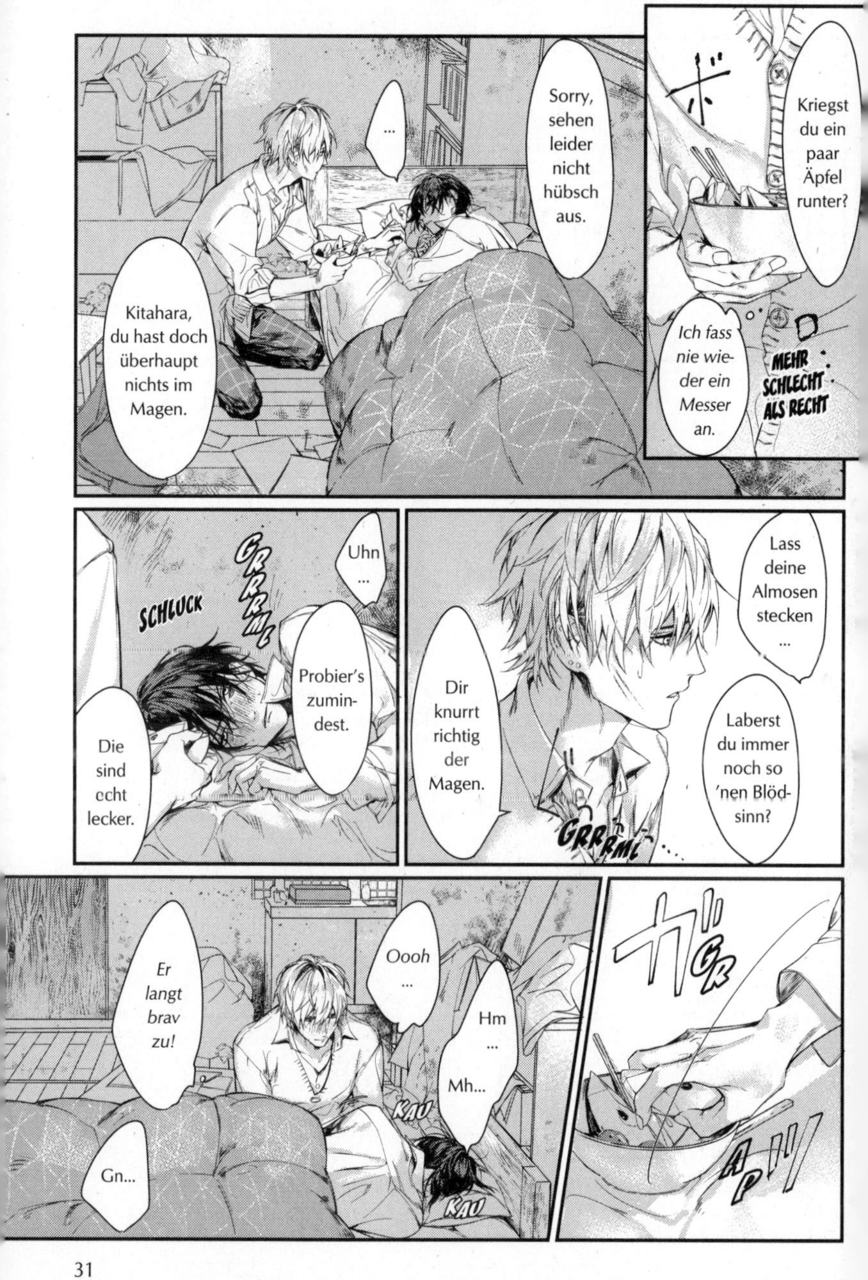
Kriegst du ein paar Äpfel runter?
Ich fass nie wieder ein Messer an.
MEHR SCHLECHT ALS RECHT
Sorry, sehen leider nicht hübsch aus.
...
Kitahara, du hast doch überhaupt nichts im Magen.
Lass deine Almosen stecken ...
Laberst du immer noch so 'nen Blödsinn?
Dir knurrt richtig der Magen.
GRRRML
Uhn ...
GRRRML
SCHLUCK
Probier's zumindest.
Die sind echt lecker.
GR
AP
Oooh ...
Hm ...
Mh...
KAU
Er langt brav zu!
KAU
Gn...

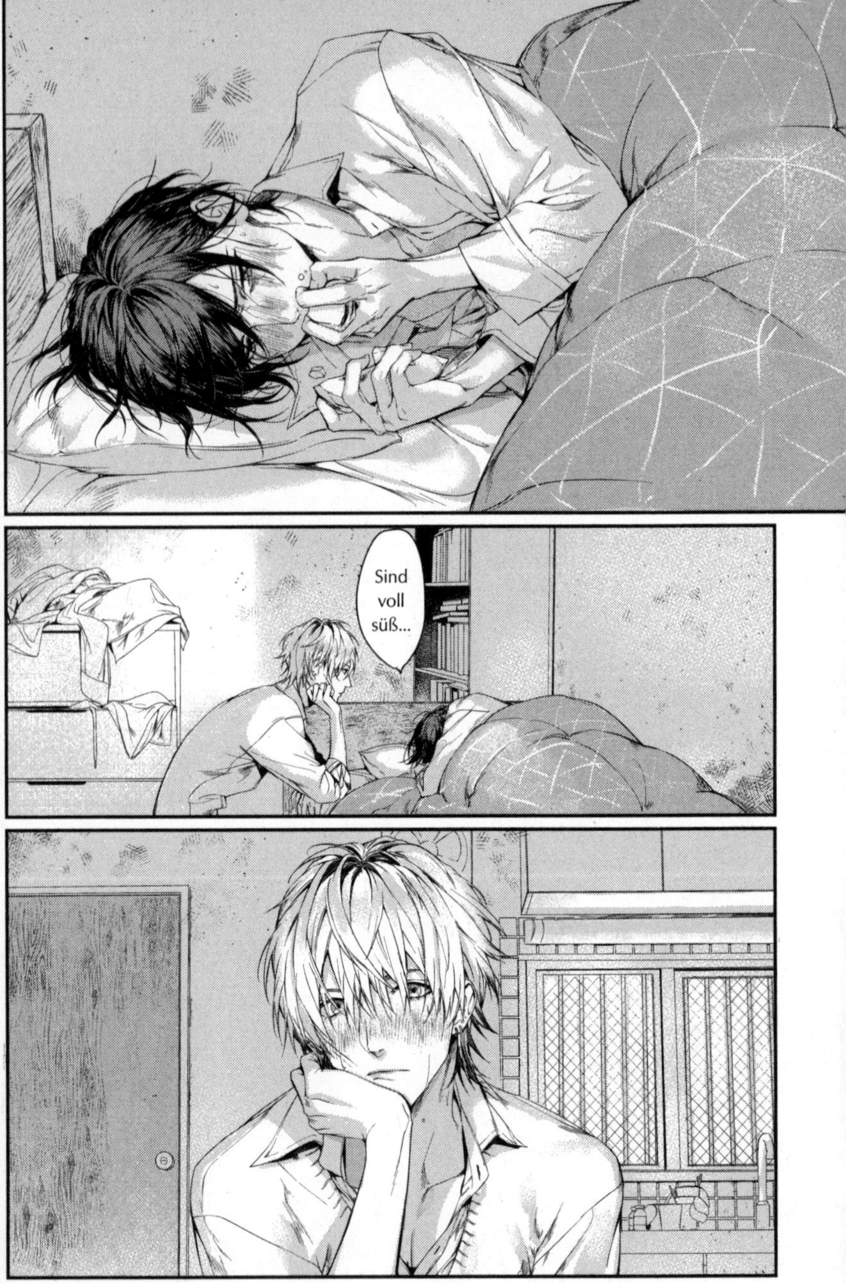
Sind voll süß...

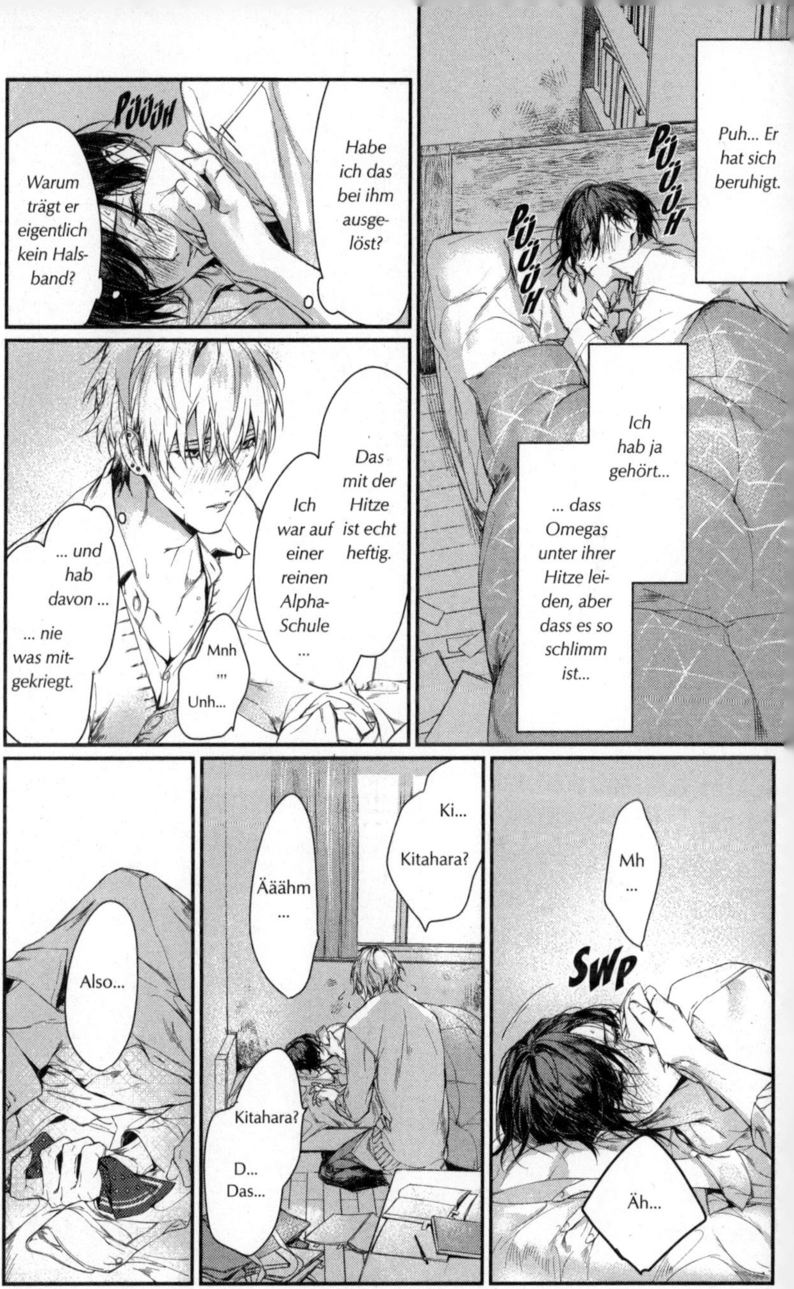
Puh... Er hat sich beruhigt.
PÜÜÜH
PÜÜÜH
Habe ich das bei ihm ausgelöst?
Warum trägt er eigentlich kein Halsband?
PÜÜÜH
Ich hab ja gehört...
... dass Omegas unter ihrer Hitze leiden, aber dass es so schlimm ist...
Das mit der Hitze ist echt heftig.
Ich war auf einer reinen Alpha-Schule ...
... und hab davon ...
... nie was mitgekriegt.
Mnh ... Unh...
Mh ...
SWP
Äh...
Ki... Kitahara?
Äääähm ...
Kitahara?
D... Das...
Also...

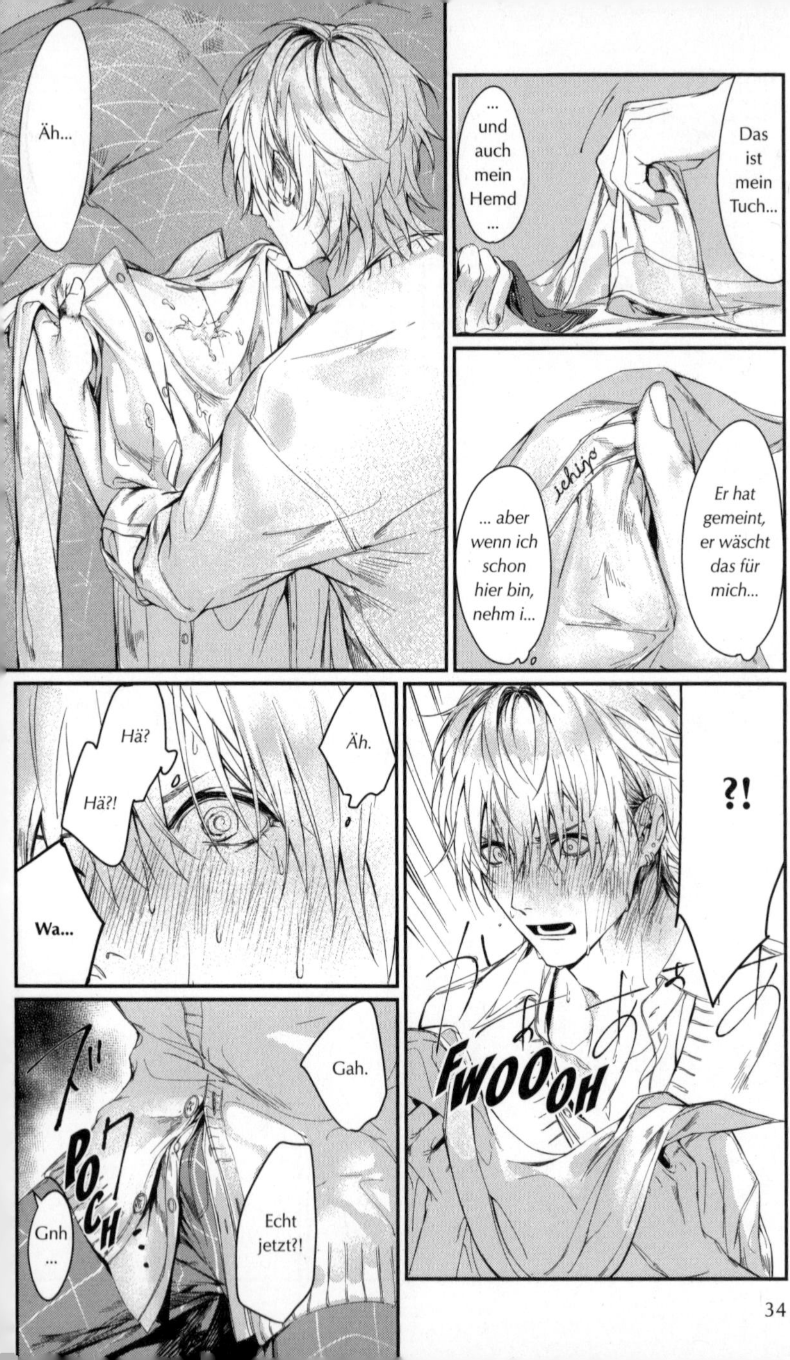
Das ist mein Tuch...
... und auch mein Hemd ...
Er hat gemeint, er wäscht das für mich...
... aber wenn ich schon hier bin, nehm i...
Äh...
?!
FWOOOH
Äh.
Hä?
Hä?!
Wa...
Gah.
Echt jetzt?!
POCH
Gnh ...

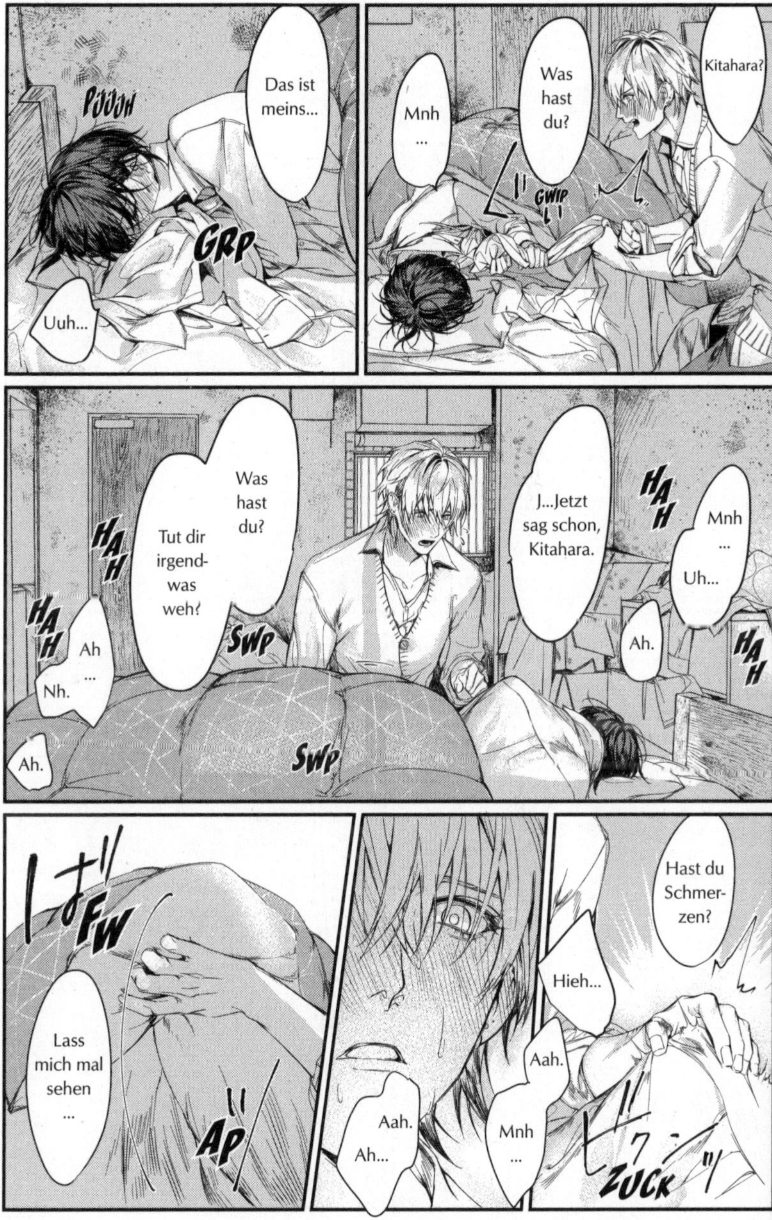
Kitahara?
Was hast du?
GWIP
Mnh ...
Das ist meins...
PÜÜH
GRP
Uuh...
HAH
Mnh ...
Uh...
Ah.
HAH
J...Jetzt sag schon, Kitahara.
Was hast du?
Tut dir irgendwas weh?
SWP
HAH
HAH
Ah ...
Nh.
Ah.
SWP
Hast du Schmerzen?
Hieh...
Aah.
Mnh ...
ZUCK
Aah.
Ah...
FW
Lass mich mal sehen ...
AP

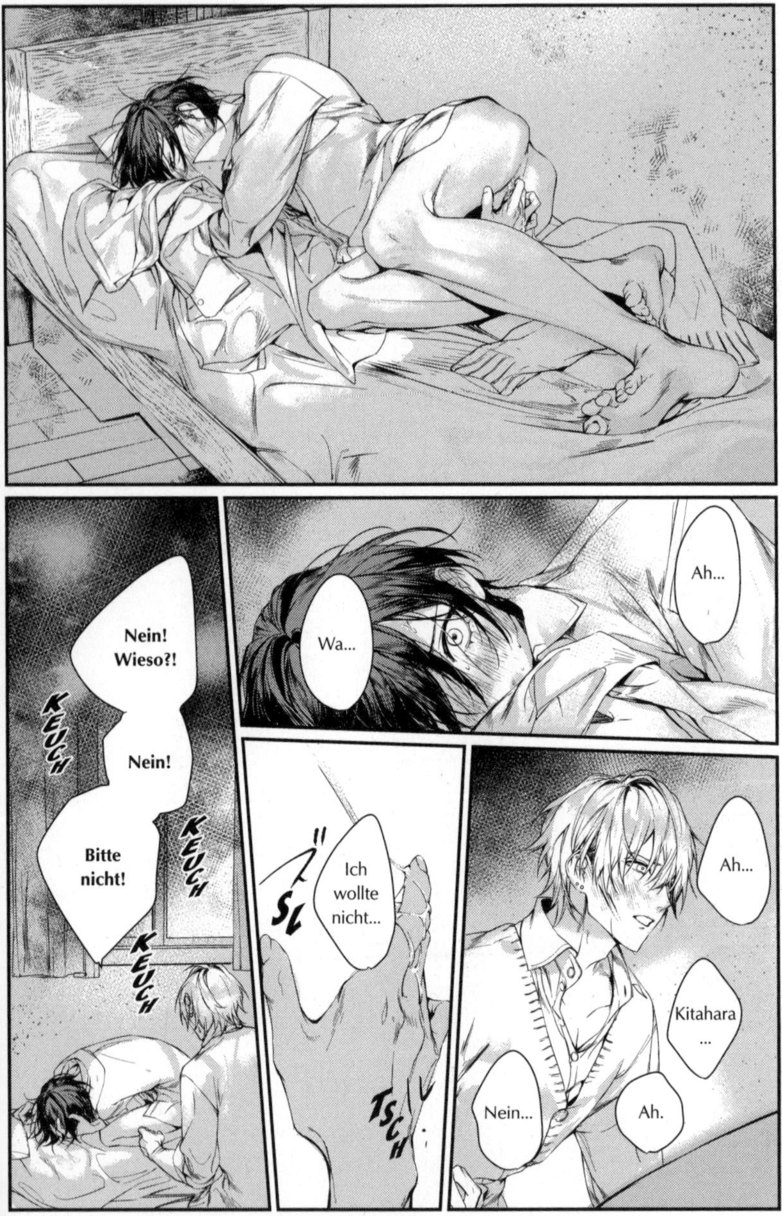
Ah...
Wa...
Nein! Wieso?!
KEUCH
Nein!
KEUCH
Bitte nicht!
KEUCH
Ah...
Kitahara ...
Ah.
Nein...
SL
Ich wollte nicht...
TSCH

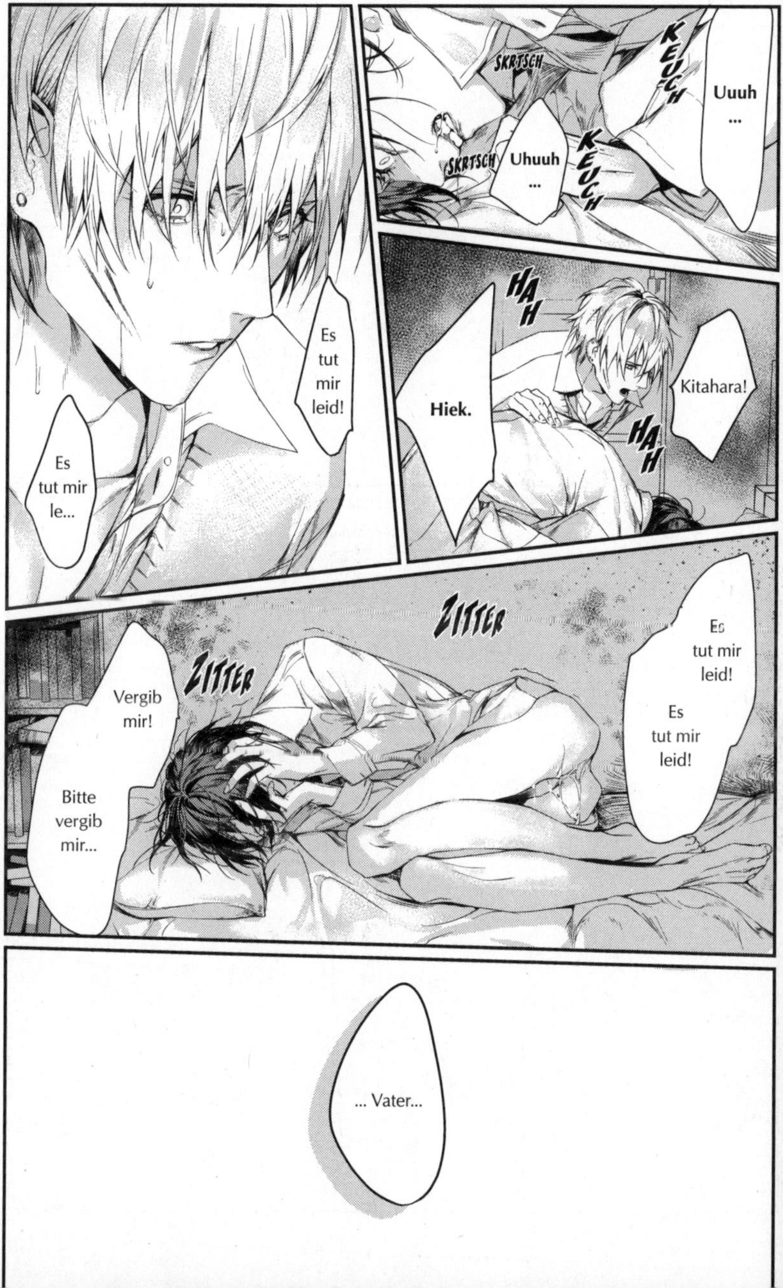
KEUCH
Uuuh ...
SKRTSCH
KEUCH
Uhuuh ...
SKRTSCH
HAH
Kitahara!
HAH
Hiek.
Es tut mir leid!
Es tut mir le...
Es tut mir leid!
Es tut mir leid!
ZITTER
ZITTER
Vergib mir!
Bitte vergib mir...
... Vater...

Lass meine Hand nicht los

Distanz.2

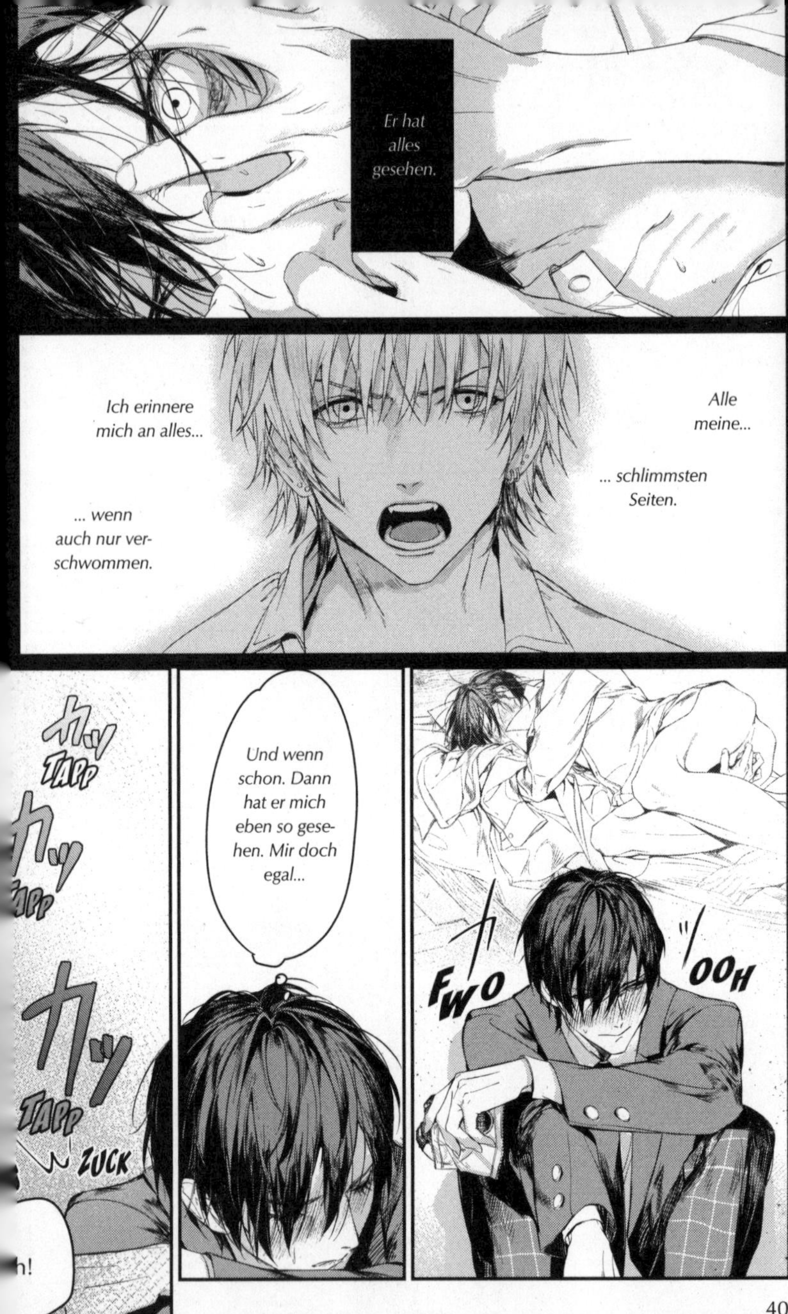
Er hat alles gesehen.
Alle meine...
... schlimmsten Seiten.
Ich erinnere mich an alles...
... wenn auch nur verschwommen.
FWOOH
Und wenn schon. Dann hat er mich eben so gesehen. Mir doch egal...
カッ
TAPP
カッ
TAPP
カッ
TAPP
ZUCK

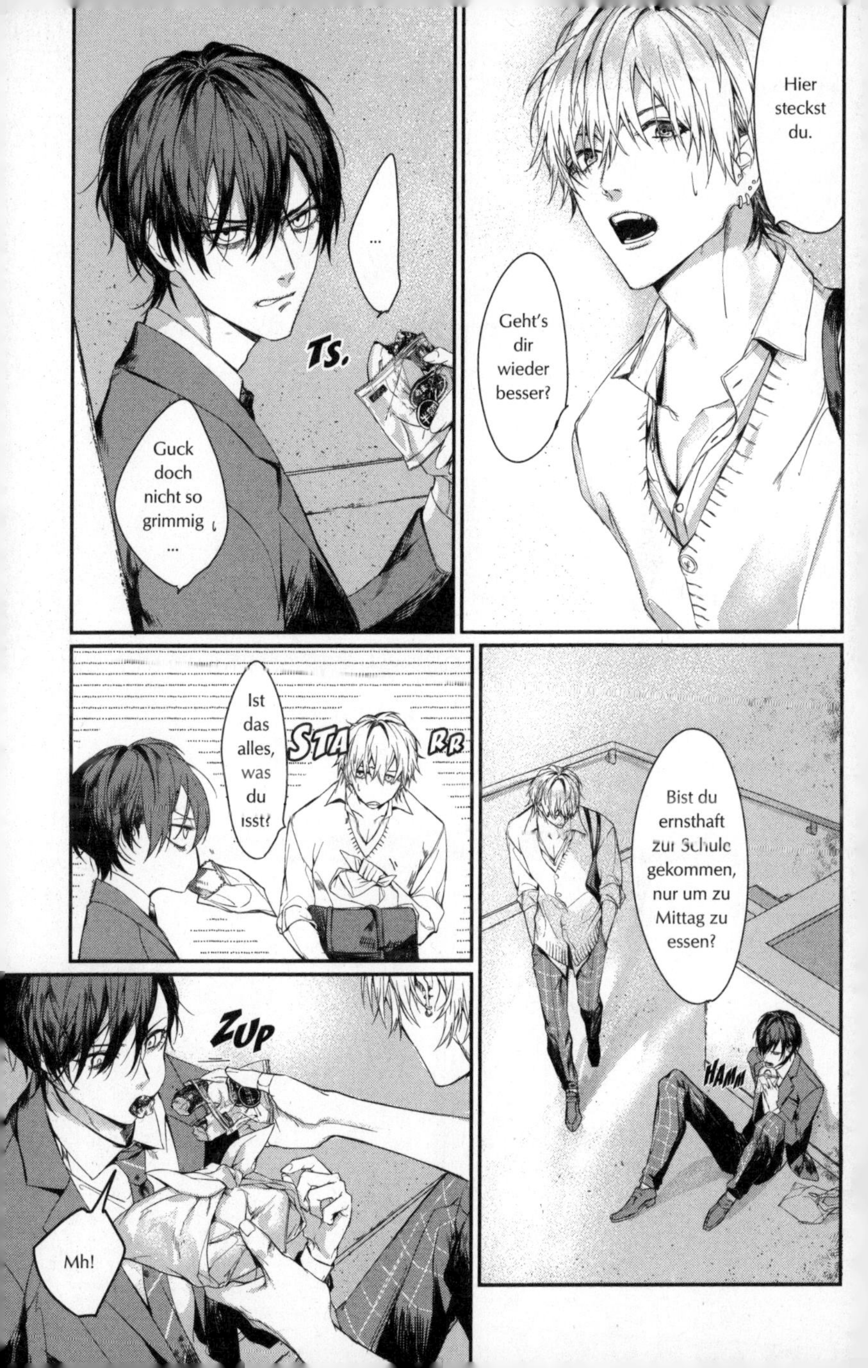
Hier steckst du.
Geht's dir wieder besser?
...
Ts.
Guck doch nicht so grimmig ...
Bist du ernsthaft zur Schule gekommen, nur um zu Mittag zu essen?
HAMM
Ist das alles, was du isst?
STA
RR
ZUP
Mh!

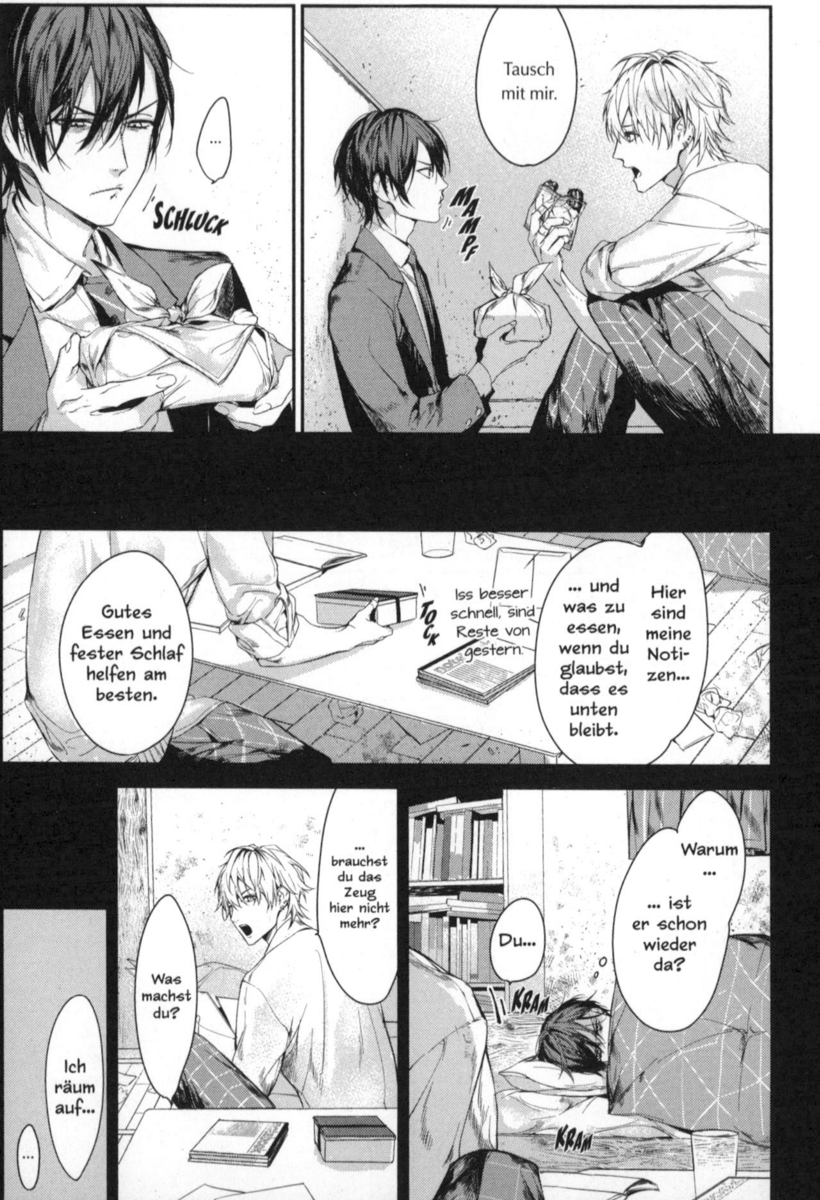
Tausch mit mir.
MAMPF
...
SCHLUCK
Hier sind meine Notizen...
... und was zu essen, wenn du glaubst, dass es unten bleibt.
Iss besser schnell, sind Reste von gestern.
TOCK
Gutes Essen und fester Schlaf helfen am besten.
Warum ...
... ist er schon wieder da?
Du...
KRAM
KRAM
... brauchst du das Zeug hier nicht mehr?
Was machst du?
Ich räum auf...
...

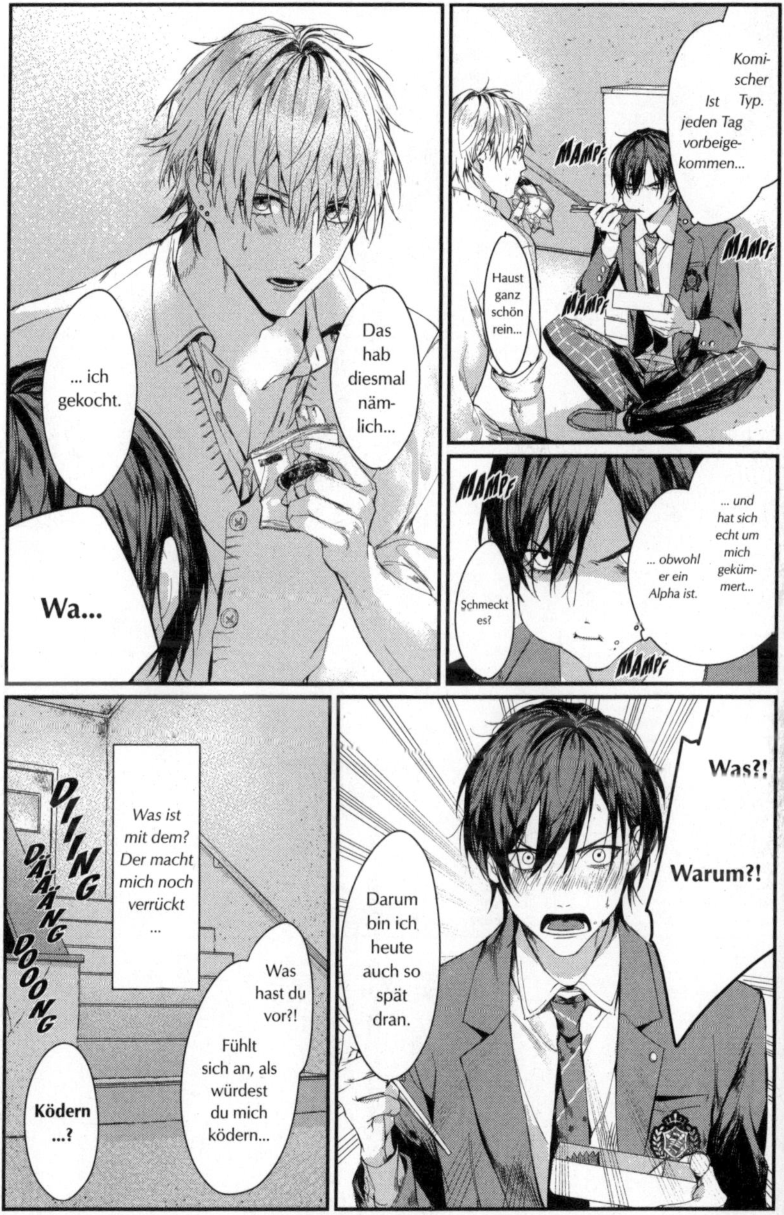
Komischer Typ.
Ist jeden Tag vorbeigekommen...
MAMPF
MAMPF
MAMPF
Haust ganz schön rein...
... und hat sich echt um mich gekümmert...
... obwohl er ein Alpha ist.
MAMPF
Schmeckt es?
MAMPF
Das hab diesmal nämlich...
... ich gekocht.
Wa...
Was?!
Warum?!
Darum bin ich heute auch so spät dran.
Was ist mit dem? Der macht mich noch verrückt ...
DIIING DÄÄÄNG DOOONG
Was hast du vor?!
Fühlt sich an, als würdest du mich ködern...
Ködern ...?

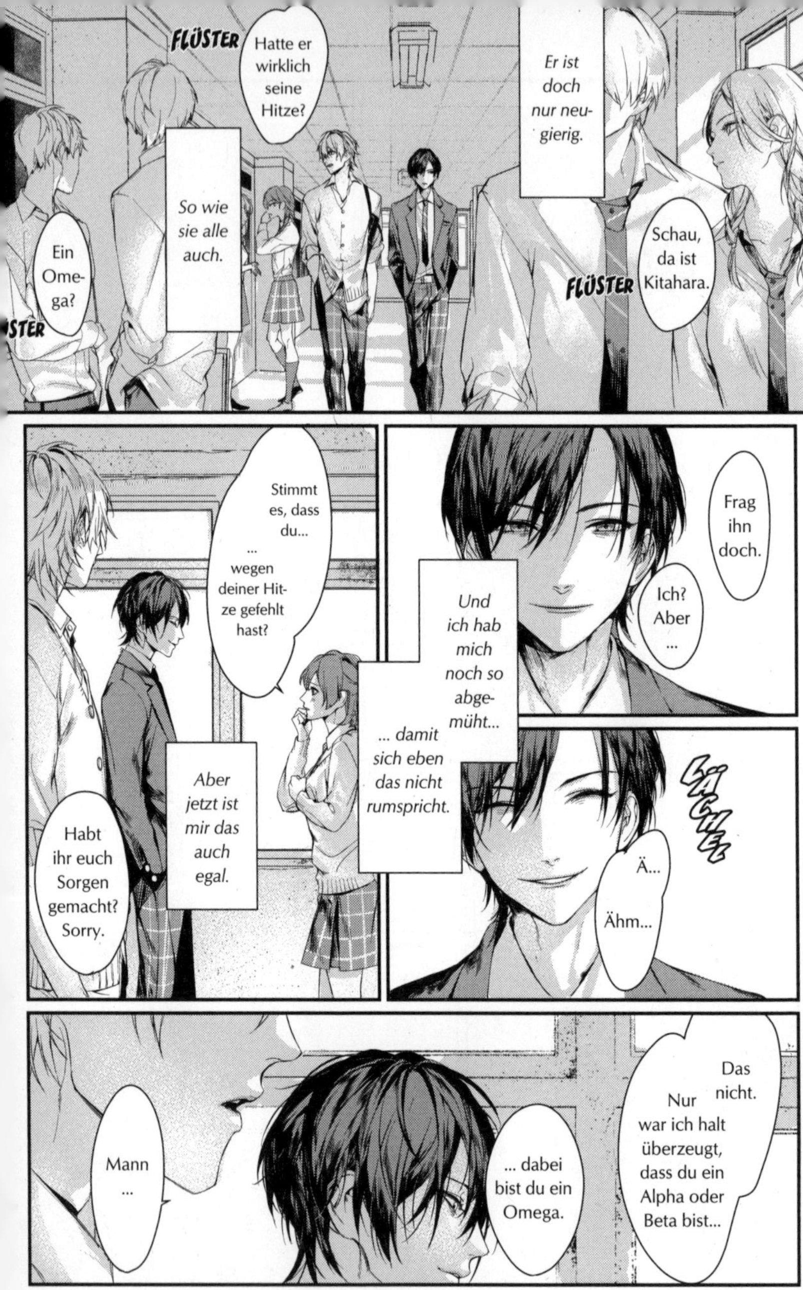
Schau, da ist Kitahara.
FLÜSTER
Er ist doch nur neugierig.
Hatte er wirklich seine Hitze?
FLÜSTER
So wie sie alle auch.
Ein Omega?
Frag ihn doch.
Ich? Aber ...
Und ich hab mich noch so abgemüht...
LÄCHEL
Ä...
Ähm...
... damit sich eben das nicht rumspricht.
Stimmt es, dass du...
... wegen deiner Hitze gefehlt hast?
Aber jetzt ist mir das auch egal.
Habt ihr euch Sorgen gemacht? Sorry.
Das nicht.
Nur war ich halt überzeugt, dass du ein Alpha oder Beta bist...
... dabei bist du ein Omega.
Mann ...

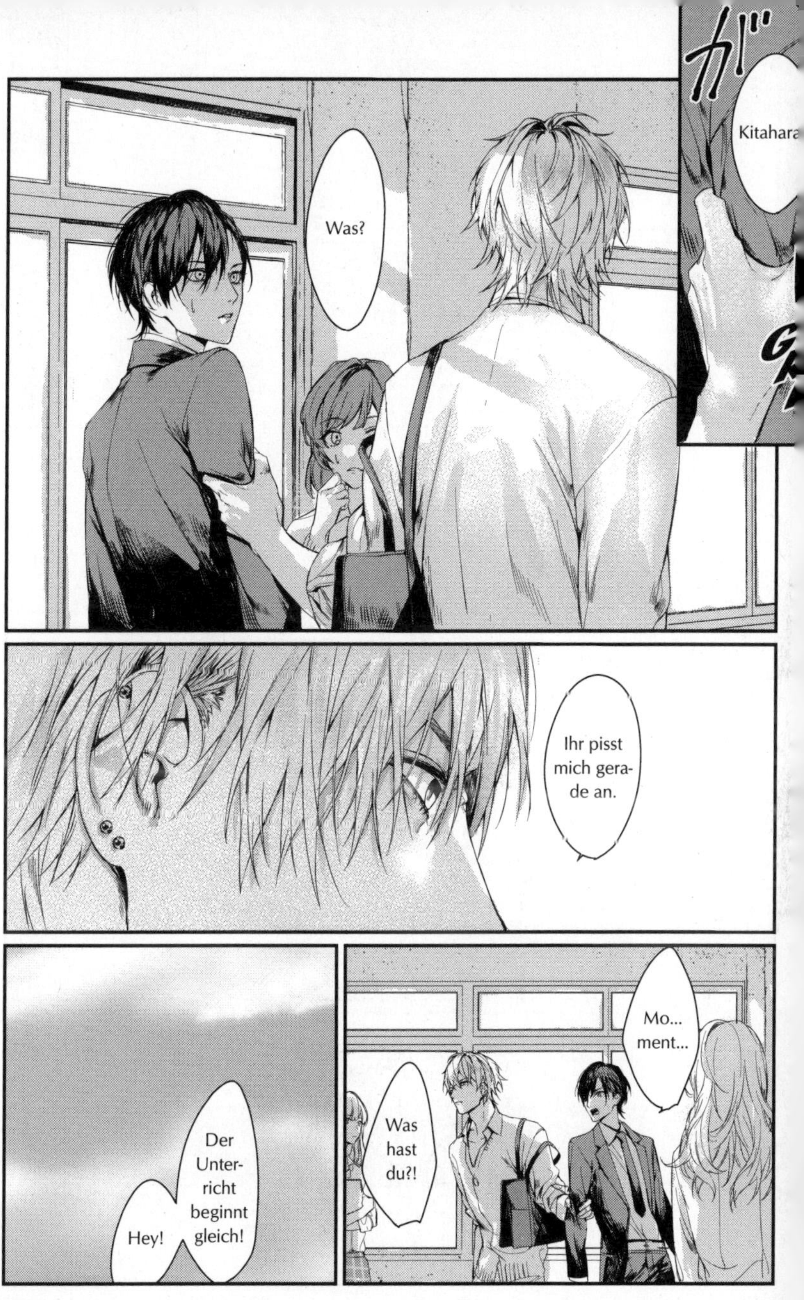
Kitahara
Was?
Ihr pisst mich gera-de an.
Mo... ment...
Was hast du?!
Der Unter-richt beginnt gleich!
Hey!

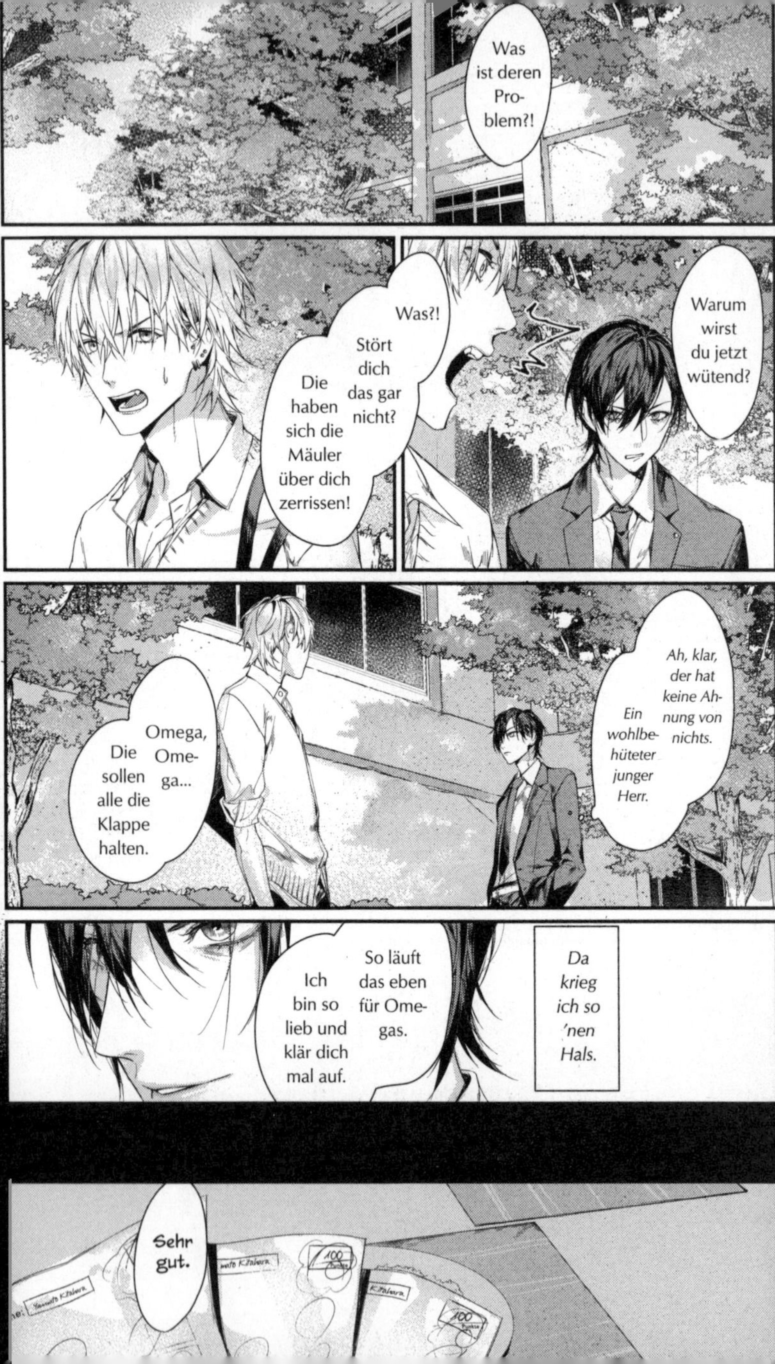
Was ist deren Problem?!
Warum wirst du jetzt wütend?
Was?!
Stört dich das gar nicht?
Die haben sich die Mäuler über dich zerrissen!
Ah, klar, der hat keine Ahnung von nichts.
Ein wohlbehüteter junger Herr.
Omega, Omega...
Die sollen alle die Klappe halten.
Da krieg ich so 'nen Hals.
So läuft das eben für Omegas.
Ich bin so lieb und klär dich mal auf.
Sehr gut.

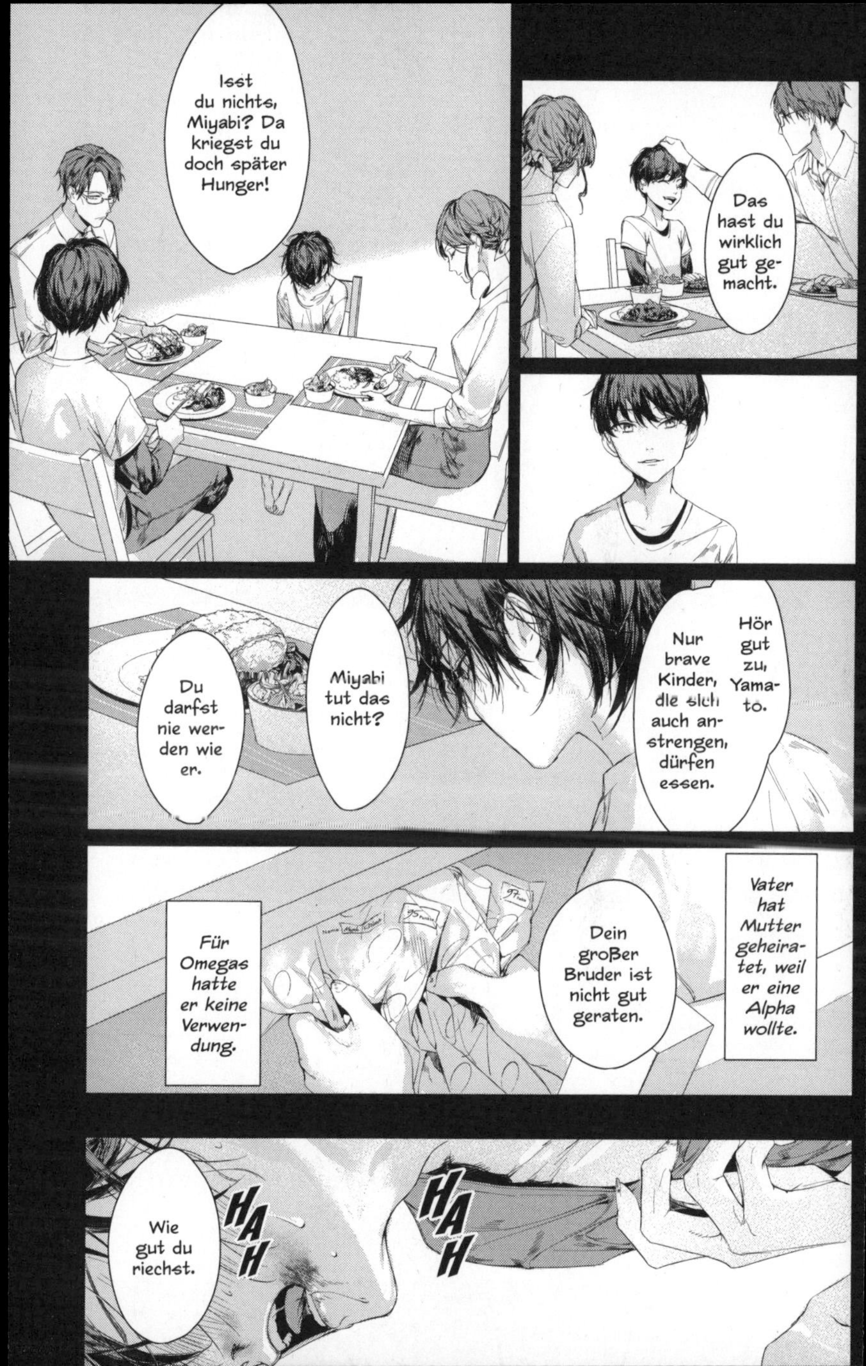
Das hast du wirklich gut gemacht.
Isst du nichts, Miyabi? Da kriegst du doch später Hunger!
Hör gut zu, Yamato.
Nur brave Kinder, die sich auch anstrengen, dürfen essen.
Miyabi tut das nicht?
Du darfst nie werden wie er.
Vater hat Mutter geheiratet, weil er eine Alpha wollte.
Dein großer Bruder ist nicht gut geraten.
Für Omegas hatte er keine Verwendung.
HAH
HAH
Wie gut du riechst.

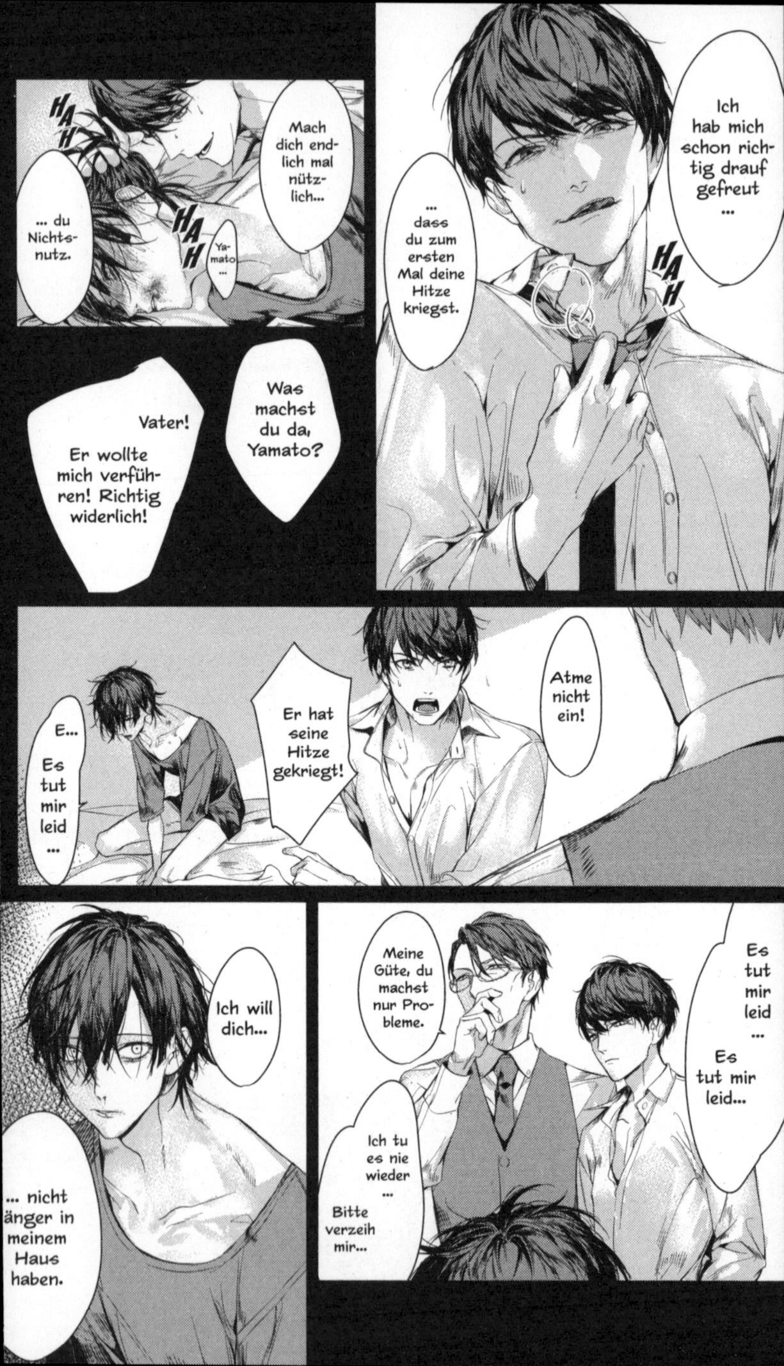
Ich hab mich schon richtig drauf gefreut ...
HAH
... dass du zum ersten Mal deine Hitze kriegst.
Mach dich endlich mal nützlich...
HAH
HAH
Yamato ...
... du Nichtsnutz.
Was machst du da, Yamato?
Vater!
Er wollte mich verführen! Richtig widerlich!
Atme nicht ein!
Er hat seine Hitze gekriegt!
E...
Es tut mir leid ...
Es tut mir leid ...
Es tut mir leid...
Meine Güte, du machst nur Probleme.
Ich tu es nie wieder ...
Bitte verzeih mir...
Ich will dich...
... nicht änger in meinem Haus haben.

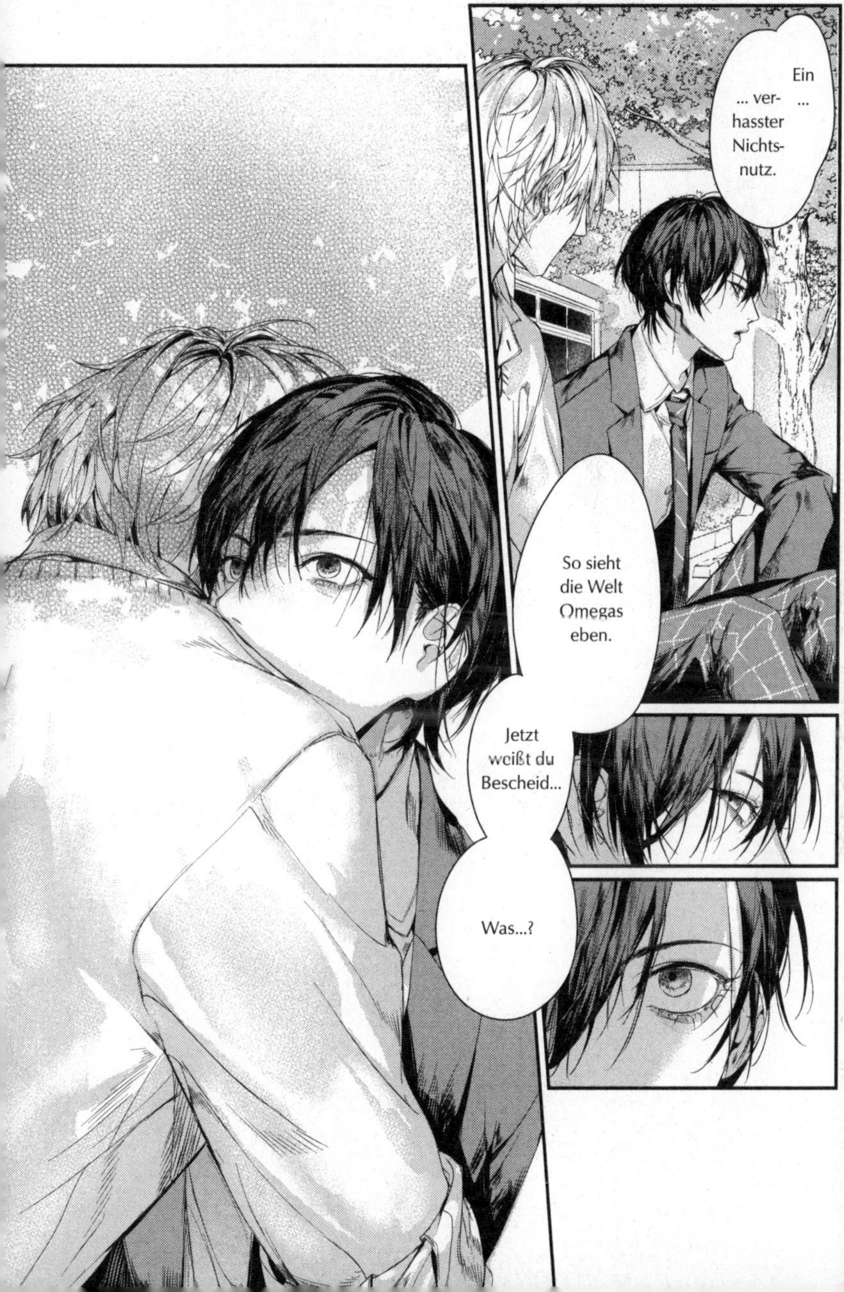
Ein ... ... verhasster Nichtsnutz.
So sieht die Welt Omegas eben.
Jetzt weißt du Bescheid...
Was...?

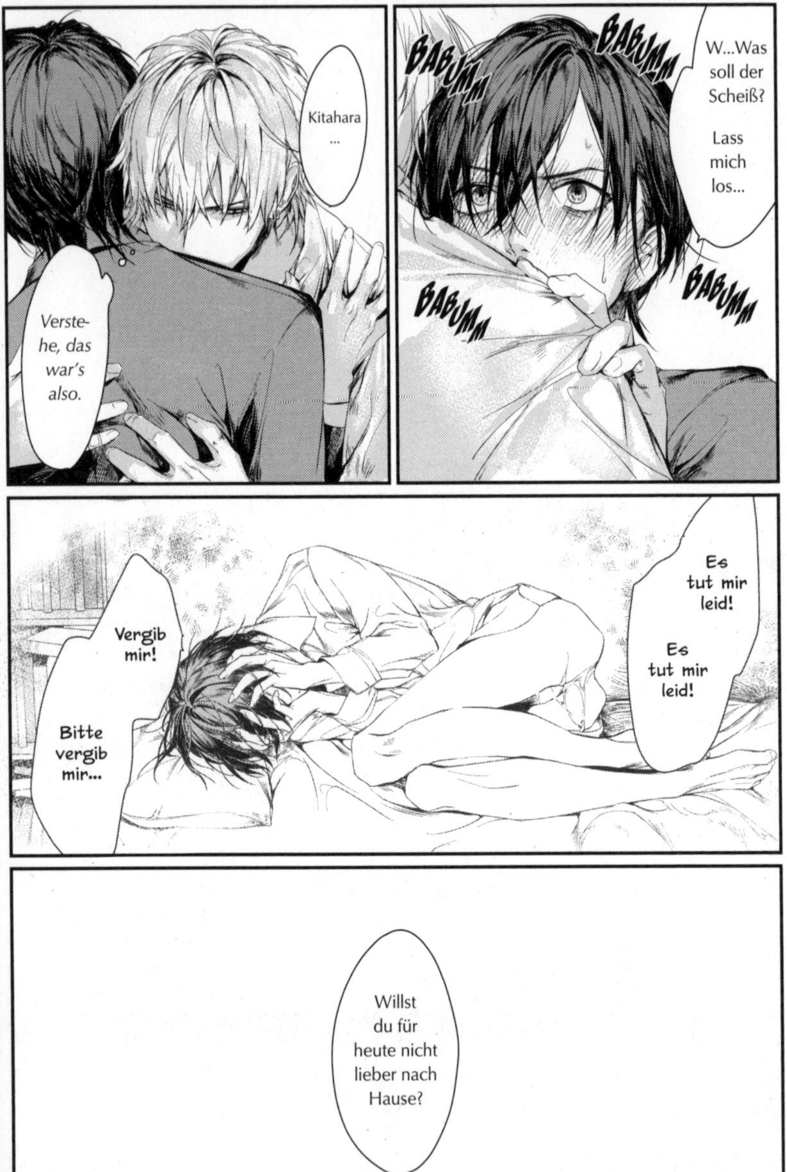
BABUMM
BABUMM
W...Was soll der Scheiß?
Lass mich los...
BABUMM
BABUMM
Kitahara ...
Verste-he, das war's also.
Es tut mir leid!
Es tut mir leid!
Vergib mir!
Bitte vergib mir...
Willst du für heute nicht lieber nach Hause?

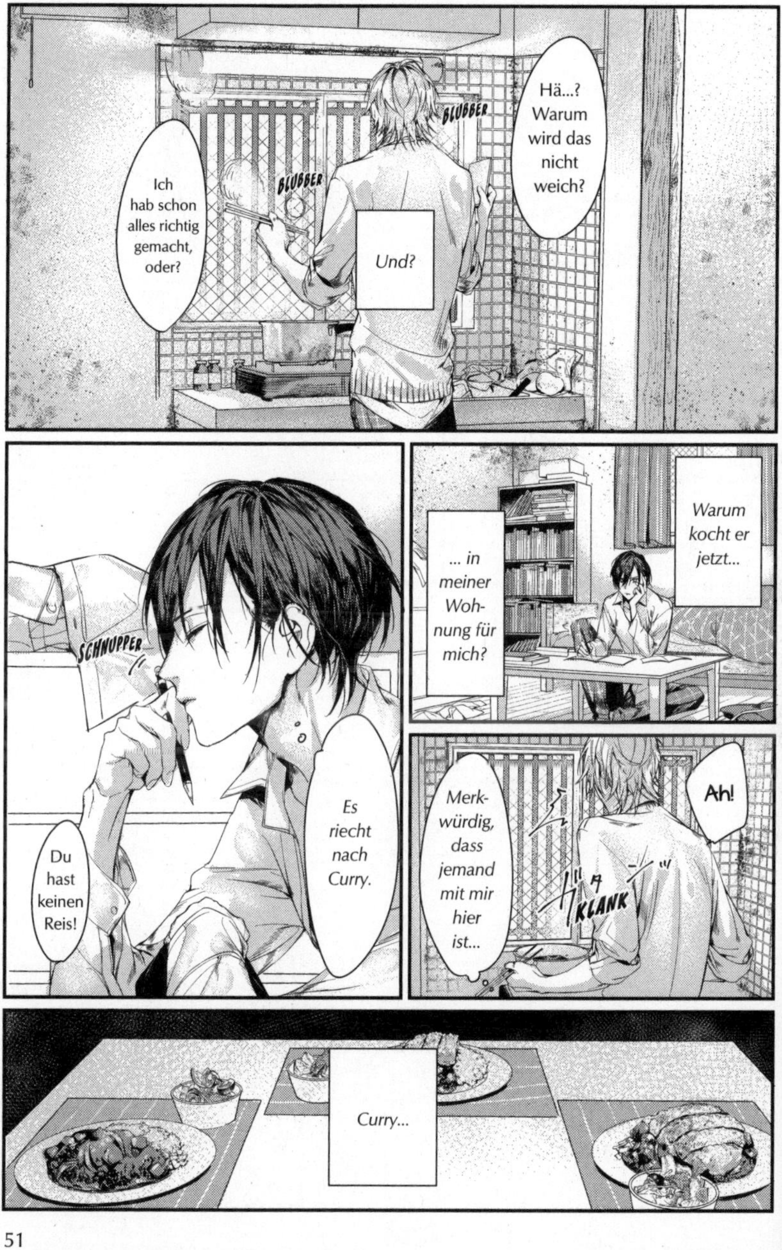

BLUBBER
Hä...? Warum wird das nicht weich?
BLUBBER
Und?
Ich hab schon alles richtig gemacht, oder?
Warum kocht er jetzt...
... in meiner Wohnung für mich?
Ah!
KLANK
Merkwürdig, dass jemand mit mir hier ist...
SCHNUPPER
Es riecht nach Curry.
Du hast keinen Reis!
Curry...

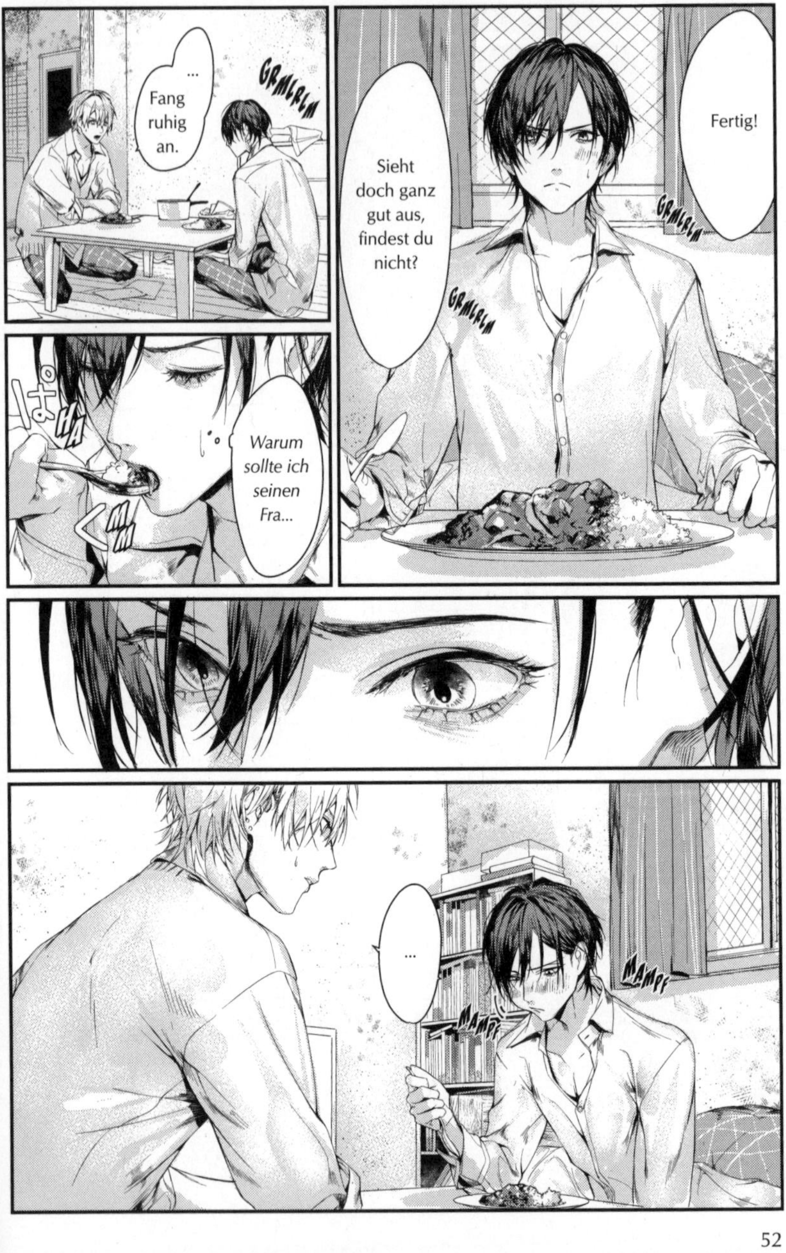
Fertig!
GRMLRLM
Sieht doch ganz gut aus, findest du nicht?
GRMLRLM
GRMLRLM
... Fang ruhig an.
ぱ
HA
くMM
Warum sollte ich seinen Fra...
...
MAMPF
MAMPF

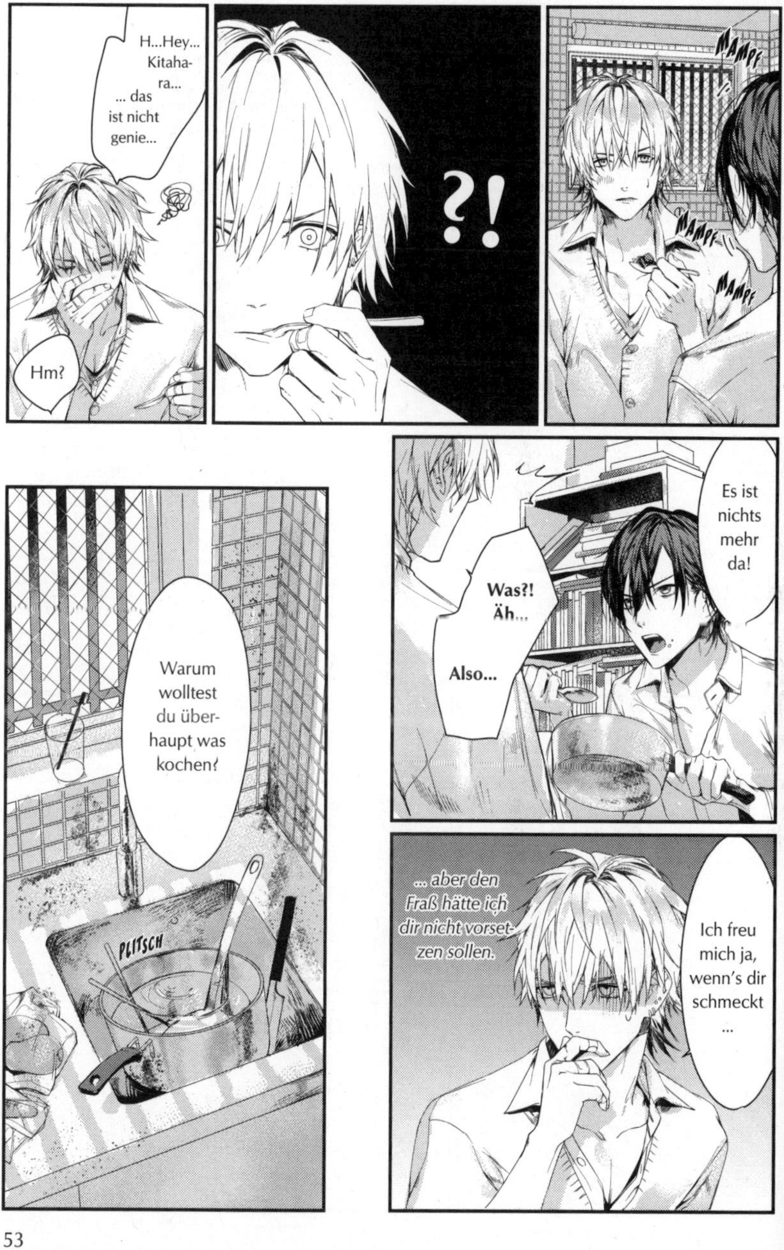
MAMPF
MAMPF
MAMPF
?!
H...Hey... Kitahara... ... das ist nicht genie...
Hm?
Es ist nichts mehr da!
Was?! Äh... Also...
Ich freu mich ja, wenn's dir schmeckt ...
... aber den Fraß hätte ich dir nicht vorsetzen sollen.
Warum wolltest du überhaupt was kochen?
PLITSCH

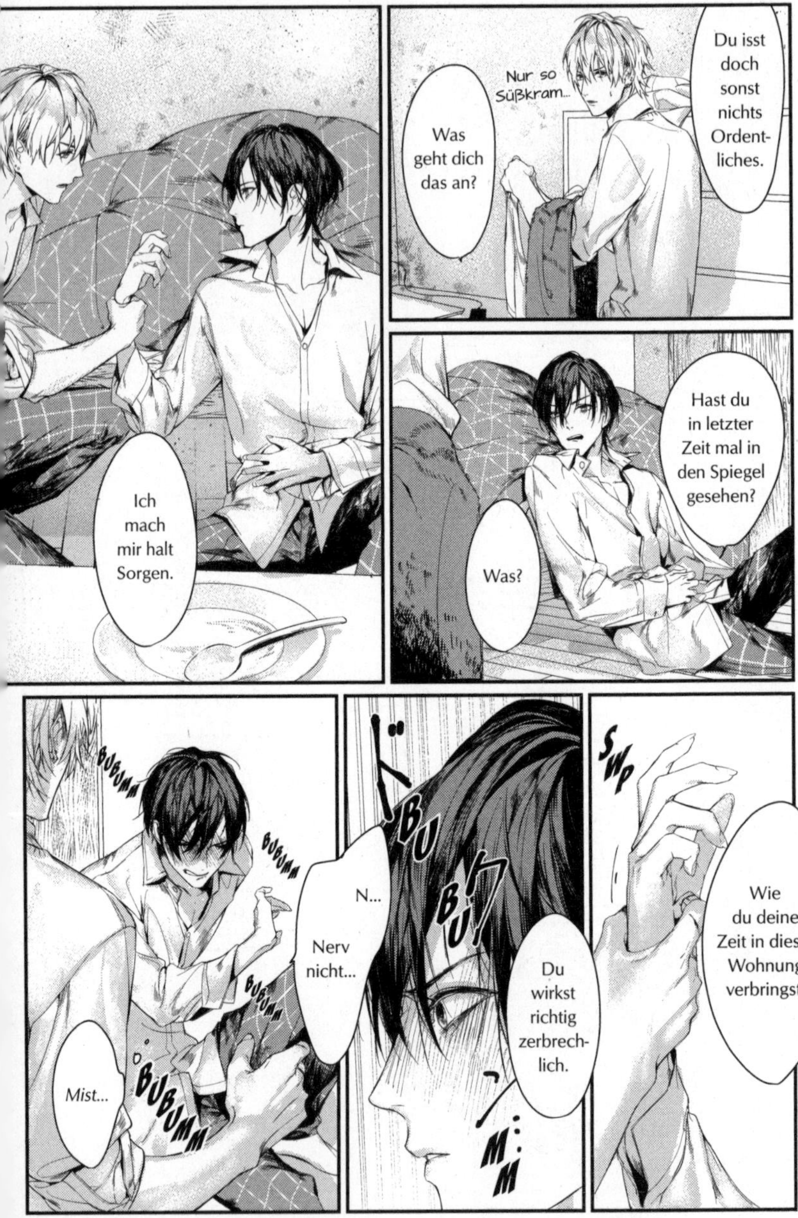
Du isst doch sonst nichts Ordentliches.
Nur so Süßkram...
Was geht dich das an?
Ich mach mir halt Sorgen.
Hast du in letzter Zeit mal in den Spiegel gesehen?
Was?
SWP
Wie du deine Zeit in dieser Wohnung verbringst.
Du wirkst richtig zerbrechlich.
N...
Nerv nicht...
BUBUMM
BUBUMM
BUBUMM
BUBUMM
Mist...

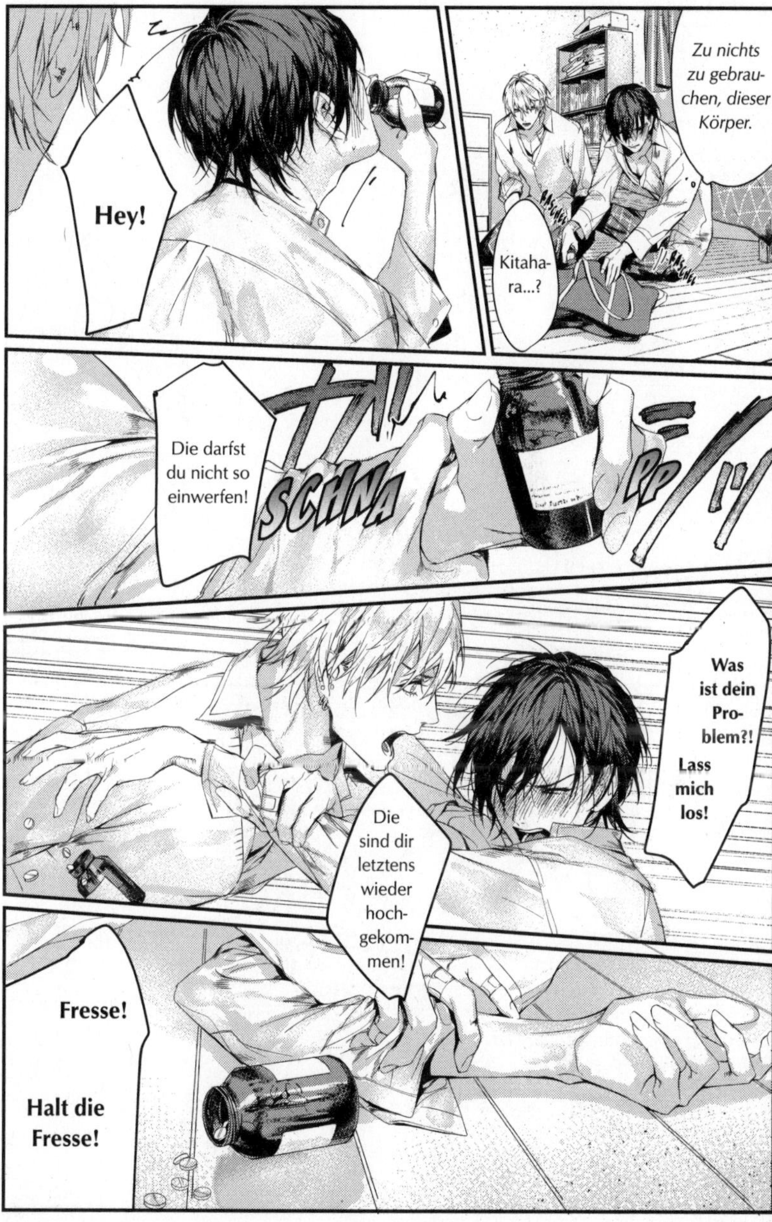
Zu nichts zu gebrauchen, dieser Körper.
RASCHEL
Kitahara...?
RASCHEL
Hey!
Die darfst du nicht so einwerfen!
SCHNAPP
Was ist dein Problem?! Lass mich los!
Die sind dir letztens wieder hochgekommen!
Fresse!
Halt die Fresse!

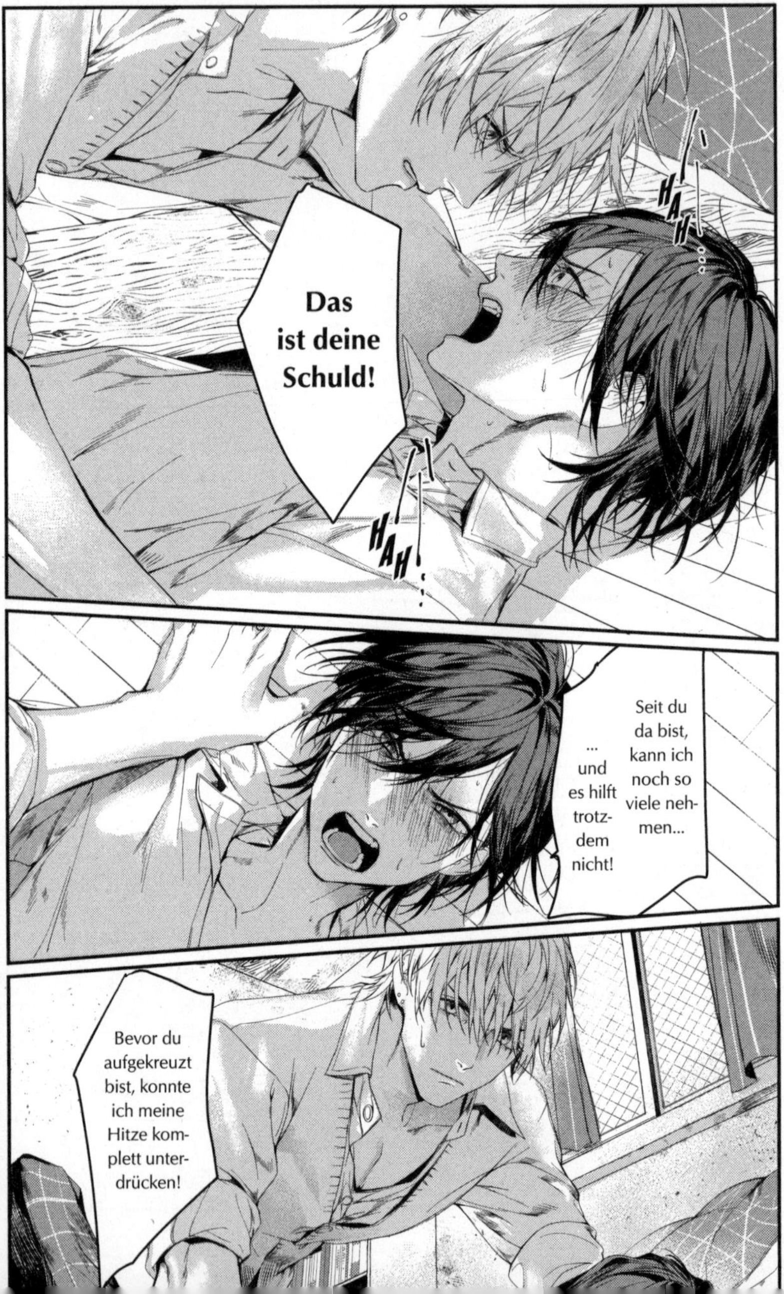
HAH ...
Das ist deine Schuld!
HAH ...
Seit du da bist, kann ich noch so viele nehmen...
... und es hilft trotzdem nicht!
Bevor du aufgekreuzt bist, konnte ich meine Hitze komplett unterdrücken!

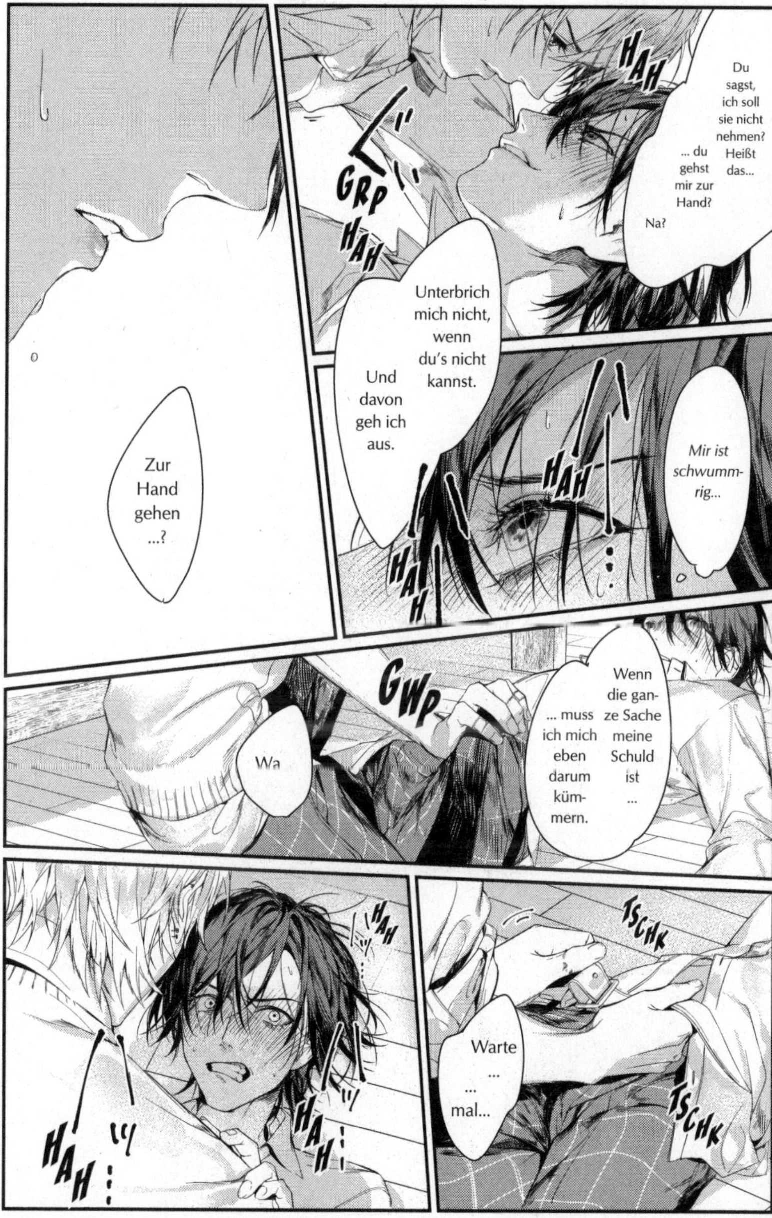
HAH
Du sagst, ich soll sie nicht nehmen? Heißt das...
... du gehst mir zur Hand?
Na?
GRP
HAH
Zur Hand gehen ...?
Unterbrich mich nicht, wenn du's nicht kannst.
Und davon geh ich aus.
Mir ist schwummrig...
HAH
HAH
Wenn die ganze Sache meine Schuld ist ...
... muss ich mich eben darum kümmern.
GWP
Wa
TSCHK
Warte ...
... mal...
TSCHK
HAH
HAH
HAH

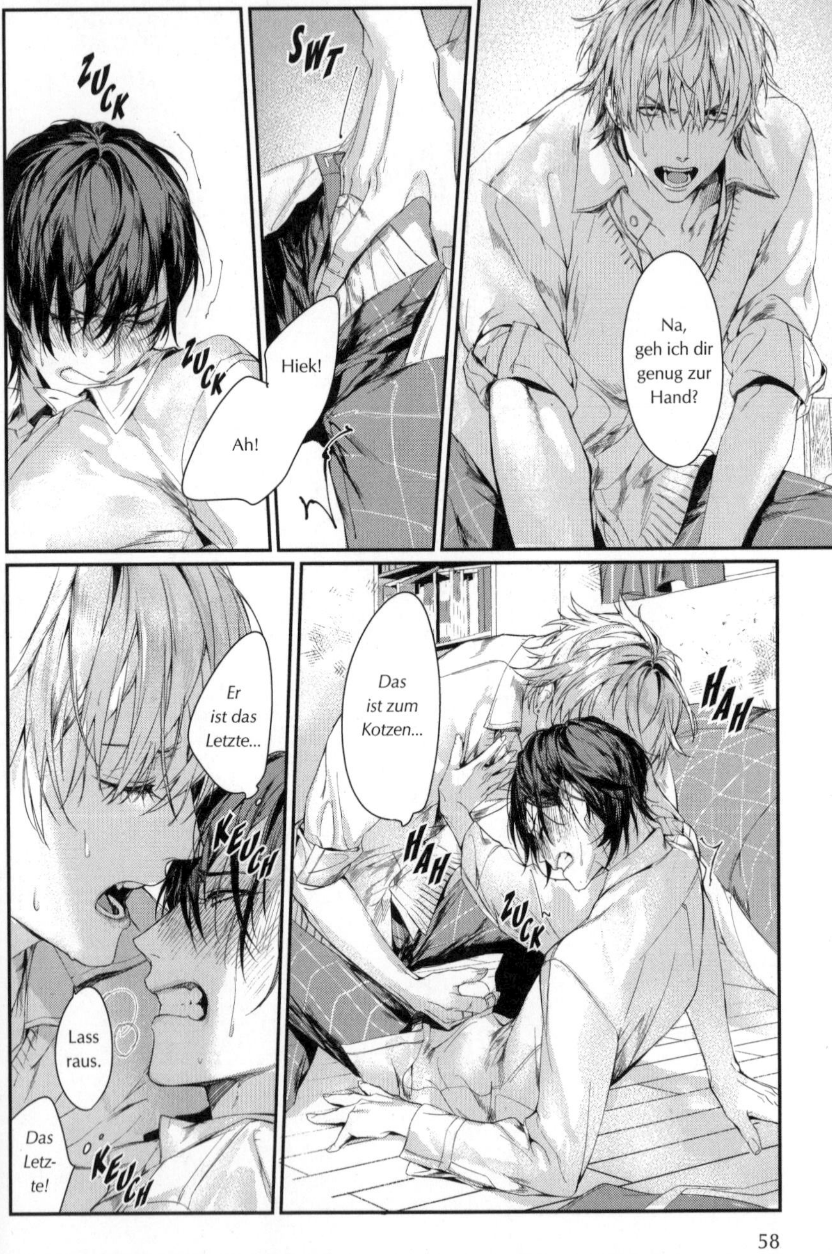
Na, geh ich dir genug zur Hand?
SWT
Hiek!
Ah!
ZUCK
ZUCK
HAH
Das ist zum Kotzen...
HAH
ZUCK
Er ist das Letzte...
KEUCH
Lass raus.
Das Letz-te!
KEUCH

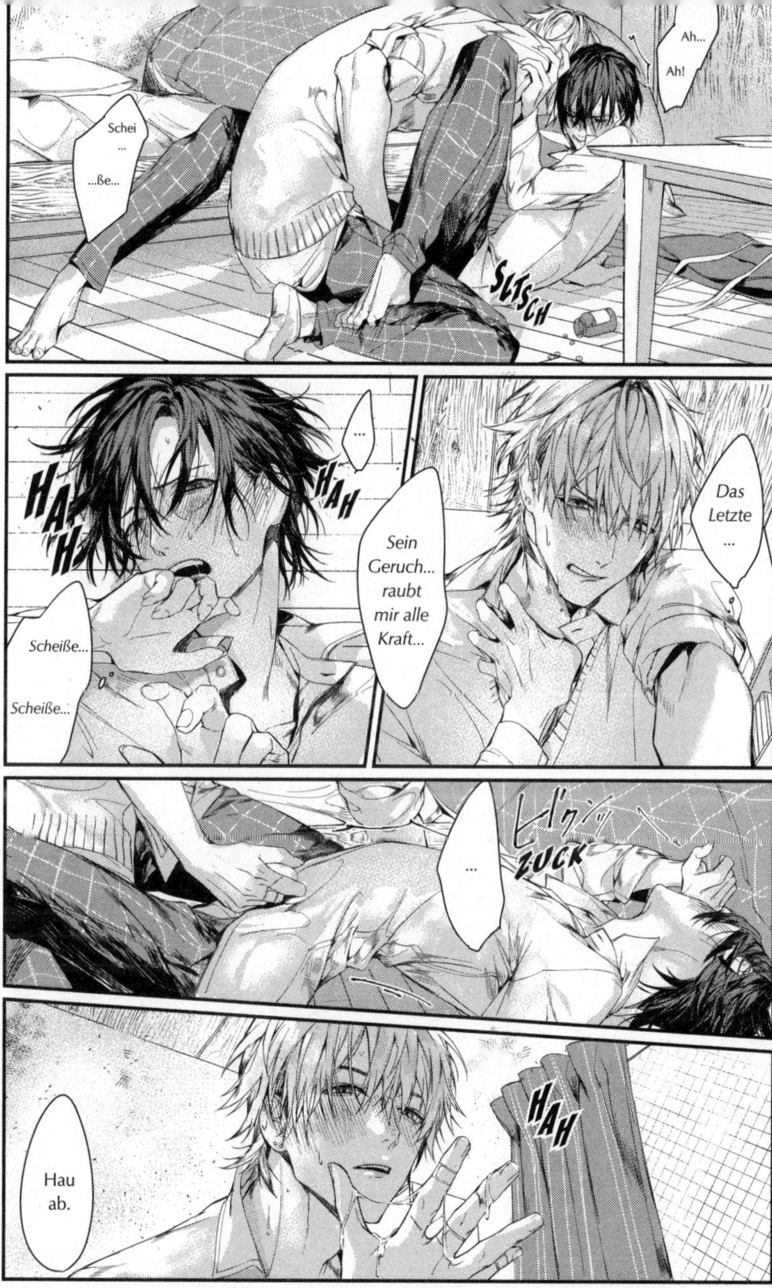

Ah...
Ah!
Schei ... ...ße...
SLTSCH
Das Letzte ...
Sein Geruch... raubt mir alle Kraft...
...
HAH
HAH HAH
Scheiße...
Scheiße...
...
ZUCK
HAH
Hau ab.

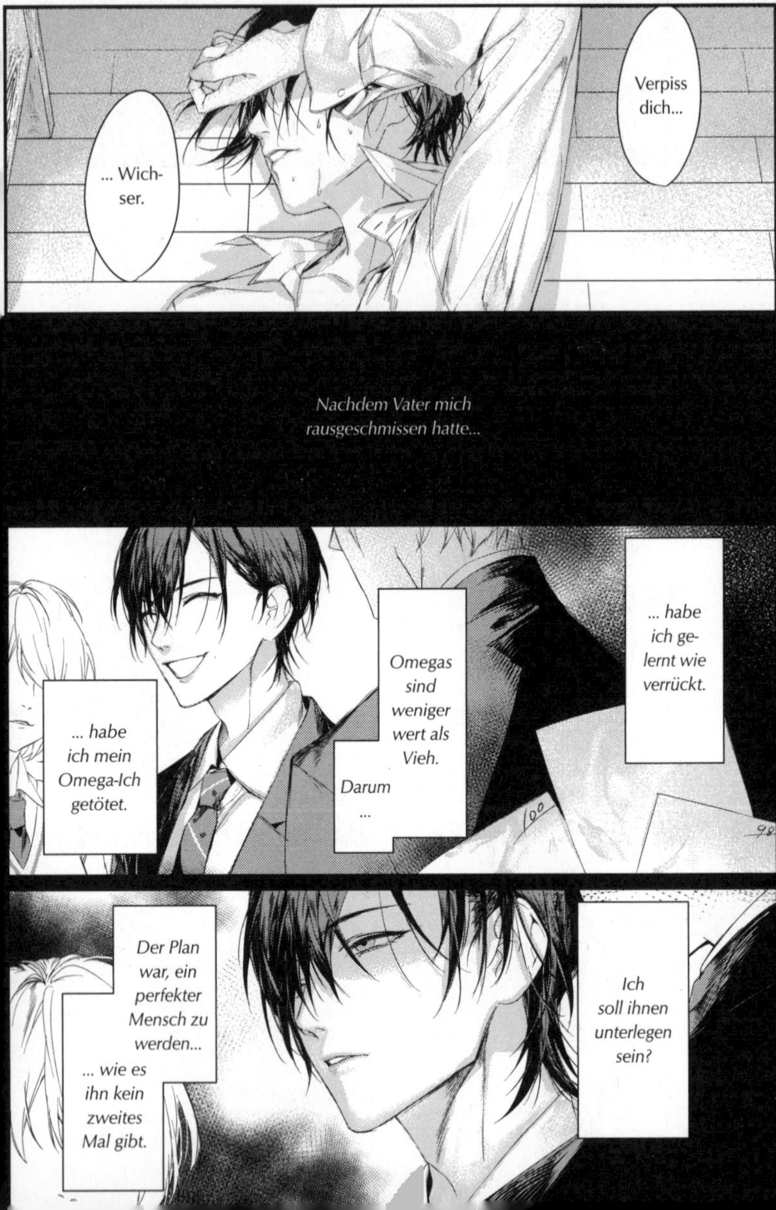
Verpiss dich...
... Wich-ser.
Nachdem Vater mich rausgeschmissen hatte...
... habe ich gelernt wie verrückt.
Omegas sind weniger wert als Vieh.
Darum ...
... habe ich mein Omega-Ich getötet.
Ich soll ihnen unterlegen sein?
Der Plan war, ein perfekter Mensch zu werden...
... wie es ihn kein zweites Mal gibt.

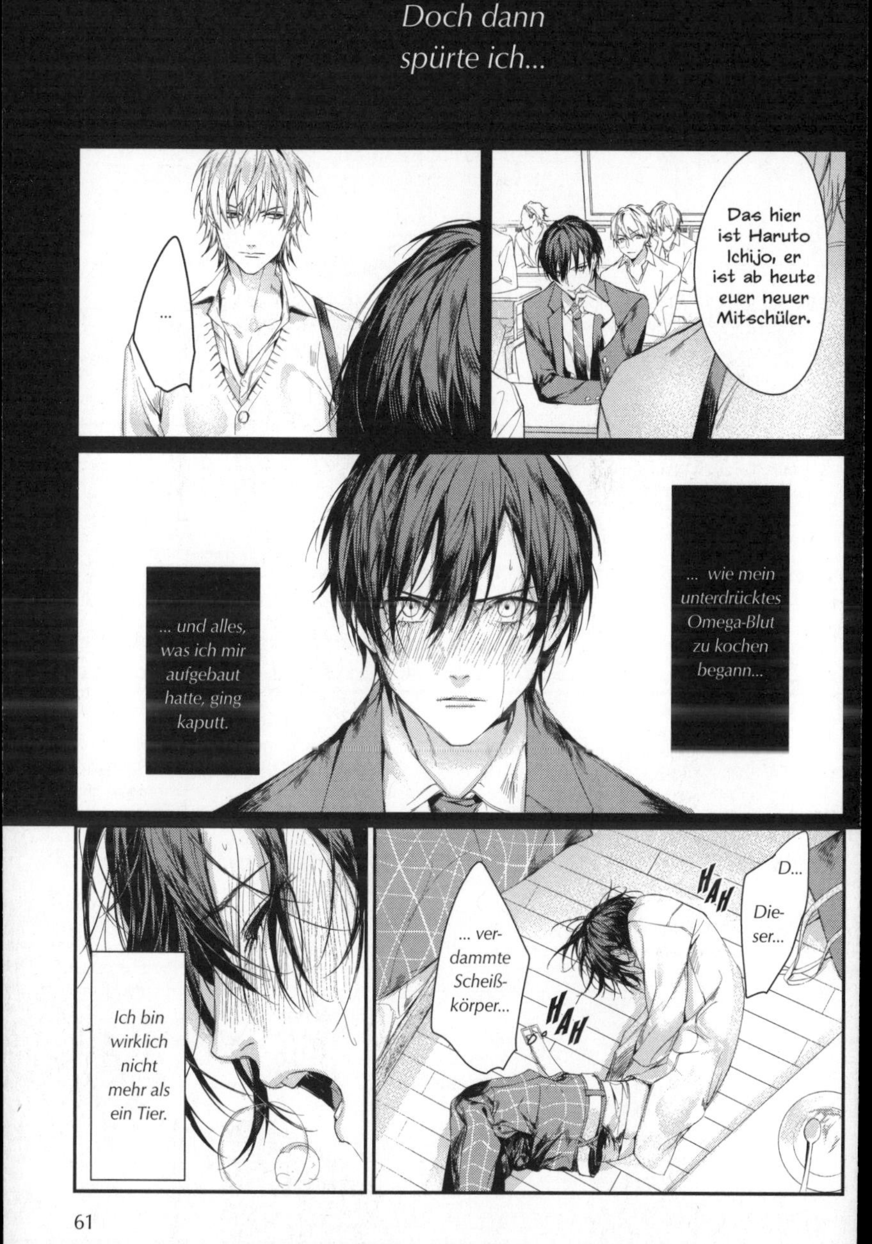
Doch dann spürte ich...
Das hier ist Haruto Ichijo, er ist ab heute euer neuer Mitschüler.
...
... wie mein unterdrücktes Omega-Blut zu kochen begann...
... und alles, was ich mir aufgebaut hatte, ging kaputt.
D... Dieser...
HAH
... verdammte Scheißkörper...
HAH
Ich bin wirklich nicht mehr als ein Tier.

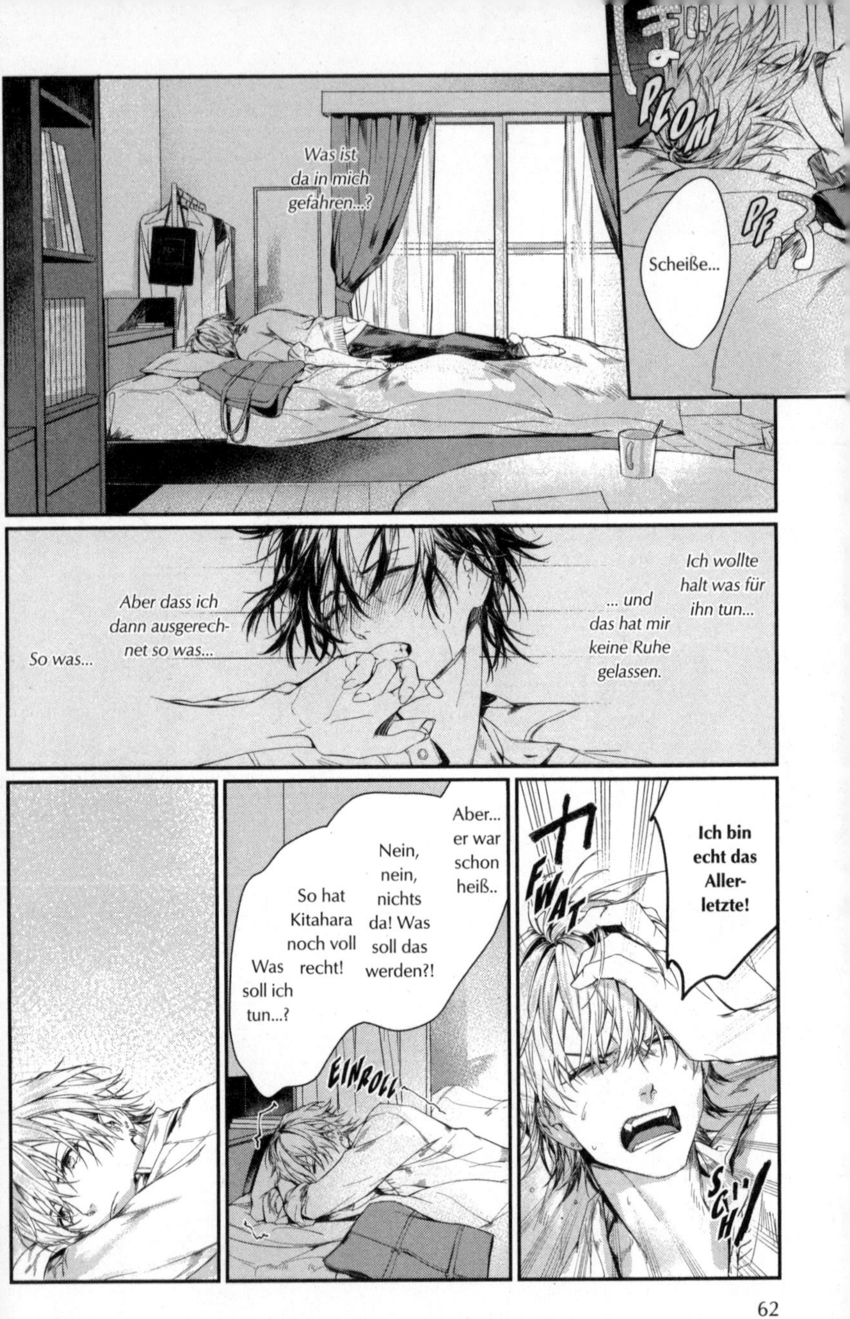
PLOM
PF
Scheiße...
Was ist da in mich gefahren...?
Ich wollte halt was für ihn tun...
... und das hat mir keine Ruhe gelassen.
Aber dass ich dann ausgerechnet so was...
So was...
FWAT
Ich bin echt das Allerletzte!
SCH!
Aber... er war schon heiß..
Nein, nein, nichts da! Was soll das werden?!
So hat Kitahara noch voll recht!
Was soll ich tun...?
EINROLL

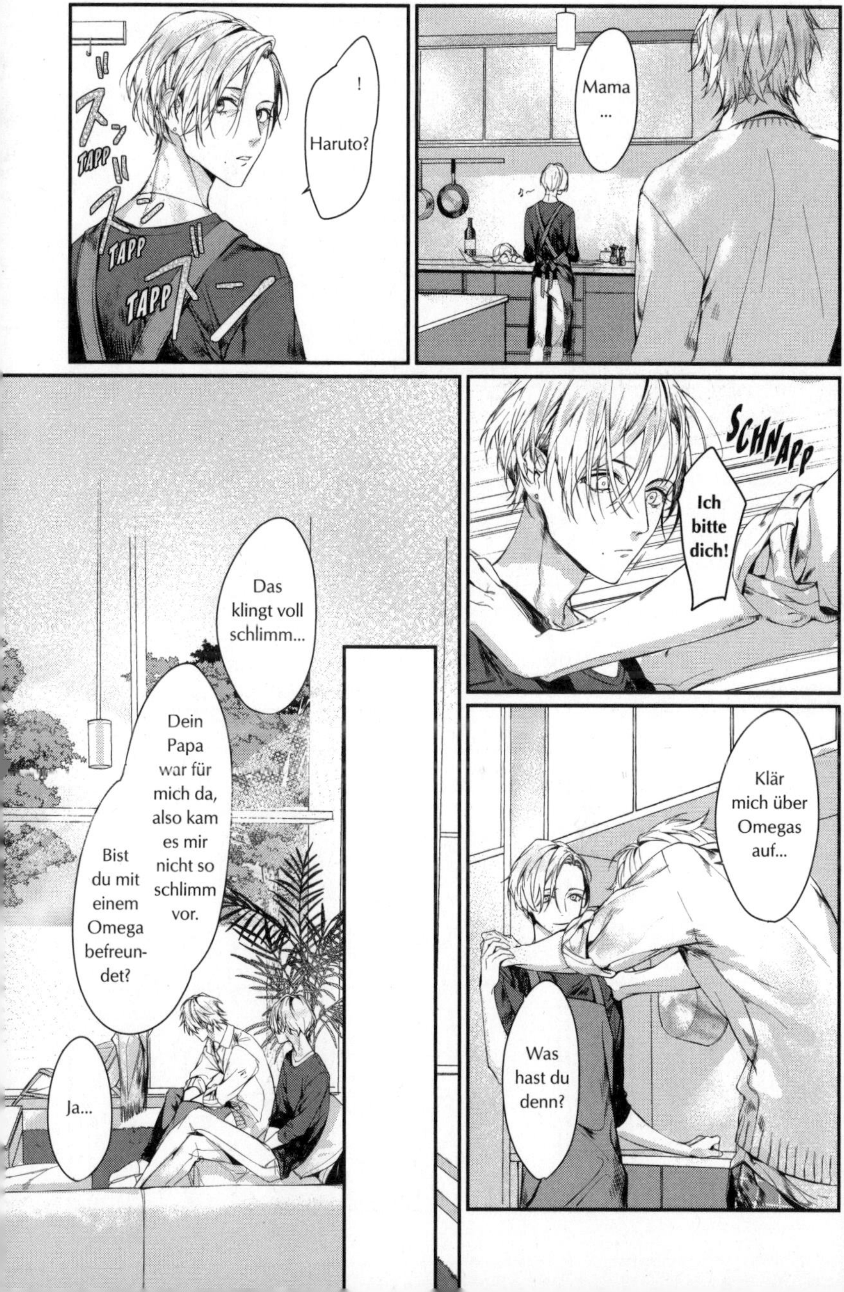
Mama
...
TAPP
TAPP
TAPP
!
Haruto?
SCHNAPP
Ich bitte dich!
Klär mich über Omegas auf...
Was hast du denn?
Das klingt voll schlimm...
Dein Papa war für mich da, also kam es mir nicht so schlimm vor.
Bist du mit einem Omega befreundet?
Ja...

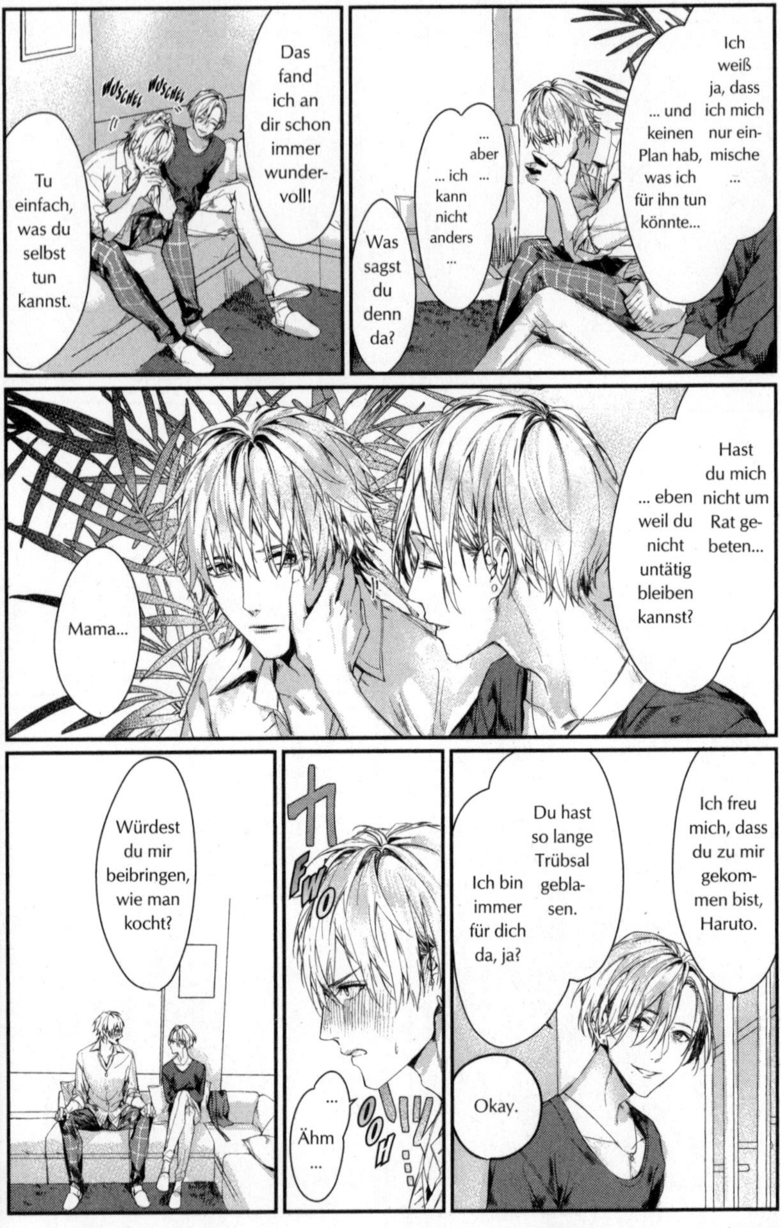
Ich weiß ja, dass ich mich nur einmische ...
... und keinen Plan hab, was ich für ihn tun könnte...
... aber ... ... ich ... kann nicht anders ...
Was sagst du denn da?
Das fand ich an dir schon immer wundervoll!
WUSCHEL WUSCHEL
Tu einfach, was du selbst tun kannst.
Hast du mich nicht um Rat gebeten...
... eben weil du nicht untätig bleiben kannst?
Mama...
Ich freu mich, dass du zu mir gekommen bist, Haruto.
Du hast so lange Trübsal geblasen.
Ich bin immer für dich da, ja?
Okay.
FWO
OOH
... Ähm ...
Würdest du mir beibringen, wie man kocht?

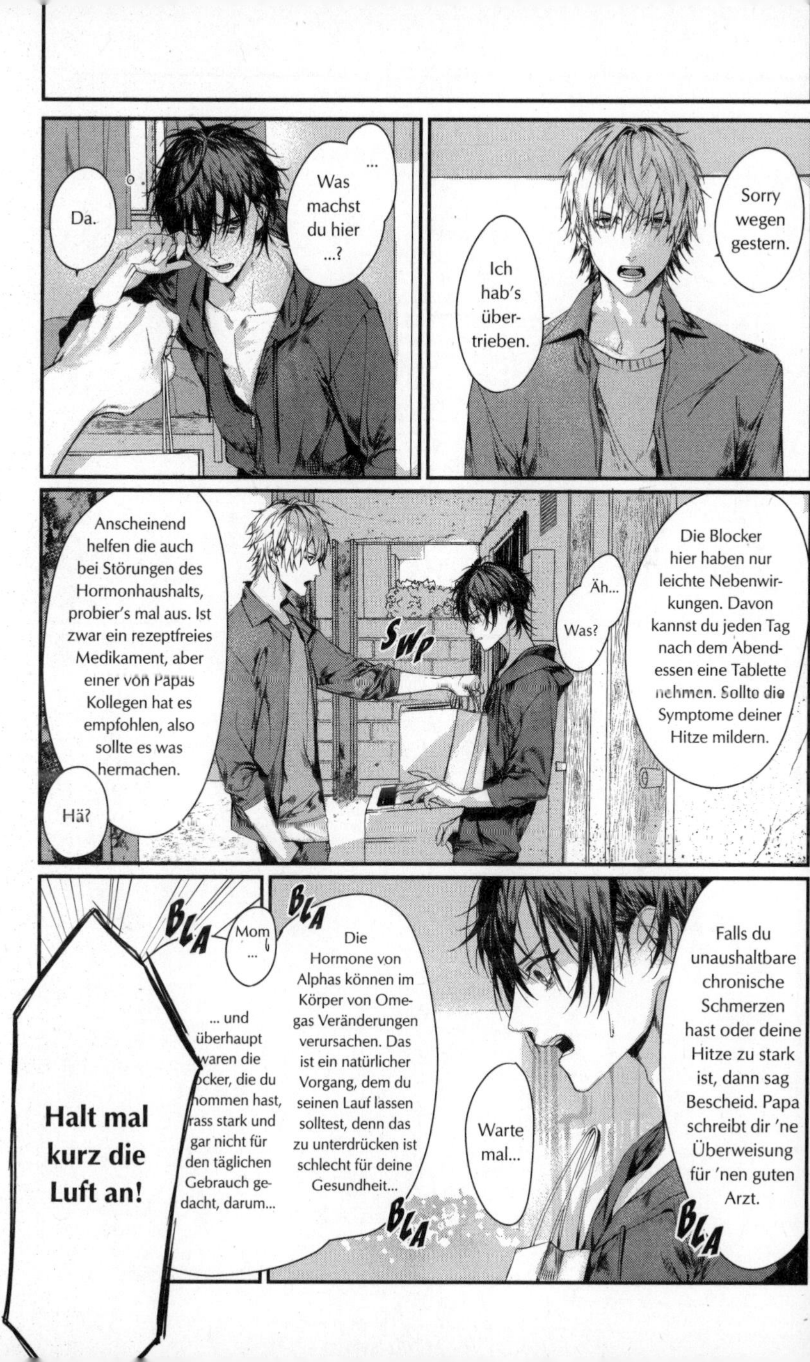
Sorry wegen gestern.
Ich hab's übertrieben.
... Was machst du hier ...?
Da.
Die Blocker hier haben nur leichte Nebenwirkungen. Davon kannst du jeden Tag nach dem Abendessen eine Tablette nehmen. Sollte die Symptome deiner Hitze mildern.
Äh... Was?
SWP
Anscheinend helfen die auch bei Störungen des Hormonhaushalts, probier's mal aus. Ist zwar ein rezeptfreies Medikament, aber einer von Papas Kollegen hat es empfohlen, also sollte es was hermachen.
Hä?
Falls du unaushaltbare chronische Schmerzen hast oder deine Hitze zu stark ist, dann sag Bescheid. Papa schreibt dir 'ne Überweisung für 'nen guten Arzt.
BLA
Warte mal...
Die Hormone von Alphas können im Körper von Omegas Veränderungen verursachen. Das ist ein natürlicher Vorgang, dem du seinen Lauf lassen solltest, denn das zu unterdrücken ist schlecht für deine Gesundheit...
BLA
BLA
... und überhaupt waren die ocker, die du nommen hast, rass stark und gar nicht für den täglichen Gebrauch gedacht, darum...
Mom ...
BLA
Halt mal kurz die Luft an!

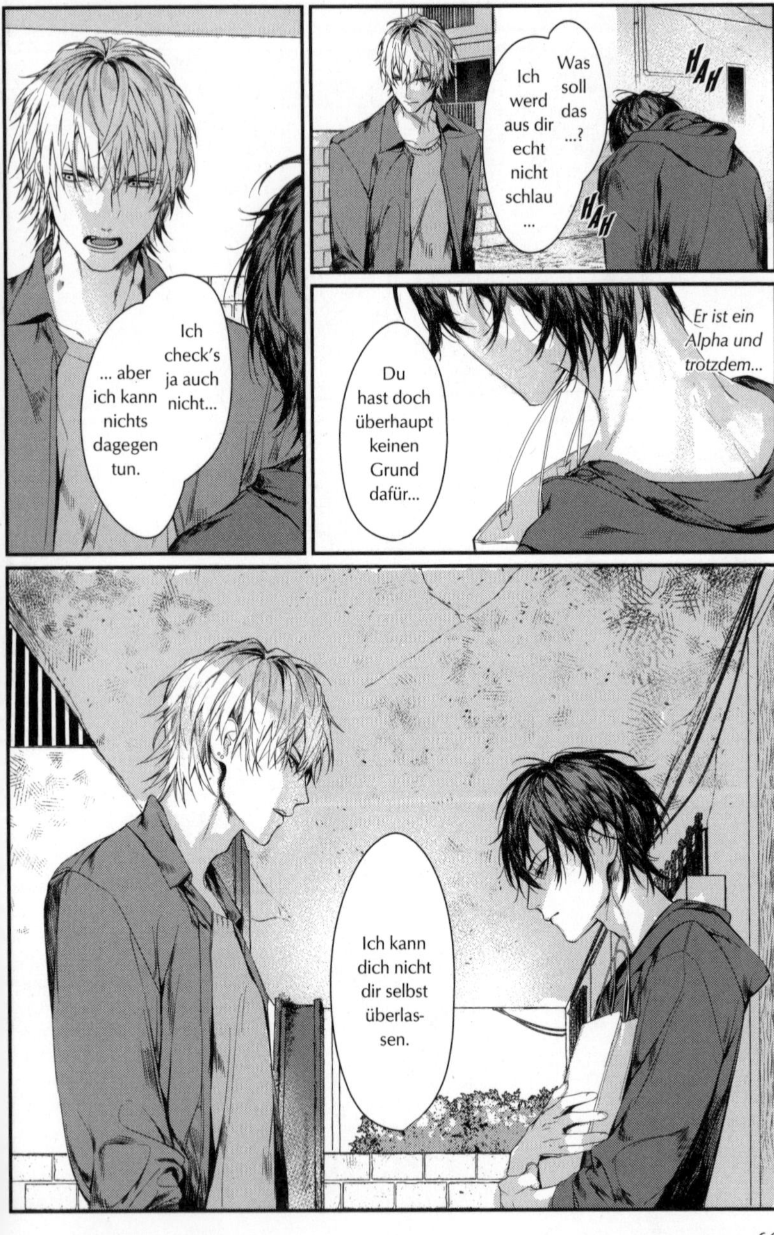
Was soll das ...?
Ich werd aus dir echt nicht schlau ...
HAH
HAH
Er ist ein Alpha und trotzdem...
Du hast doch überhaupt keinen Grund dafür...
Ich check's ja auch nicht...
... aber ich kann nichts dagegen tun.
Ich kann dich nicht dir selbst überlassen.

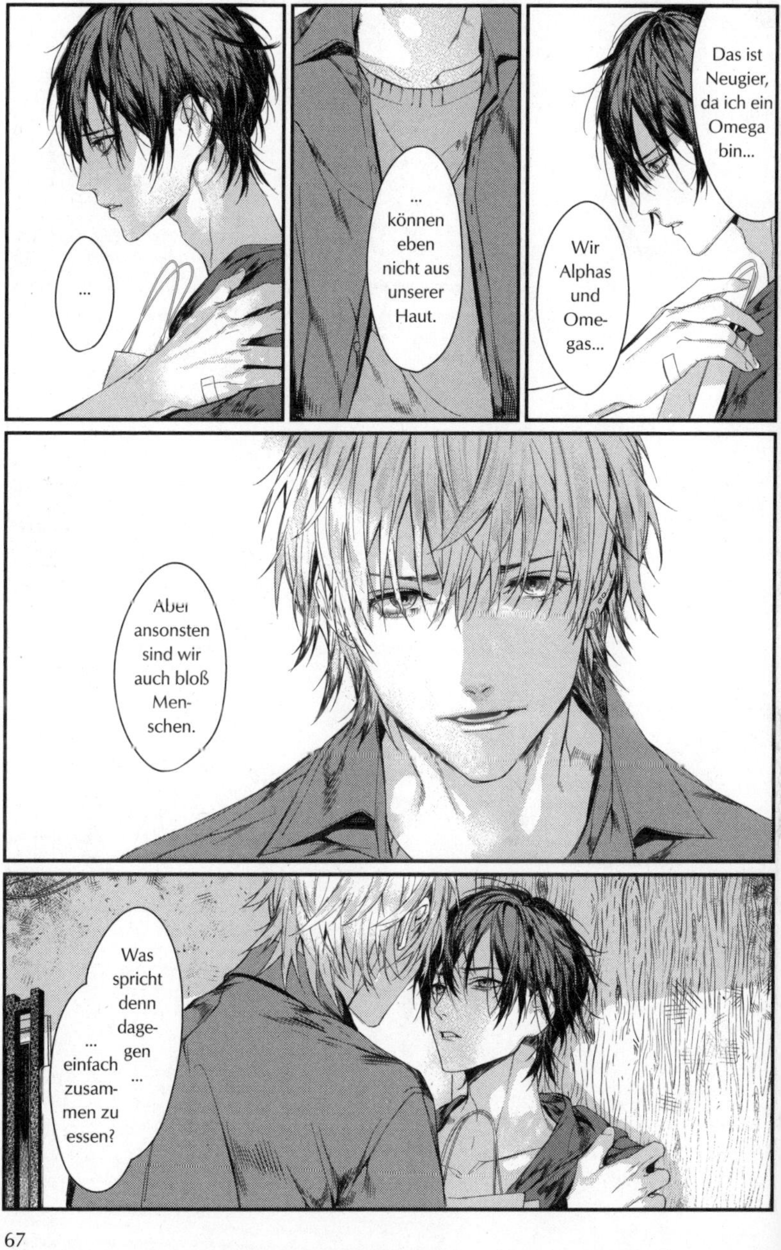

Das ist Neugier, da ich ein Omega bin...
Wir Alphas und Ome-gas...
... können eben nicht aus unserer Haut.
...
Abei ansonsten sind wir auch bloß Men-schen.
Was spricht denn dage-gen ...
... einfach zusam-men zu essen?

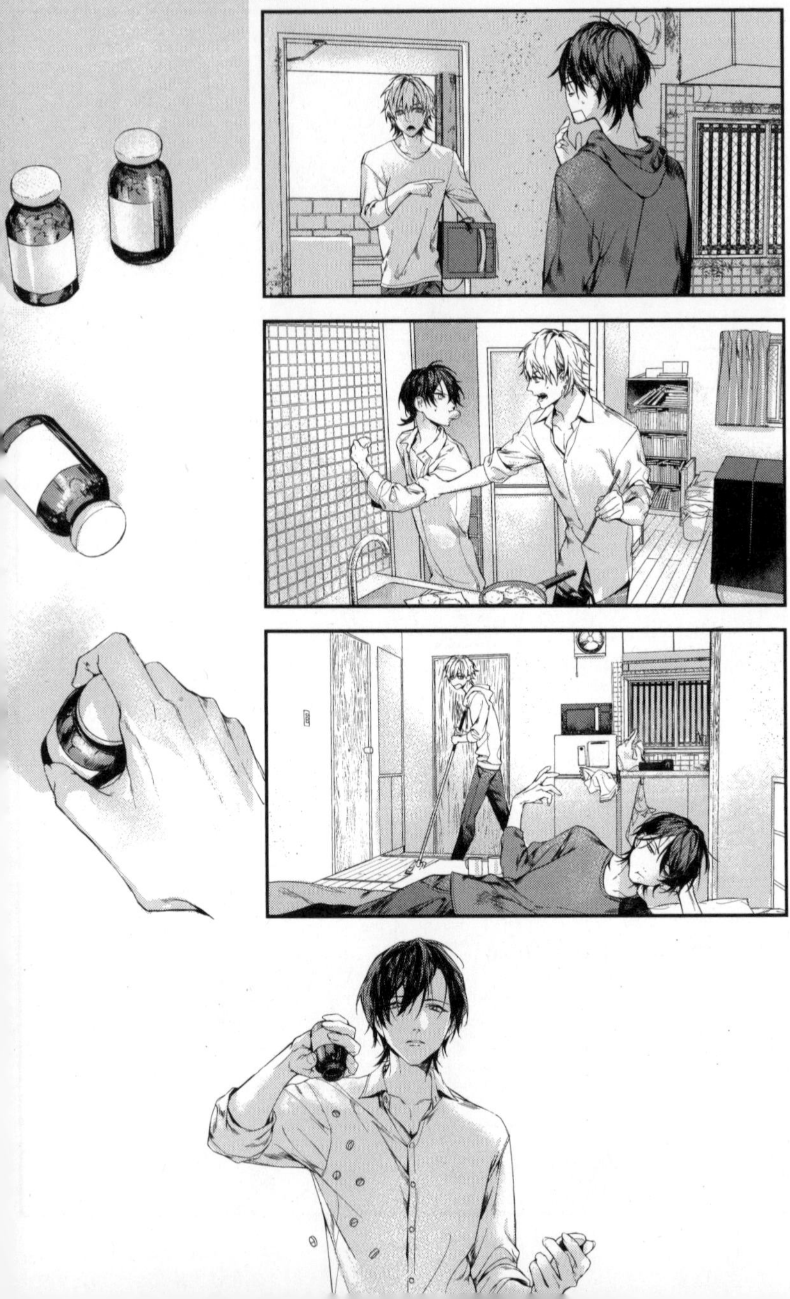

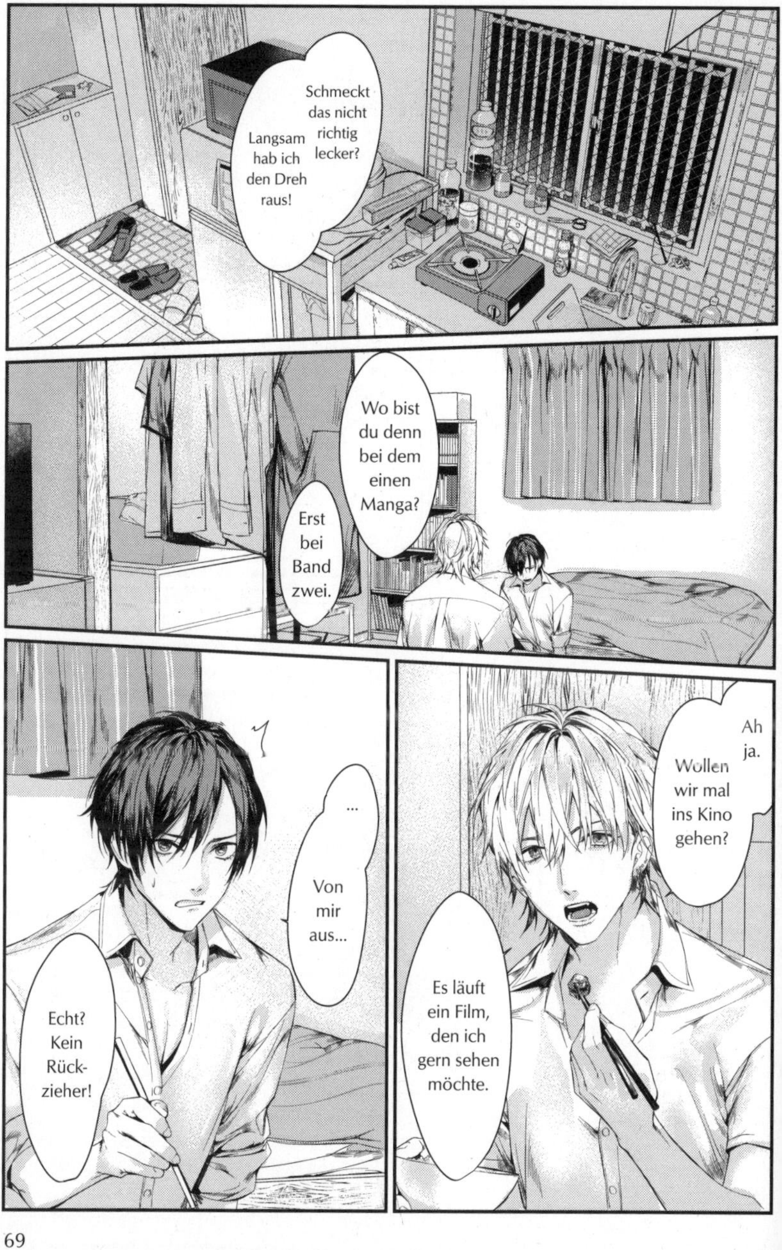
Schmeckt das nicht richtig lecker?
Langsam hab ich den Dreh raus!
Wo bist du denn bei dem einen Manga?
Erst bei Band zwei.
Ah ja. Wollen wir mal ins Kino gehen?
Es läuft ein Film, den ich gern sehen möchte.
...
Von mir aus...
Echt? Kein Rückzieher!

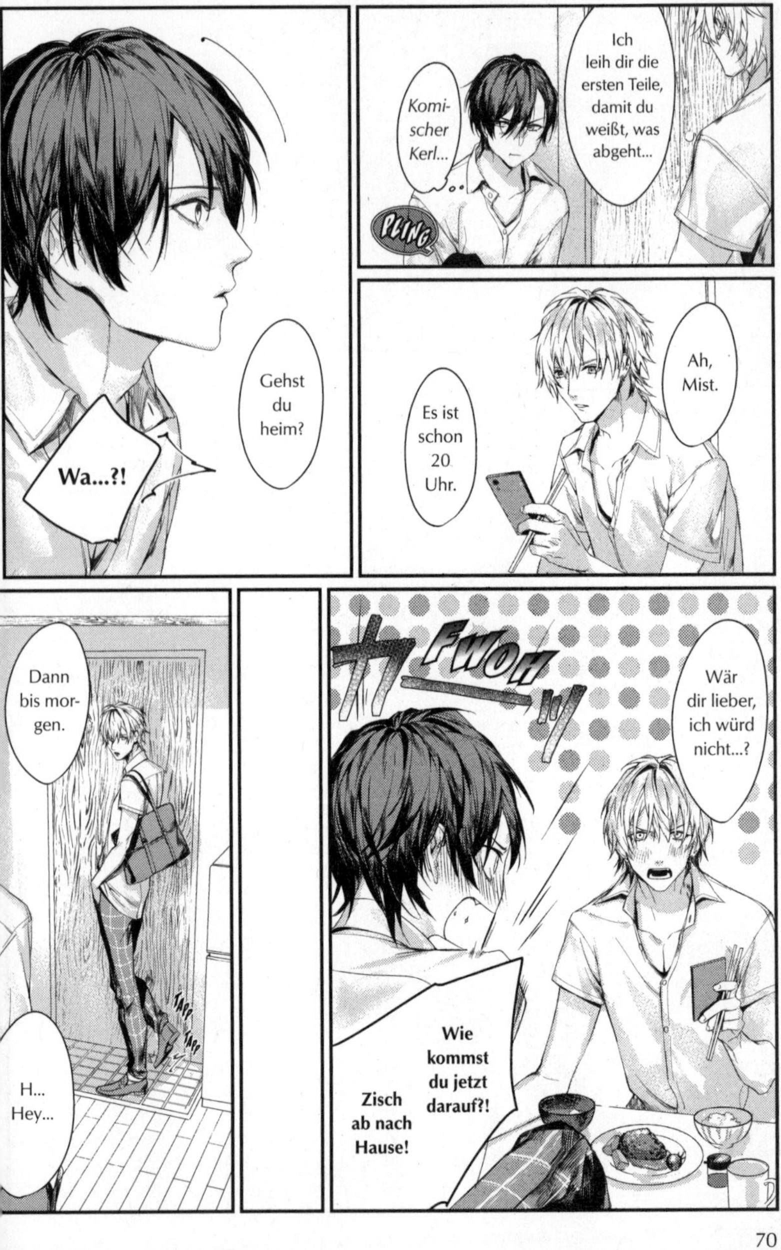
Ich leih dir die ersten Teile, damit du weißt, was abgeht...
Komischer Kerl...
PLING
Ah, Mist.
Es ist schon 20 Uhr.
Gehst du heim?
Wa...?!
FWOH
Wär dir lieber, ich würd nicht...?
Wie kommst du jetzt darauf?!
Zisch ab nach Hause!
Dann bis morgen.
TAPP TAPP
H... Hey...

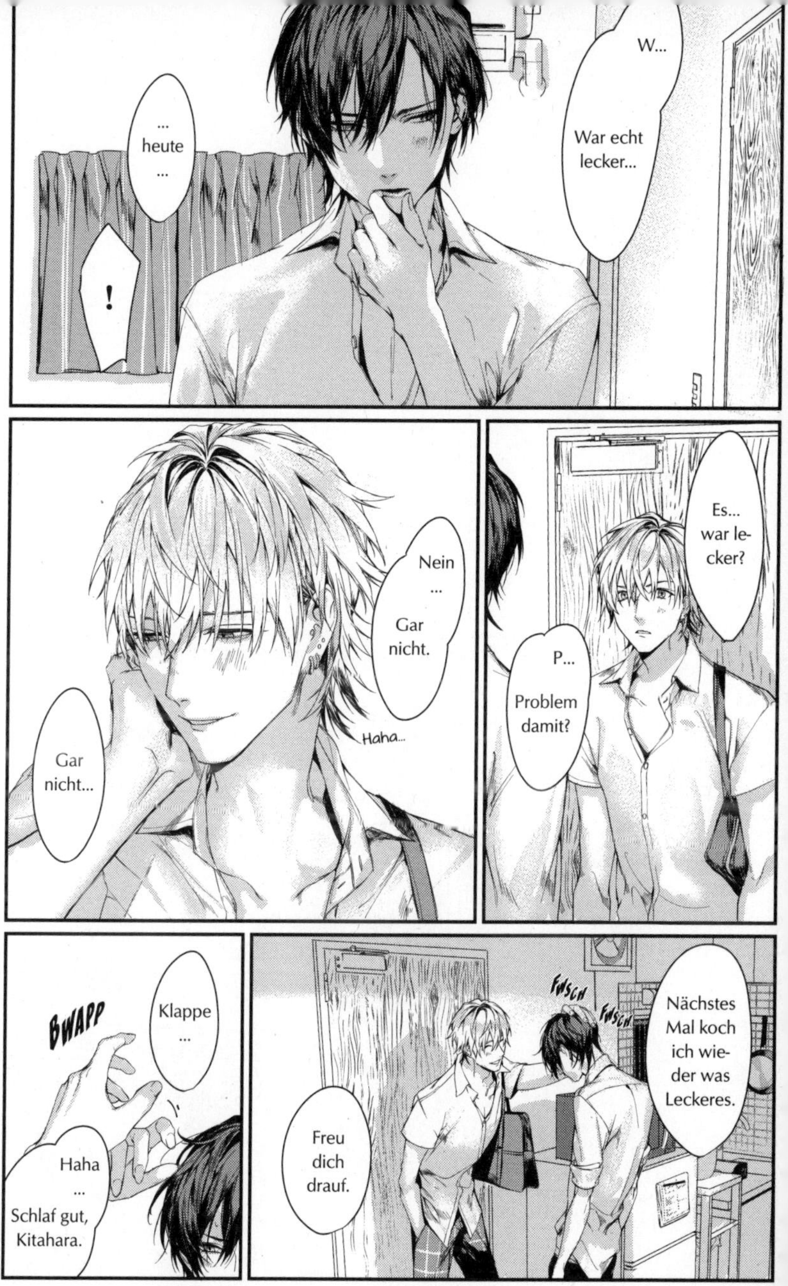
W...
War echt lecker...
... heute ...
!
Es... war le-cker?
P... Problem damit?
Nein ... Gar nicht.
Haha...
Gar nicht...
Nächstes Mal koch ich wie-der was Leckeres.
FWSCH
FWSCH
Freu dich drauf.
Klappe ...
BWAPP
Haha ... Schlaf gut, Kitahara.

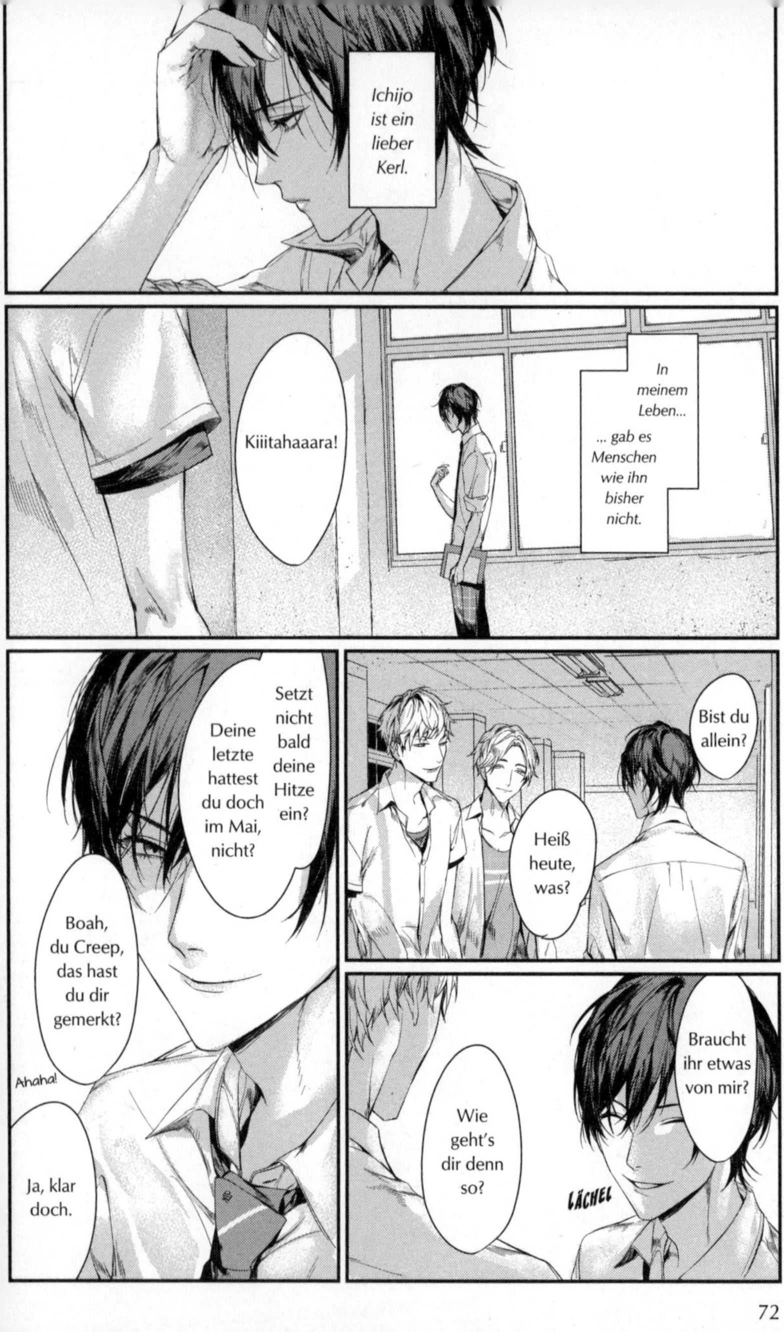
Ichijo ist ein lieber Kerl.
In meinem Leben...
... gab es Menschen wie ihn bisher nicht.
Kiiitahaaara!
Bist du allein?
Heiß heute, was?
Braucht ihr etwas von mir?
LÄCHEL
Wie geht's dir denn so?
Setzt nicht bald deine Hitze ein?
Deine letzte hattest du doch im Mai, nicht?
Boah, du Creep, das hast du dir gemerkt?
Ahaha!
Ja, klar doch.

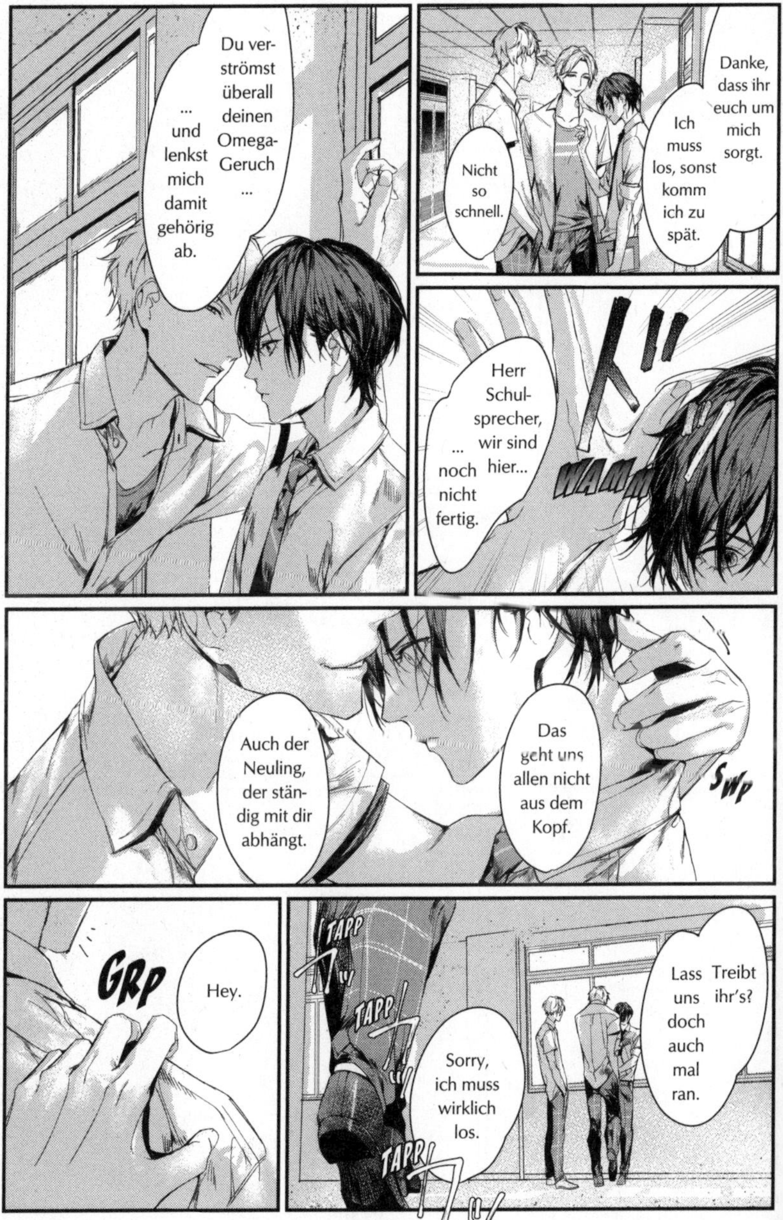
Danke, dass ihr euch um mich sorgt.
Ich muss los, sonst komm ich zu spät.
Nicht so schnell.
Herr Schulsprecher, wir sind hier...
... noch nicht fertig.
WAMM
Du verströmst überall deinen Omega-Geruch ...
... und lenkst mich damit gehörig ab.
SWP
Das geht uns allen nicht aus dem Kopf.
Auch der Neuling, der ständig mit dir abhängt.
Treibt ihr's?
Lass uns doch auch mal ran.
TAPP
TAPP
Sorry, ich muss wirklich los.
TAPP
GRP
Hey.

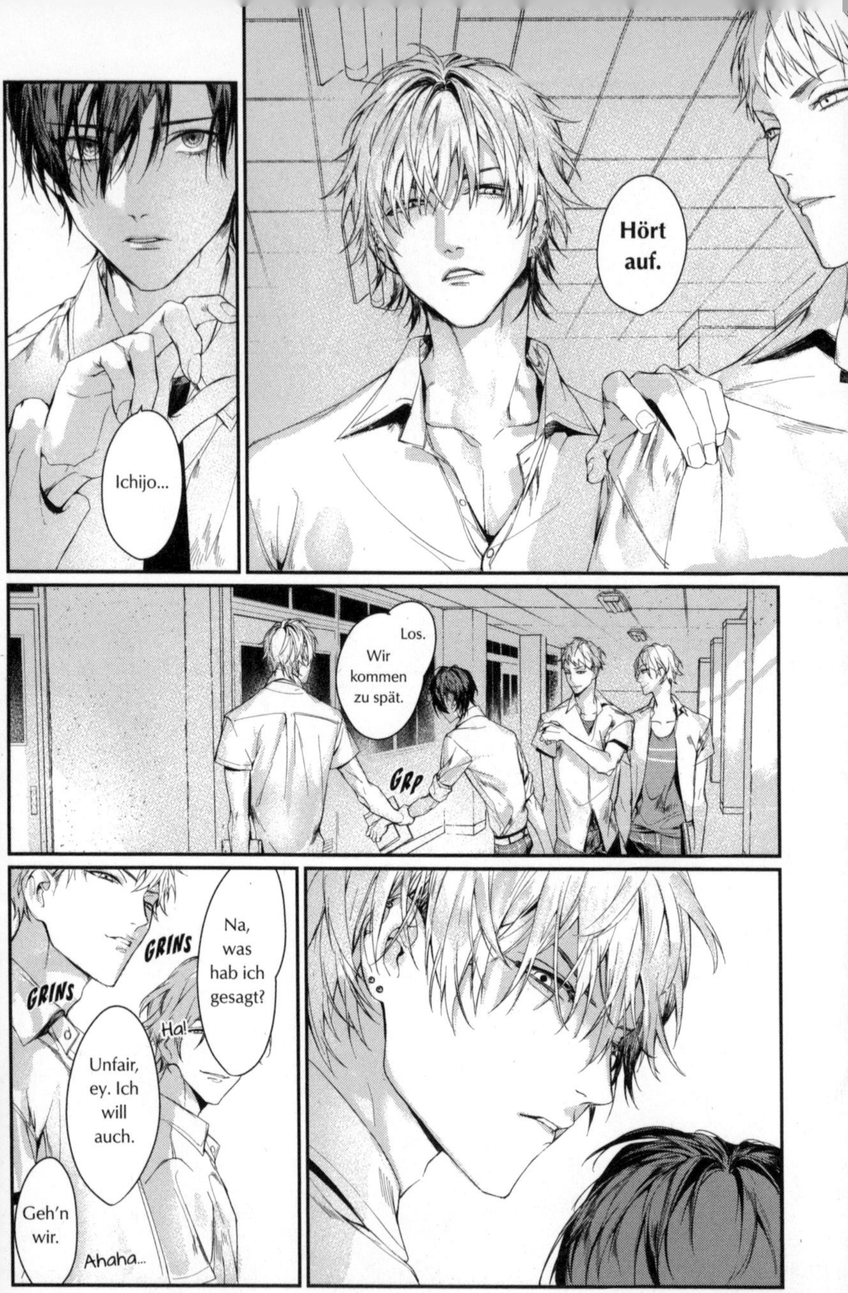
Hört auf.
Ichijo...
Los. Wir kommen zu spät.
GRP
Na, was hab ich gesagt?
GRINS
GRINS
Ha!
Unfair, ey. Ich will auch.
Geh'n wir.
Ahaha...

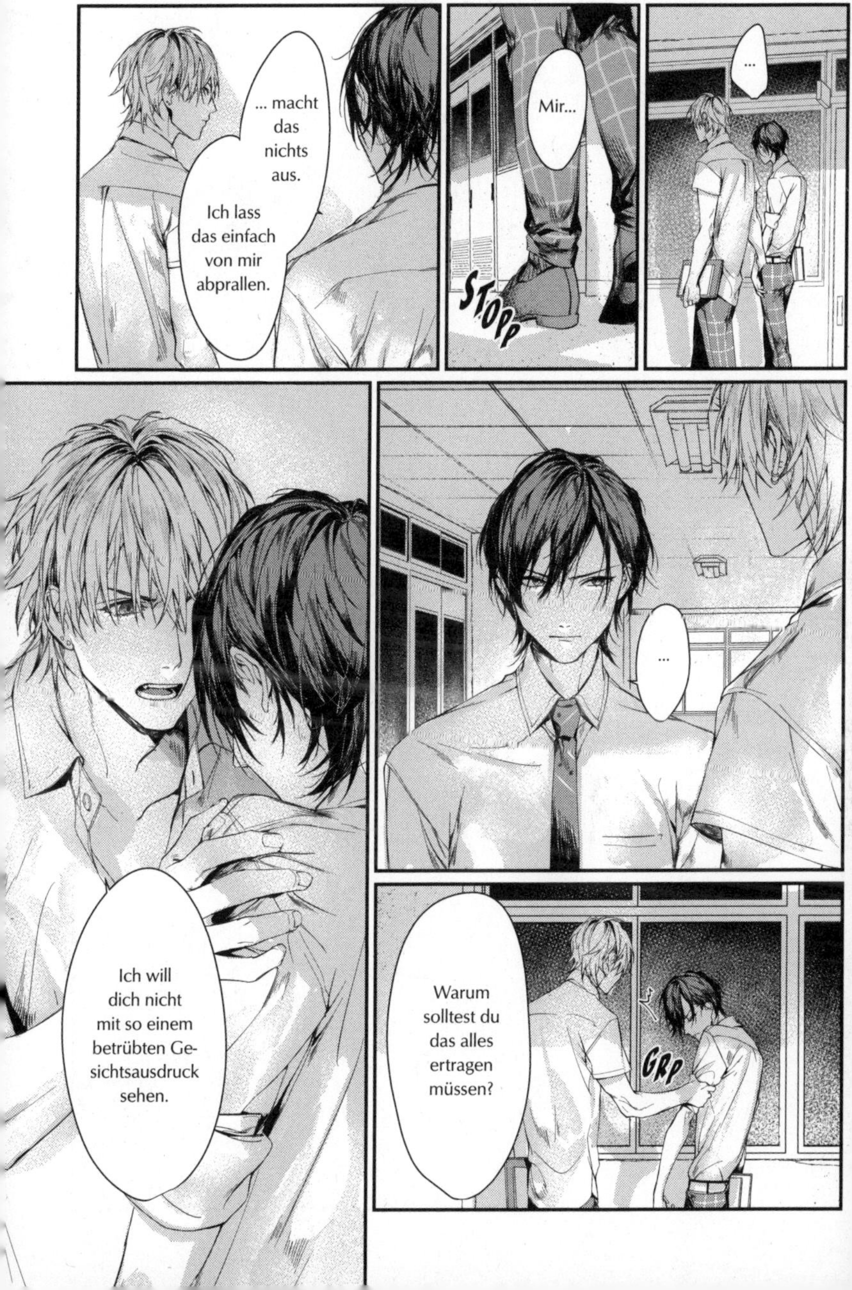
...
Mir...
STOPP
... macht das nichts aus.
Ich lass das einfach von mir abprallen.
...
Warum solltest du das alles ertragen müssen?
GRP
Ich will dich nicht mit so einem betrübten Gesichtsausdruck sehen.

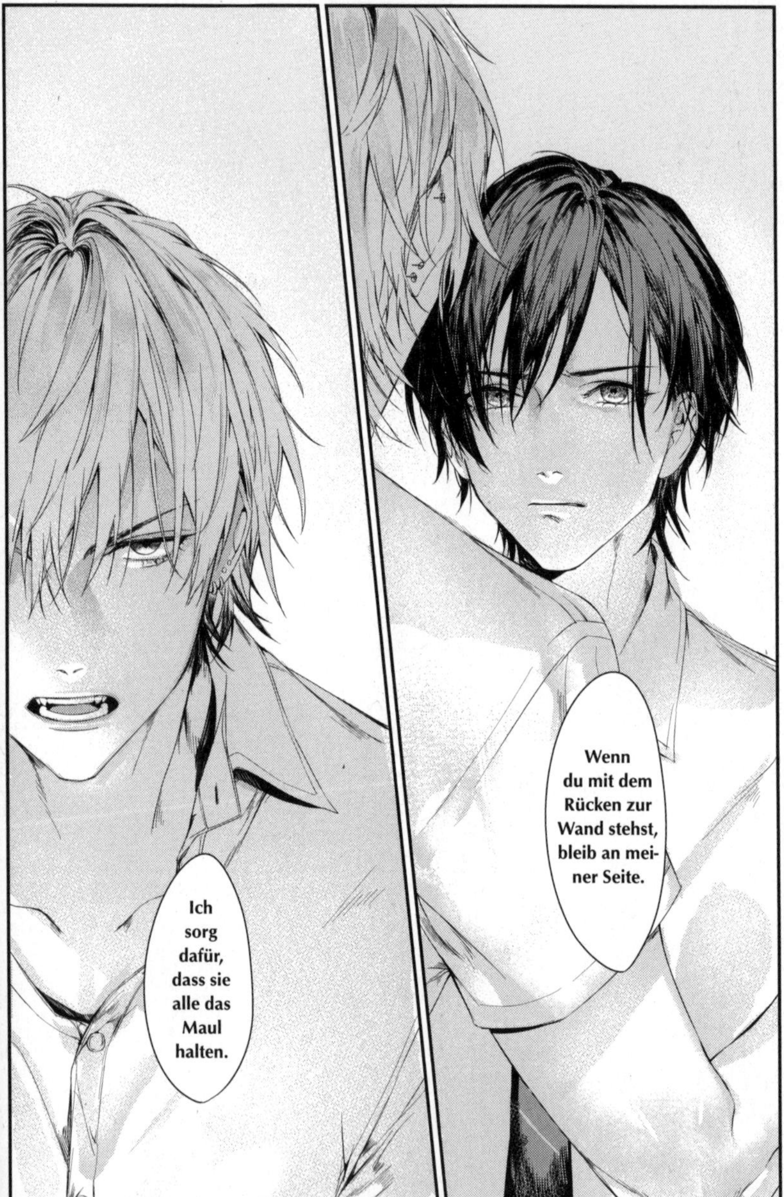
Wenn du mit dem Rücken zur Wand stehst, bleib an meiner Seite.
Ich sorg dafür, dass sie alle das Maul halten.

Distanz.3

Lass meine Hand nicht los

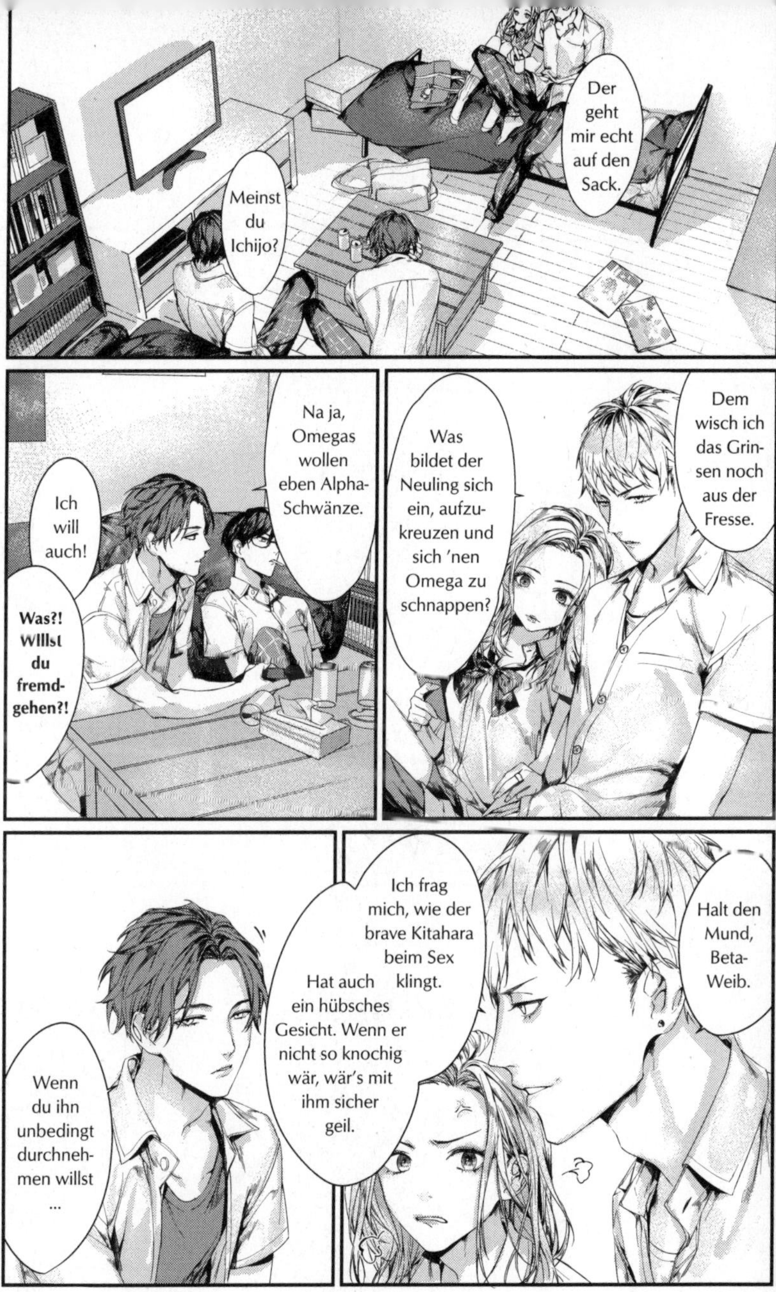

Der geht mir echt auf den Sack.
Meinst du Ichijo?
Dem wisch ich das Grinsen noch aus der Fresse.
Was bildet der Neuling sich ein, aufzukreuzen und sich 'nen Omega zu schnappen?
Na ja, Omegas wollen eben Alpha-Schwänze.
Ich will auch!
Was?! Willst du fremdgehen?!
Halt den Mund, Beta-Weib.
Ich frag mich, wie der brave Kitahara beim Sex klingt.
Hat auch ein hübsches Gesicht. Wenn er nicht so knochig wär, wär's mit ihm sicher geil.
Wenn du ihn unbedingt durchnehmen willst ...

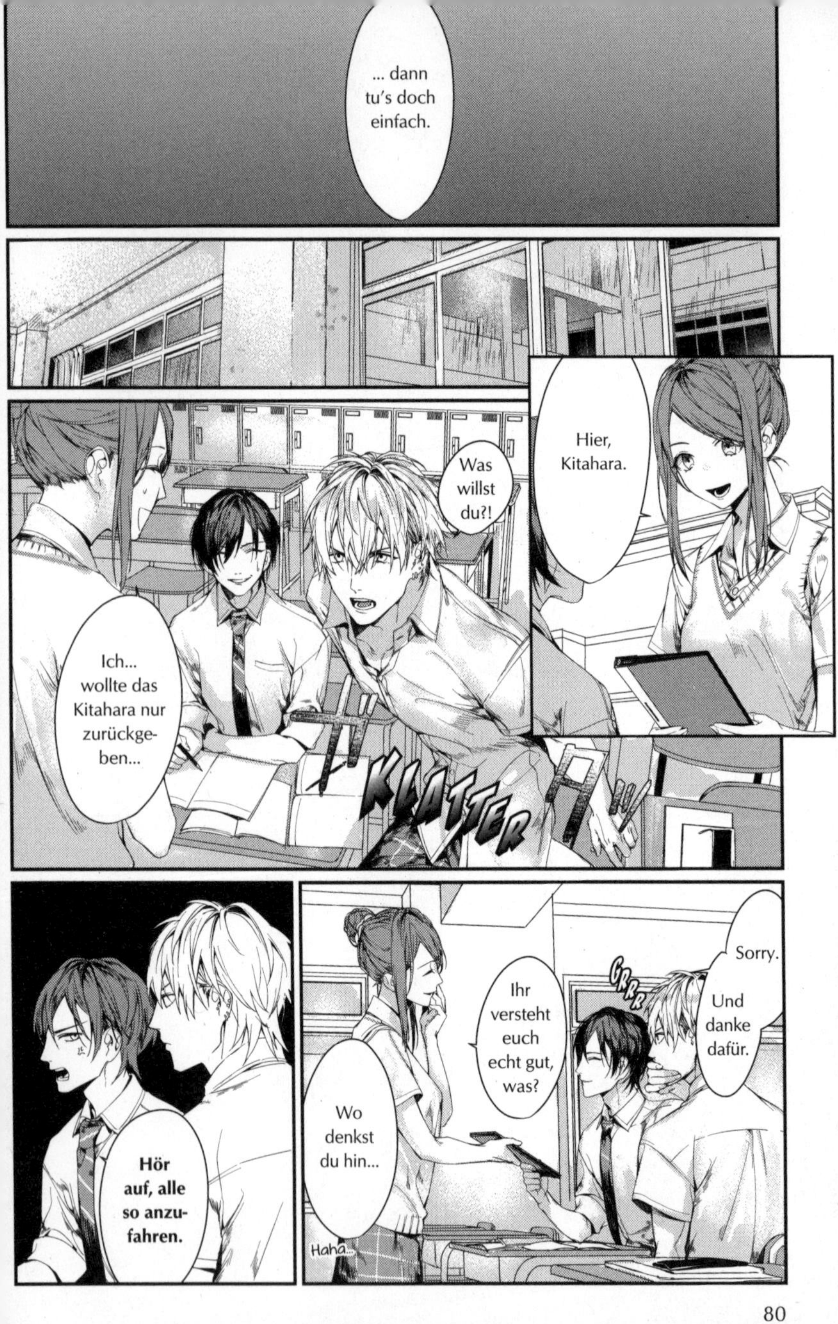
... dann tu's doch einfach.
Hier, Kitahara.
Was willst du?!
KLATTER
Ich... wollte das Kitahara nur zurückgeben...
Sorry.
Und danke dafür.
GRRR
Ihr versteht euch echt gut, was?
Wo denkst du hin...
Haha...
Hör auf, alle so anzufahren.

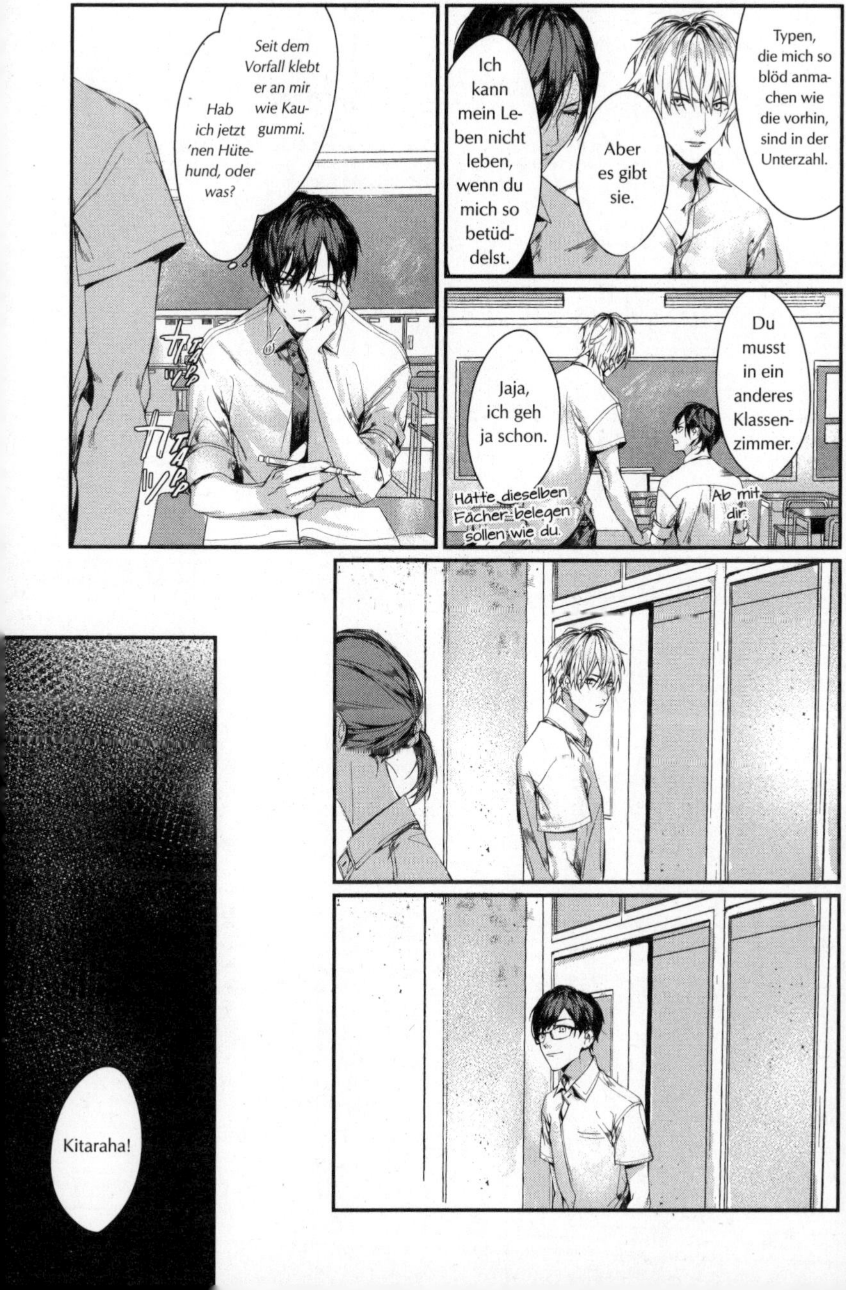
Typen, die mich so blöd anmachen wie die vorhin, sind in der Unterzahl.
Aber es gibt sie.
Ich kann mein Leben nicht leben, wenn du mich so betüddelst.
Seit dem Vorfall klebt er an mir wie Kaugummi.
Hab ich jetzt 'nen Hütehund, oder was?
TAPP
TAPP
Du musst in ein anderes Klassenzimmer.
Jaja, ich geh ja schon.
Ab mit dir.
Hätte dieselben Fächer belegen sollen wie du.
Kitaraha!

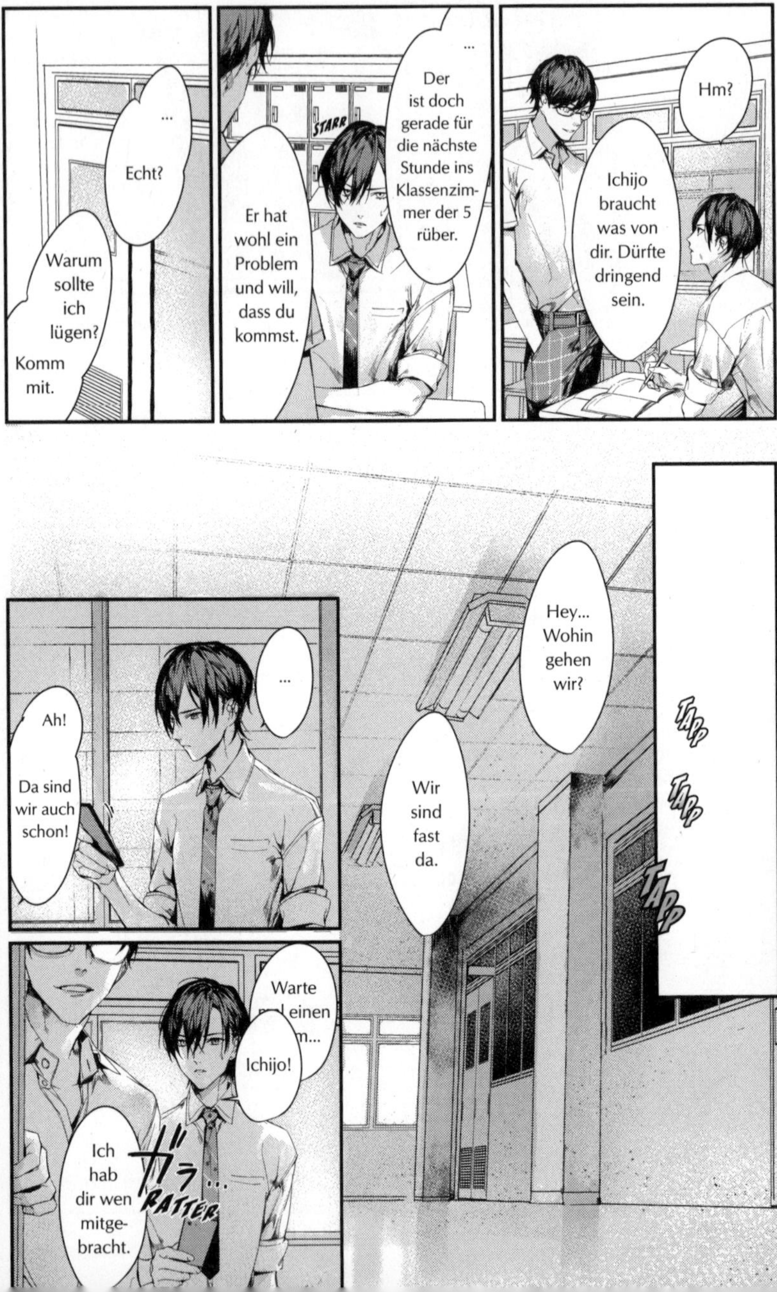
Hm?
Ichijo braucht was von dir. Dürfte dringend sein.
...
Der ist doch gerade für die nächste Stunde ins Klassenzimmer der 5 rüber.
STARR
Er hat wohl ein Problem und will, dass du kommst.
...
Echt?
Warum sollte ich lügen?
Komm mit.
TAPP
TAPP
TAPP
Hey... Wohin gehen wir?
Wir sind fast da.
...
Ah!
Da sind wir auch schon!
Warte
einen
m...
Ichijo!
RATTER
Ich hab dir wen mitgebracht.

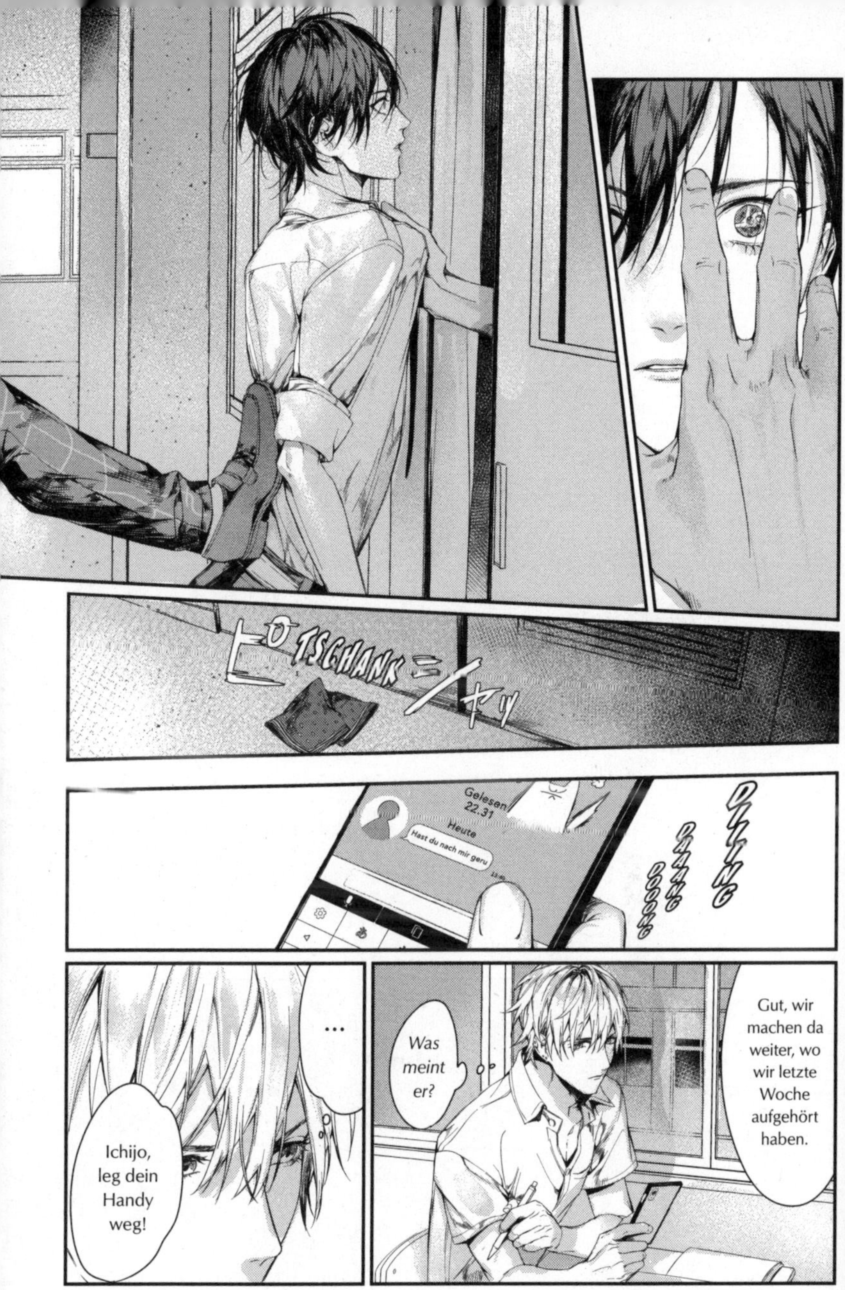
TSCHANK
Gelesen
22.31
Heute
Hast du nach mir geru
DING
DANG
DONG
Gut, wir machen da weiter, wo wir letzte Woche aufgehört haben.
Was meint er?
...
Ichijo, leg dein Handy weg!

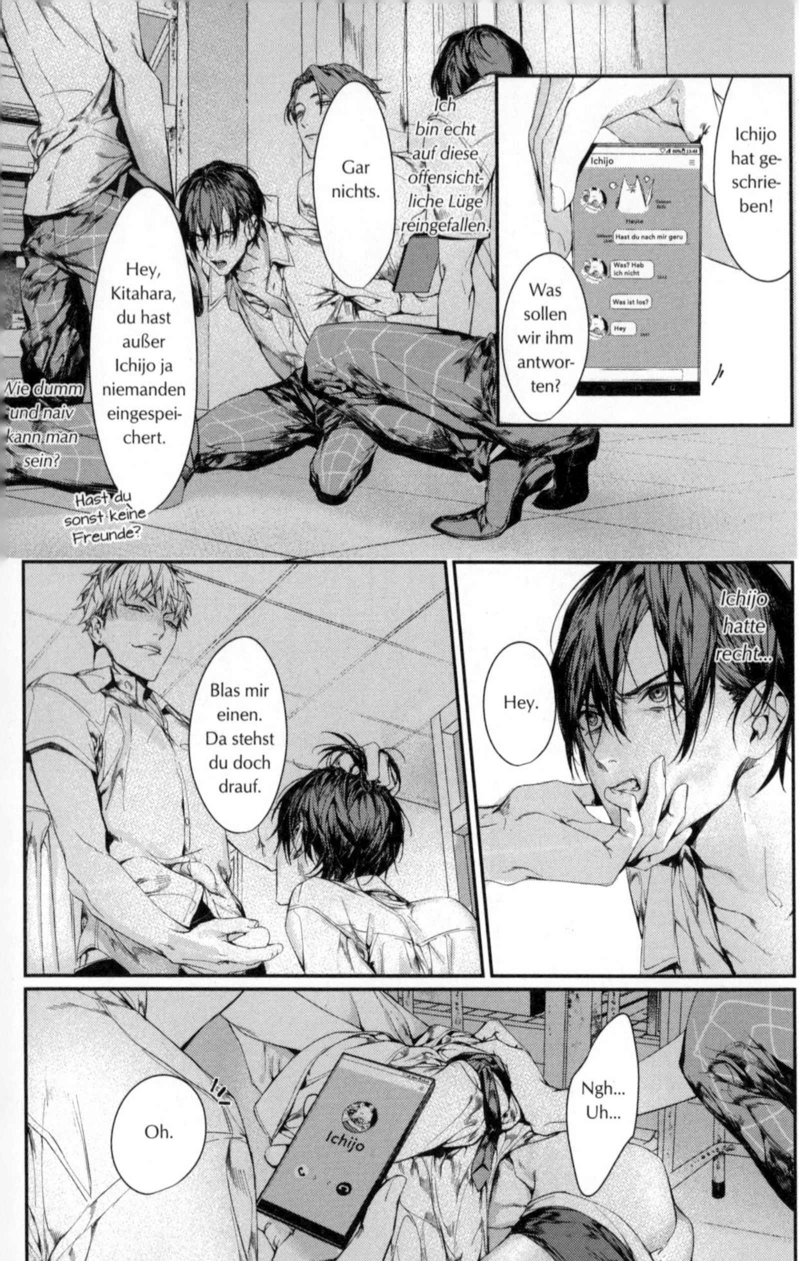
Ichijo hat geschrieben!
Was sollen wir ihm antworten?
Ichijo
Hast du nach mir geru
Was? Hab ich nicht
Was ist los?
Hey
Ich bin echt auf diese offensichtliche Lüge reingefallen.
Gar nichts.
Hey, Kitahara, du hast außer Ichijo ja niemanden eingespeichert.
Wie dumm und naiv kann man sein?
Hast du sonst keine Freunde?
Ichijo hatte recht...
Hey.
Blas mir einen. Da stehst du doch drauf.
Ngh... Uh...
Ichijo
Oh.

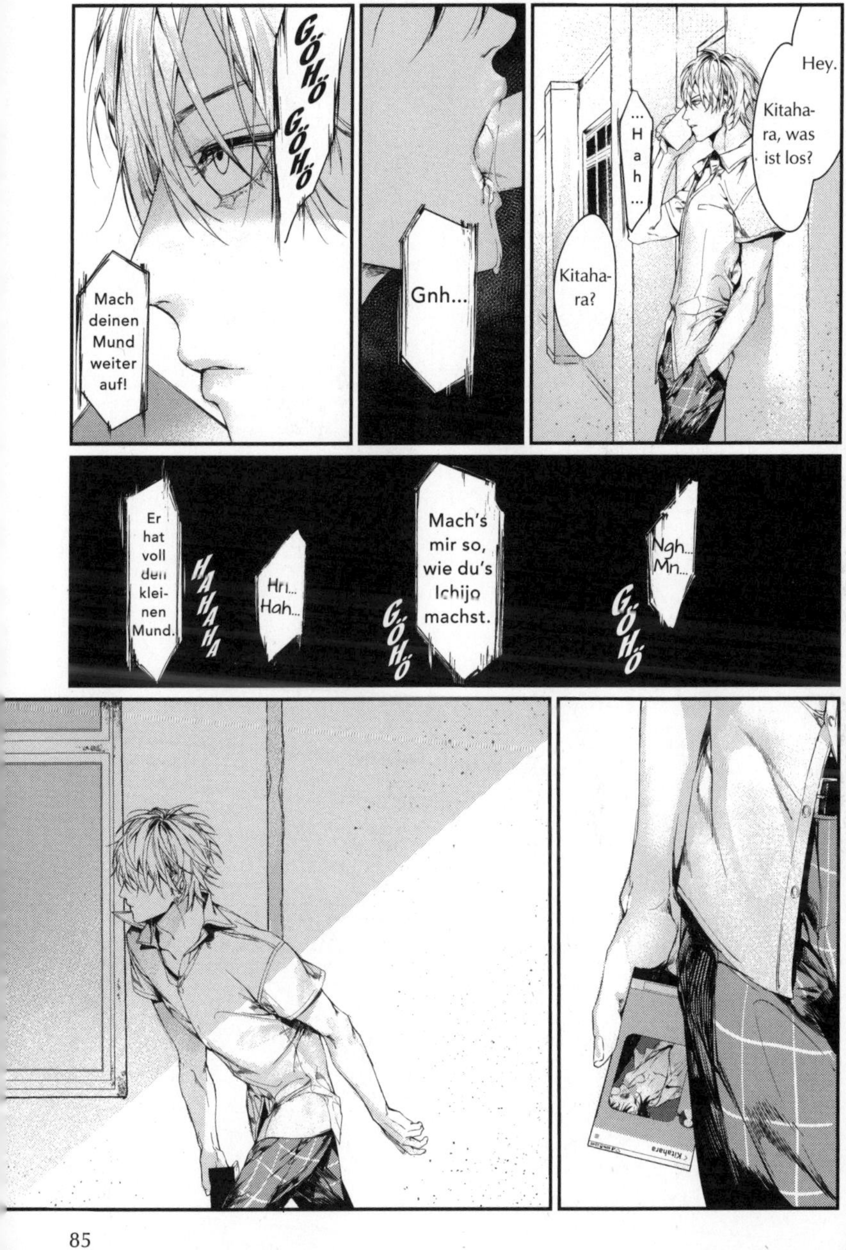
Hey.
Kitahara, was ist los?
...Hah...
Kitahara?
Gnh...
GÖHÖ GÖHÖ
Mach deinen Mund weiter auf!
Ngh... Mn...
GÖHÖ
Mach's mir so, wie du's Ichijo machst.
GÖHÖ
Hn... Hah...
HAHAHA
Er hat voll den kleinen Mund.
Kitahara

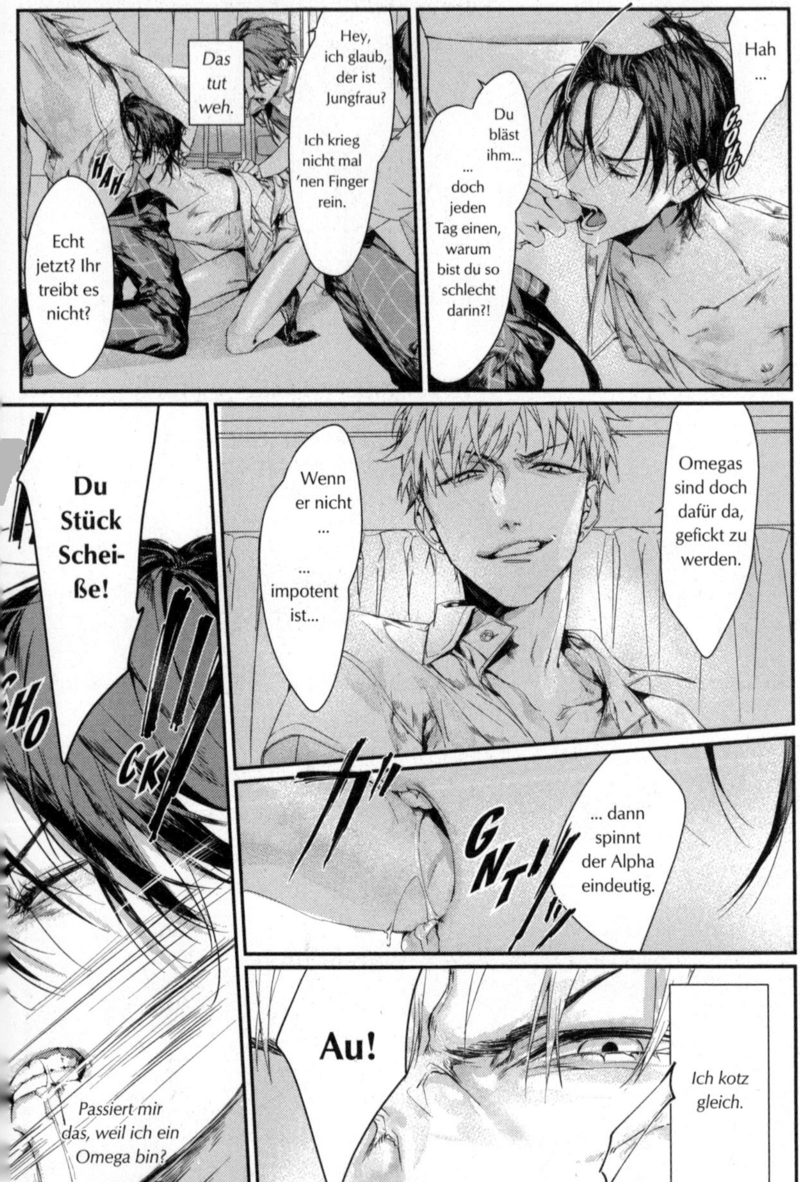
Hah ...
GOHO
Du bläst ihm... ... doch jeden Tag einen, warum bist du so schlecht darin?!
Hey, ich glaub, der ist Jungfrau?
Ich krieg nicht mal 'nen Finger rein.
Das tut weh.
HAH
Echt jetzt? Ihr treibt es nicht?
Omegas sind doch dafür da, gefickt zu werden.
Wenn er nicht ... ... impotent ist...
... dann spinnt der Alpha eindeutig.
GNT
Du Stück Schei-ße!
CK
Ich kotz gleich.
Au!
Passiert mir das, weil ich ein Omega bin?

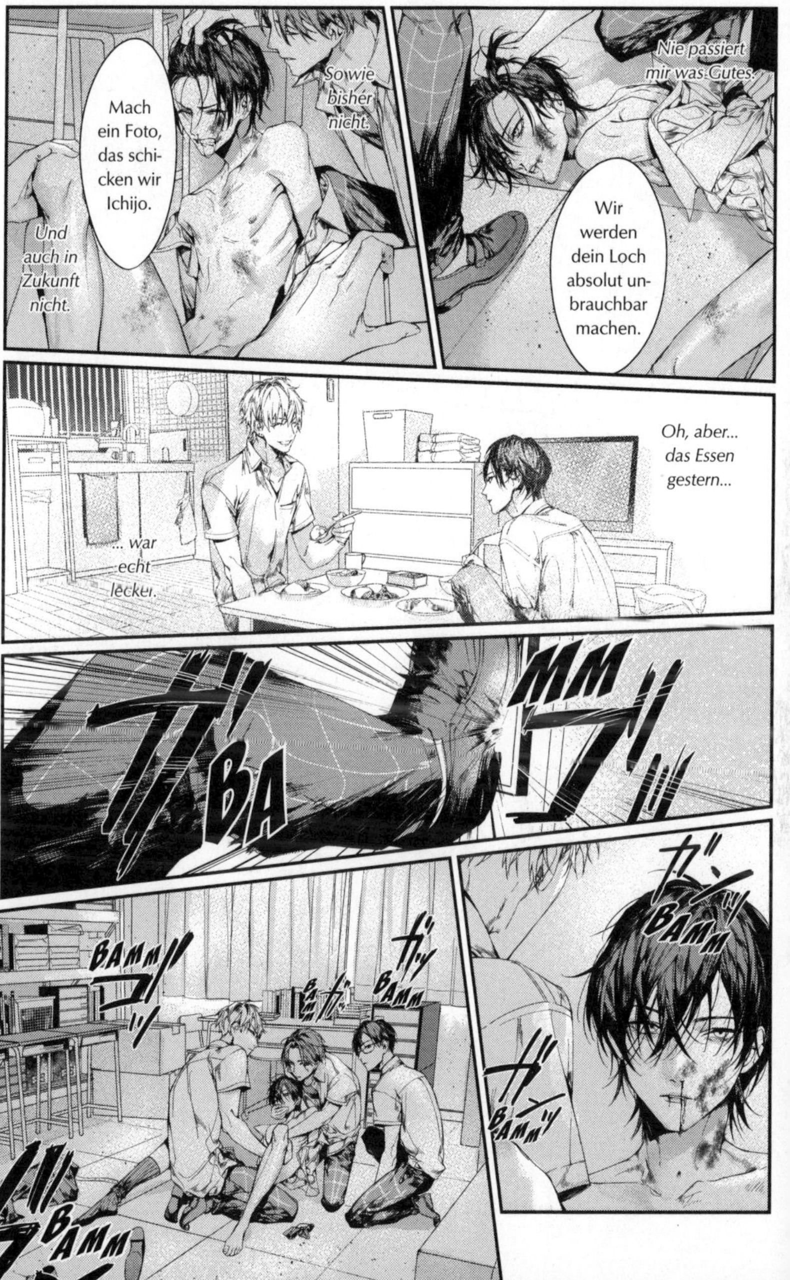

Nie passiert mir was Gutes.
Wir werden dein Loch absolut unbrauchbar machen.
So wie bisher nicht.
Mach ein Foto, das schicken wir Ichijo.
Und auch in Zukunft nicht.
Oh, aber... das Essen gestern...
... war echt lecker.
MM
BA
BAMM
BAMM
BAMM
BAMM
BAMM
BAMM

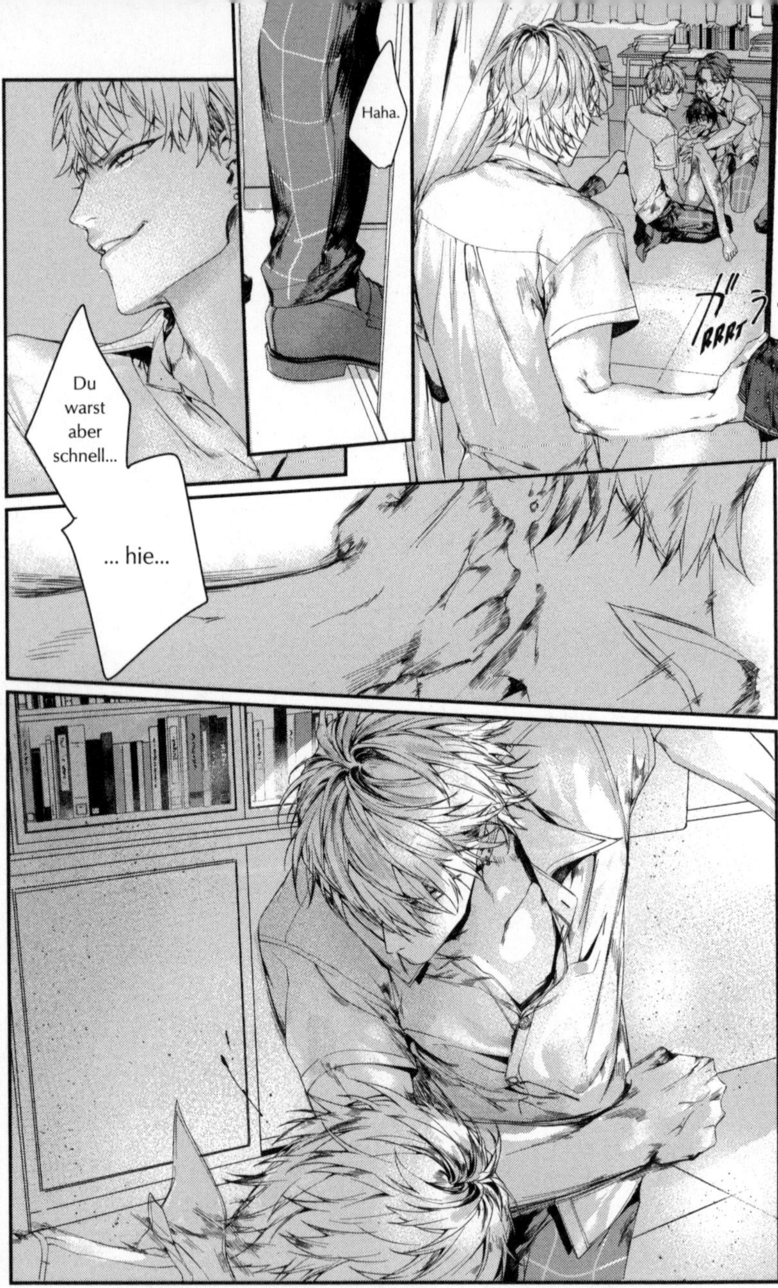
ガラ…
RRRT
Haha.
Du warst aber schnell...
... hie...

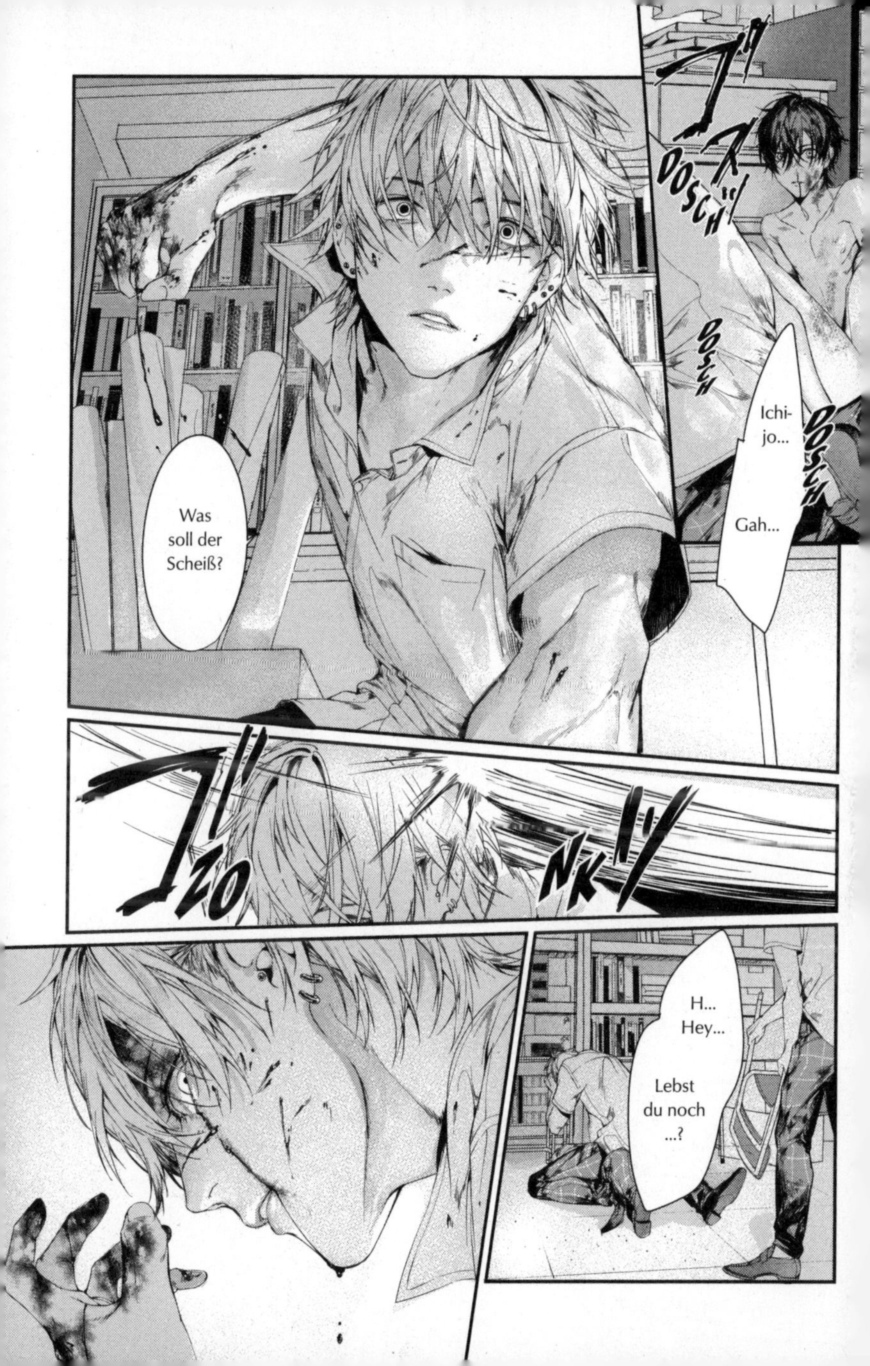

DOSCH
DOSCH
Ichi-jo...
DOSCH
Gah...
Was soll der Scheiß?
ZO
NK
H... Hey...
Lebst du noch ...?

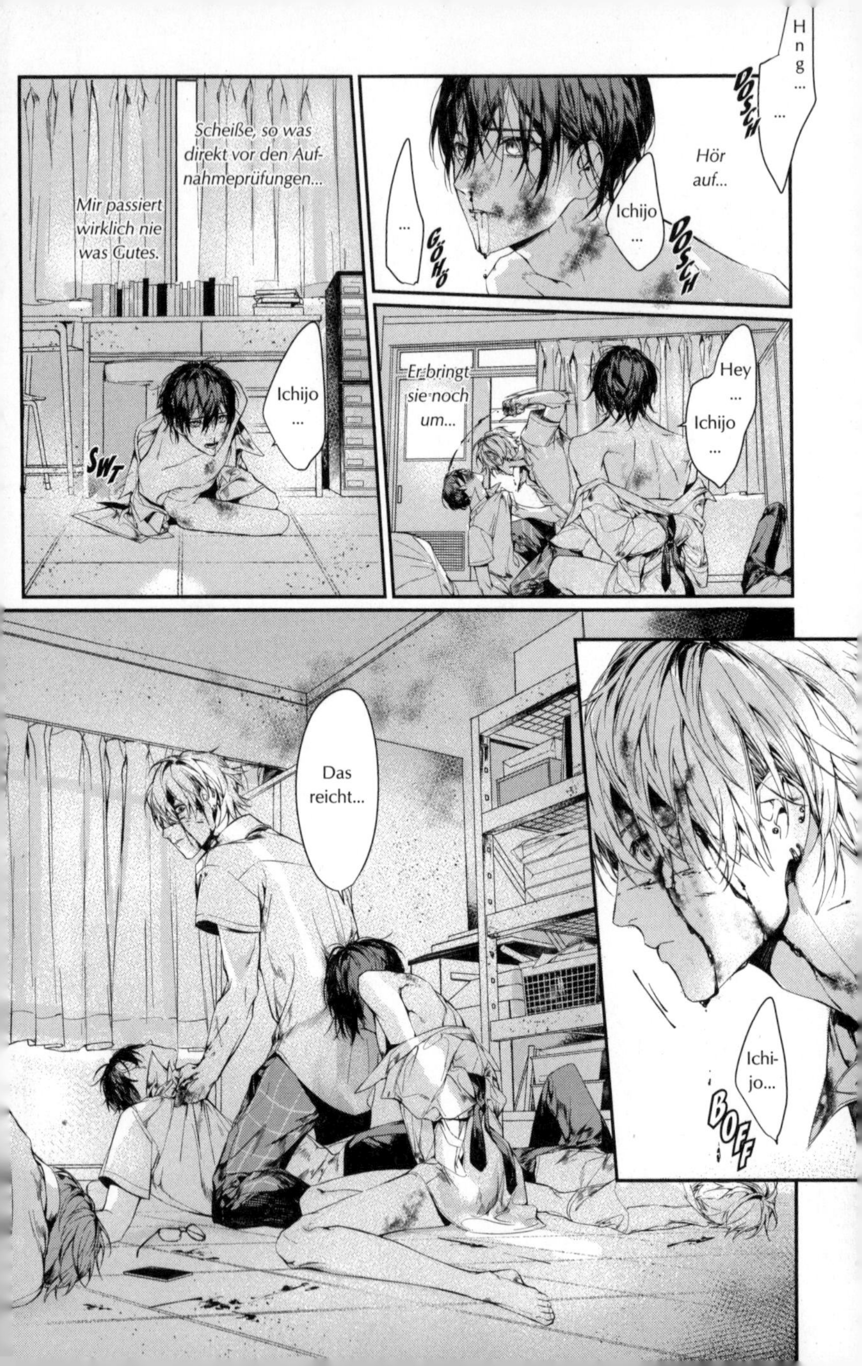

Hng ...
...
DOSCH
Hör auf...
DOSCH
Ichijo ...
GÖHÖ
...
Scheiße, so was direkt vor den Aufnahmeprüfungen...
Mir passiert wirklich nie was Gutes.
Hey ... Ichijo ...
Er bringt sie noch um...
Ichijo ...
SWT
Ichi-jo...
BOFF
Das reicht...

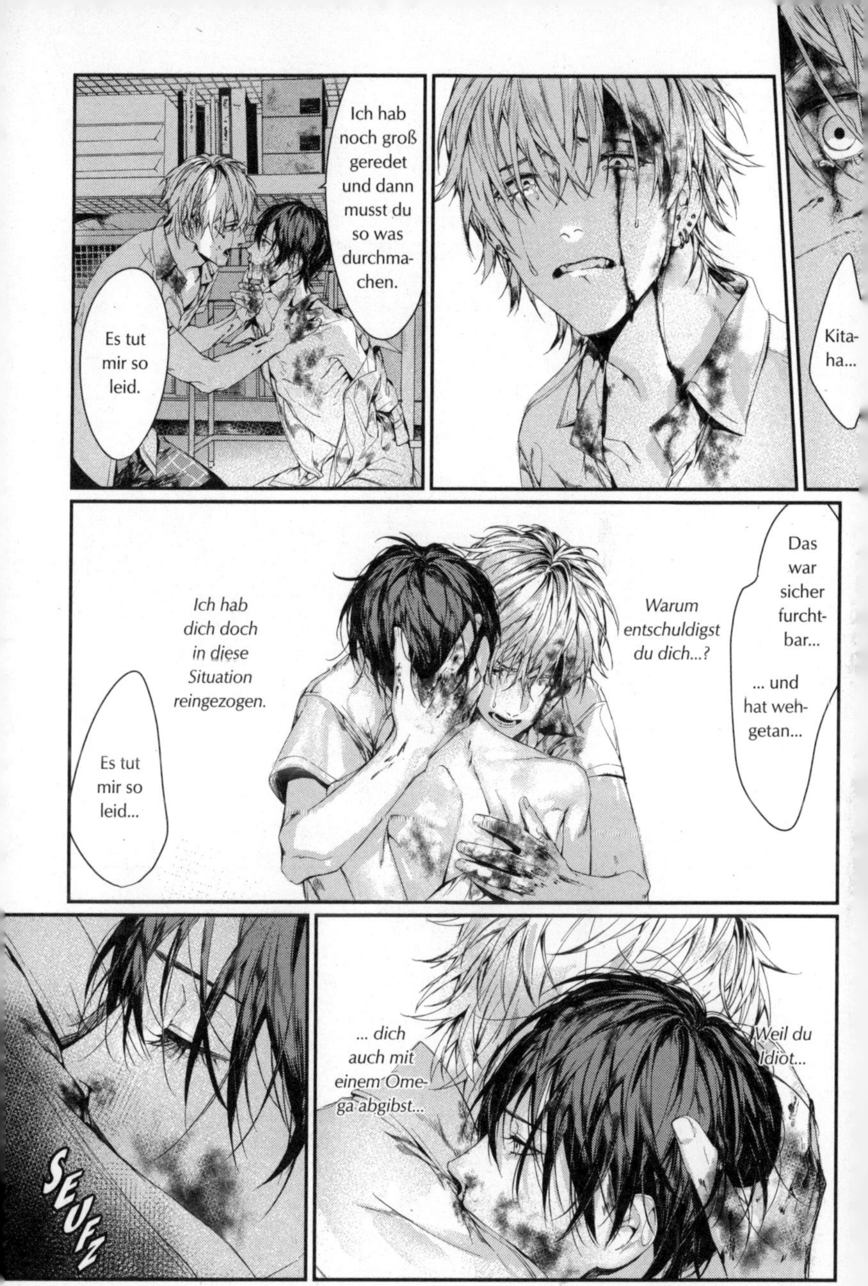
Kita-ha...
Ich hab noch groß geredet und dann musst du so was durchmachen.
Es tut mir so leid.
Das war sicher furchtbar...
... und hat weh-getan...
Warum entschuldigst du dich...?
Ich hab dich doch in diese Situation reingezogen.
Es tut mir so leid...
Weil du Idiot...
... dich auch mit einem Omega abgibst...
SEUFZ

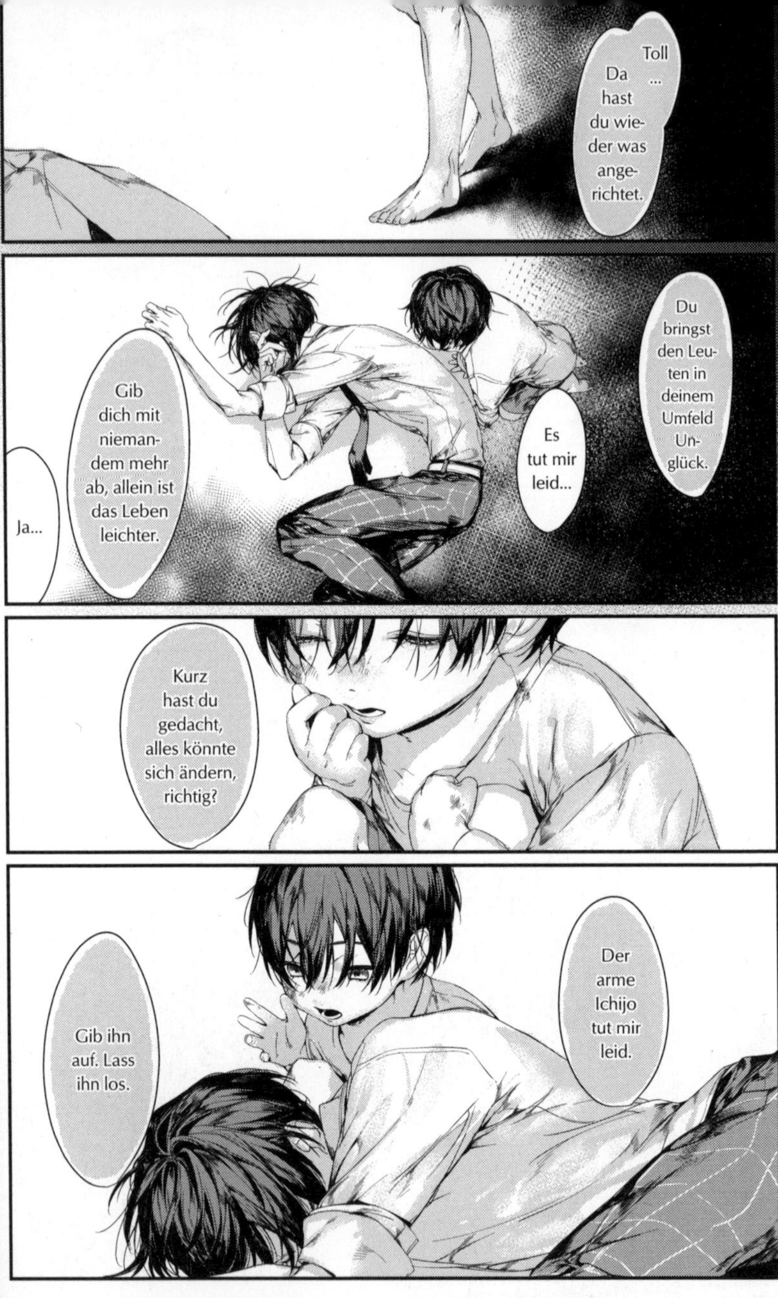
Toll ...
Da hast du wieder was angerichtet.
Du bringst den Leuten in deinem Umfeld Unglück.
Es tut mir leid...
Gib dich mit niemandem mehr ab, allein ist das Leben leichter.
Ja...
Kurz hast du gedacht, alles könnte sich ändern, richtig?
Der arme Ichijo tut mir leid.
Gib ihn auf. Lass ihn los.

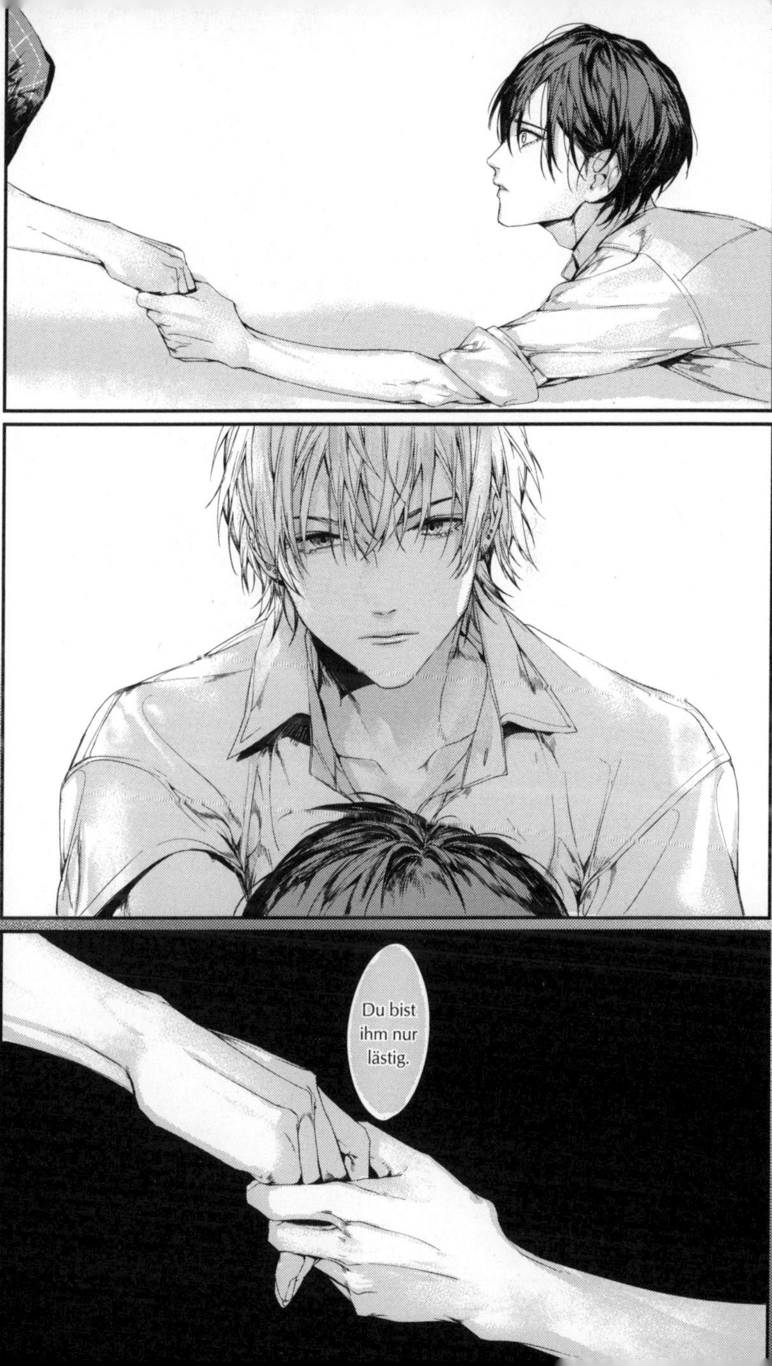
Du bist ihm nur lästig.

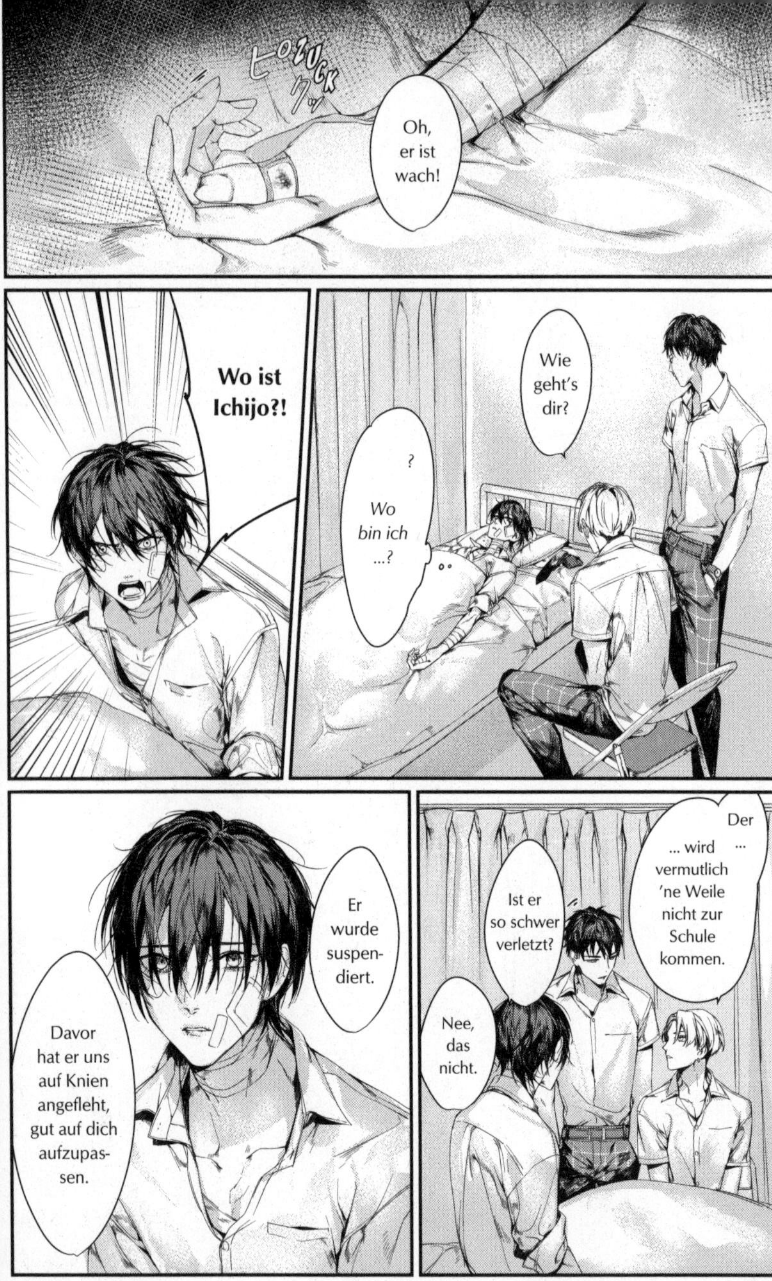
ZUCK
Oh, er ist wach!
Wie geht's dir?
? Wo bin ich ...?
Wo ist Ichijo?!
Der ... wird vermutlich 'ne Weile nicht zur Schule kommen.
Ist er so schwer verletzt?
Nee, das nicht.
Er wurde suspendiert.
Davor hat er uns auf Knien angefleht, gut auf dich aufzupassen.

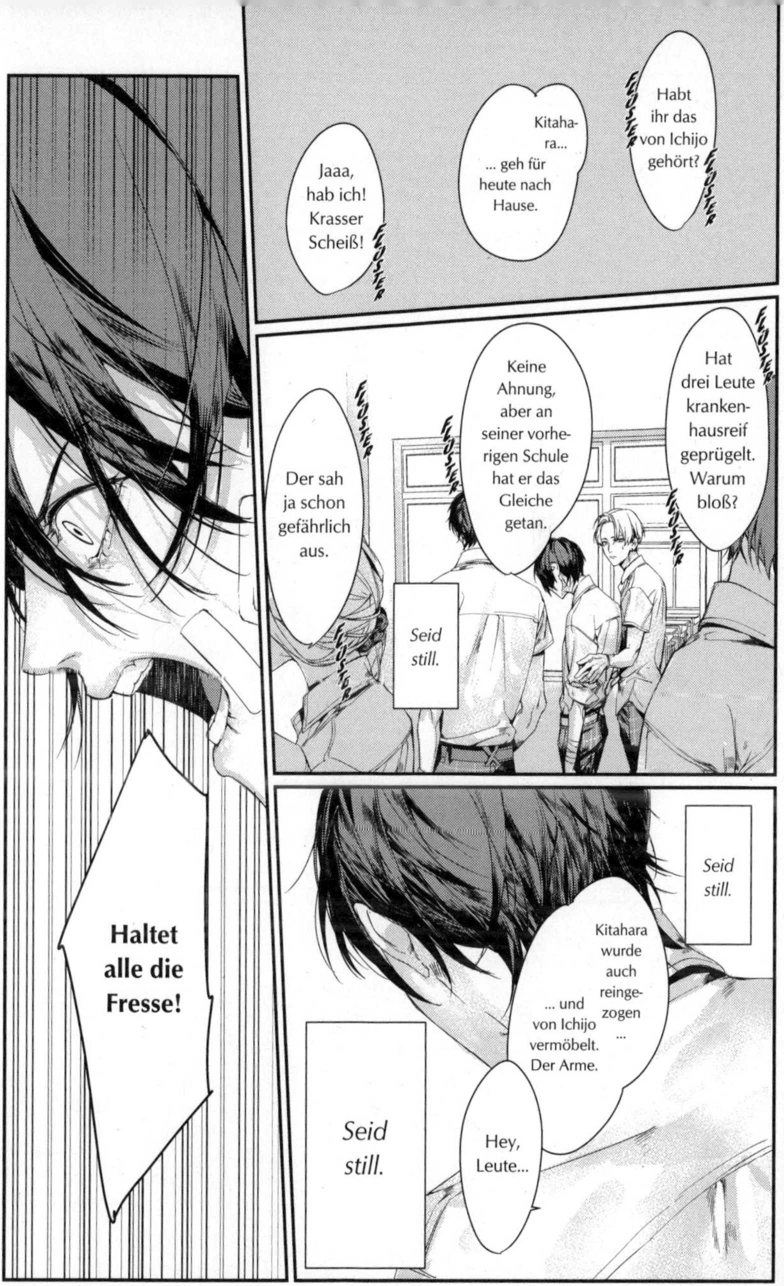

Habt ihr das von Ichijo gehört?
FLÜSTER
FLÜSTER
Kitahara... ... geh für heute nach Hause.
Jaaa, hab ich! Krasser Scheiß!
FLÜSTER
Hat drei Leute kranken-hausreif geprügelt. Warum bloß?
FLÜSTER
FLÜSTER
Keine Ahnung, aber an seiner vorherigen Schule hat er das Gleiche getan.
FLÜSTER
Der sah ja schon gefährlich aus.
FLÜSTER
FLÜSTER
Seid still.
Seid still.
Kitahara wurde auch reinge-zogen ...
... und von Ichijo vermöbelt. Der Arme.
Hey, Leute...
Seid still.
Haltet alle die Fresse!

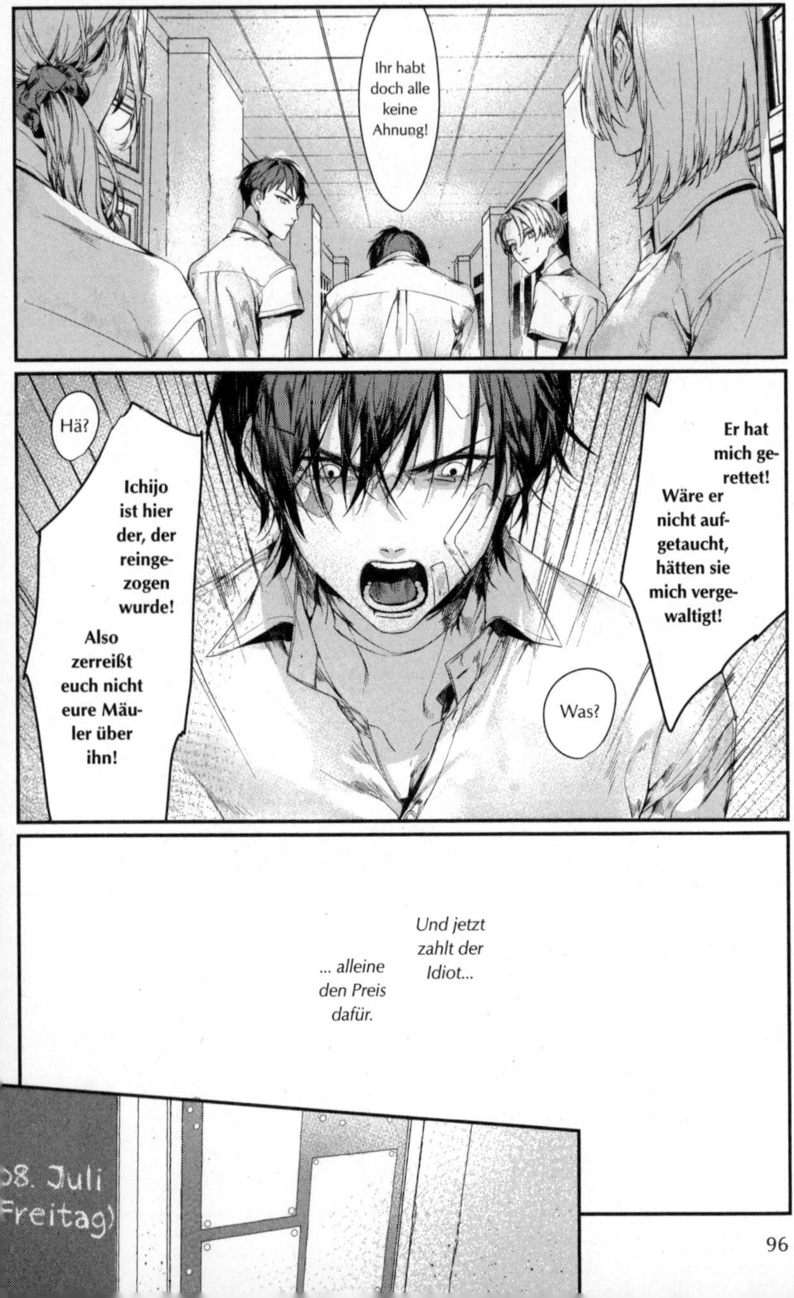
Ihr habt doch alle keine Ahnung!
Er hat mich gerettet! Wäre er nicht aufgetaucht, hätten sie mich vergewaltigt!
Was?
Hä?
Ichijo ist hier der, der reingezogen wurde!
Also zerreißt euch nicht eure Mäuler über ihn!
Und jetzt zahlt der Idiot...
... alleine den Preis dafür.
08. Juli
Freitag)

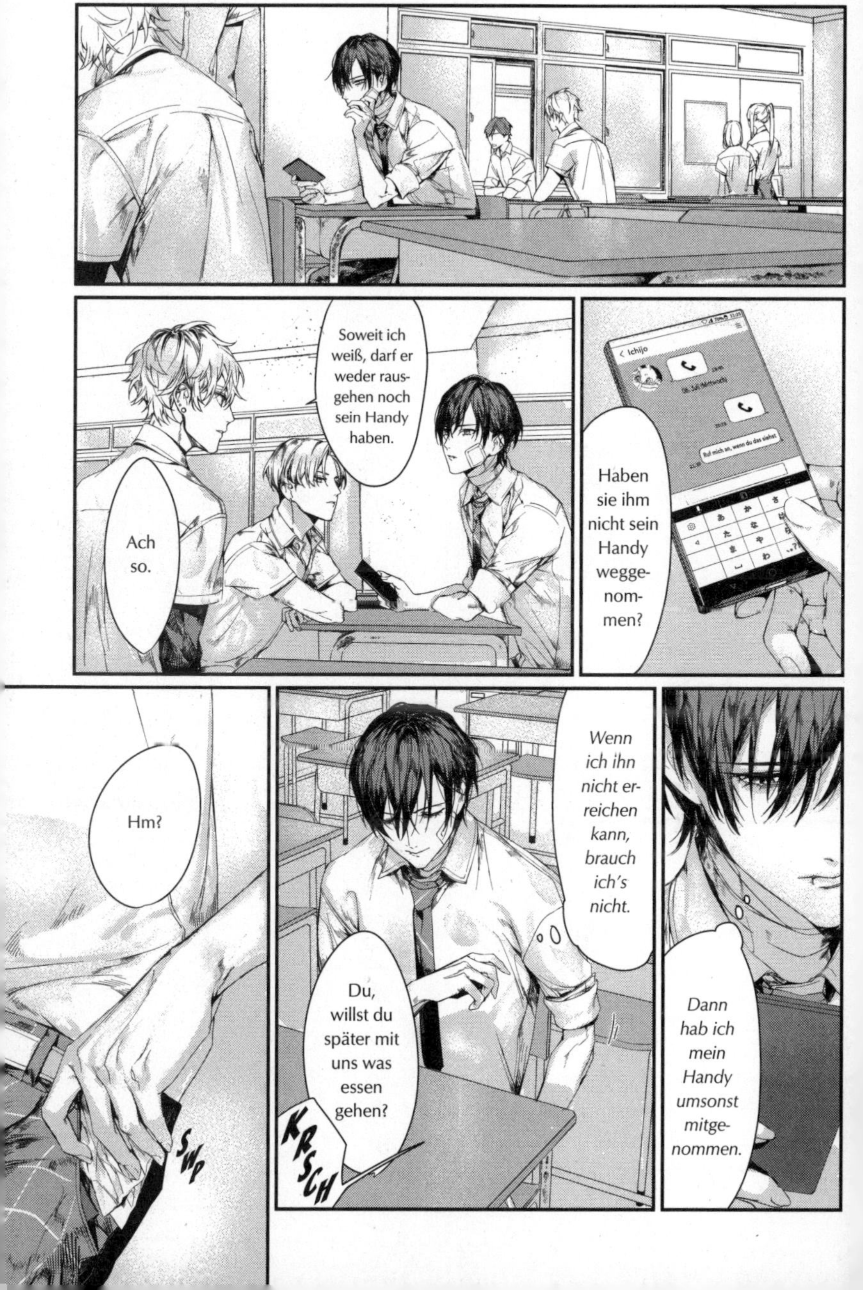

Ichijo
Ruf mich an, wenn du das siehst
Haben sie ihm nicht sein Handy weggenommen?
Soweit ich weiß, darf er weder rausgehen noch sein Handy haben.
Ach so.
Wenn ich ihn nicht erreichen kann, brauch ich's nicht.
Dann hab ich mein Handy umsonst mitgenommen.
Du, willst du später mit uns was essen gehen?
KRSCH
Hm?
SWP

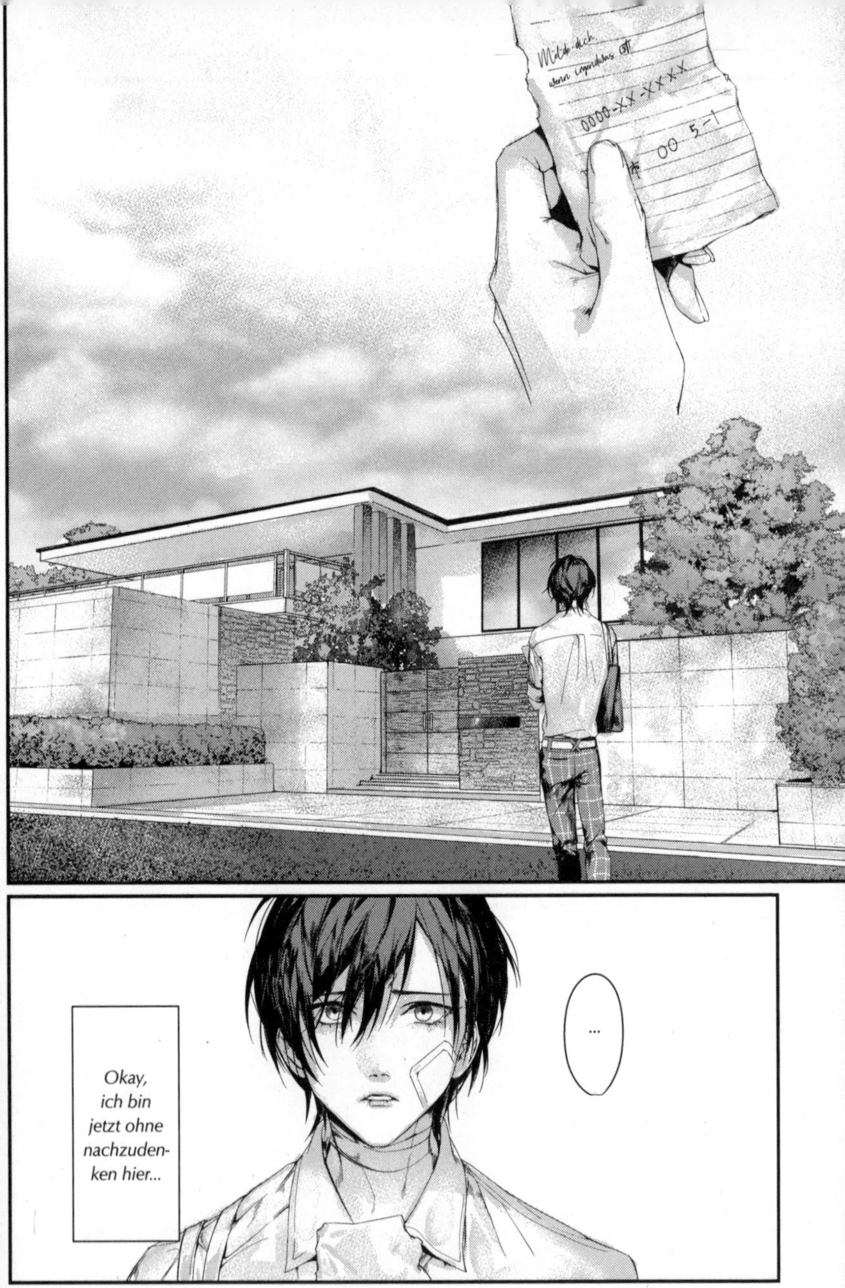
Melde dich,
wenn irgendwas ist
0000-XX-XXXX
...
Okay, ich bin jetzt ohne nachzudenken hier...

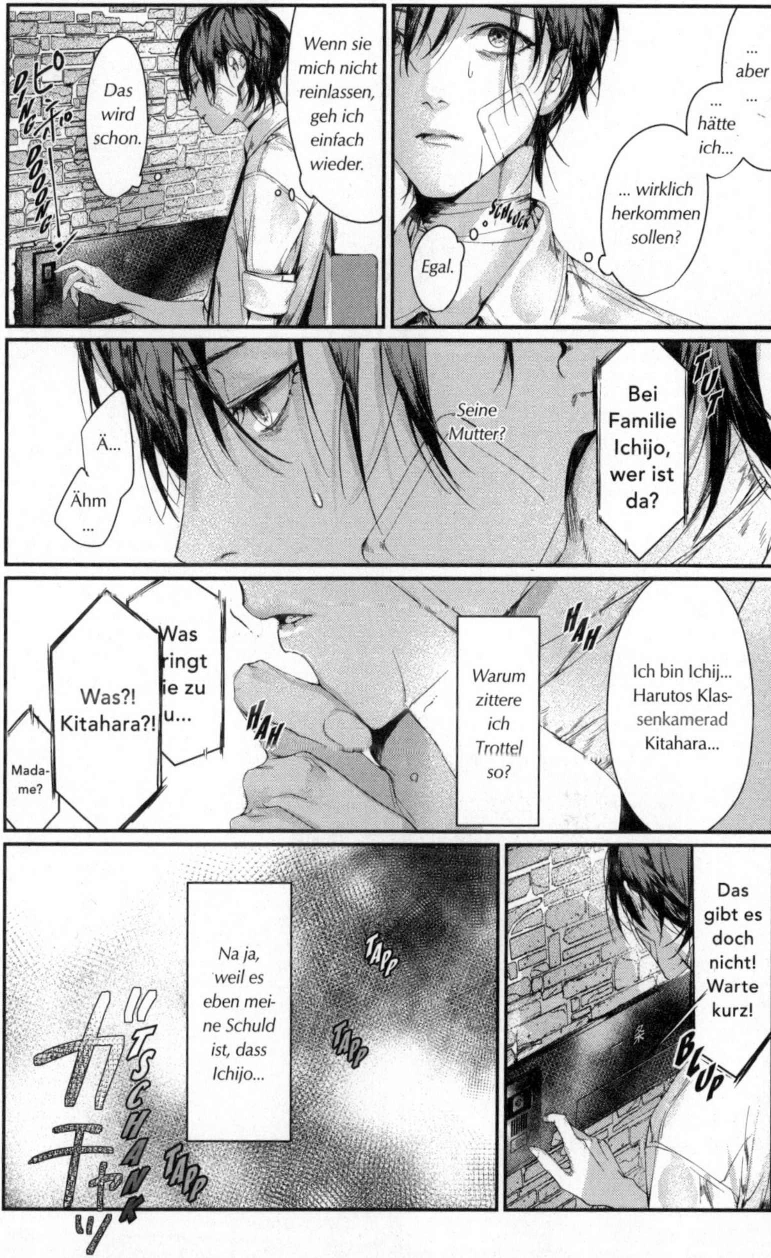

... aber ... ... hätte ich...
... wirklich herkommen sollen?
SCHLUCK
Egal.
Wenn sie mich nicht reinlassen, geh ich einfach wieder.
Das wird schon.
DING-DOOONG
TUT
Bei Familie Ichijo, wer ist da?
Seine Mutter?
Ä...
Ähm ...
HAH
Ich bin Ichij... Harutos Klassenkamerad Kitahara...
Warum zittere ich Trottel so?
HAH
Was ringt ie zu u...
Was?! Kitahara?!
Madame?
Das gibt es doch nicht! Warte kurz!
BLUP
Na ja, weil es eben meine Schuld ist, dass Ichijo...
TAPP
TAPP
TAPP
TSCHANK

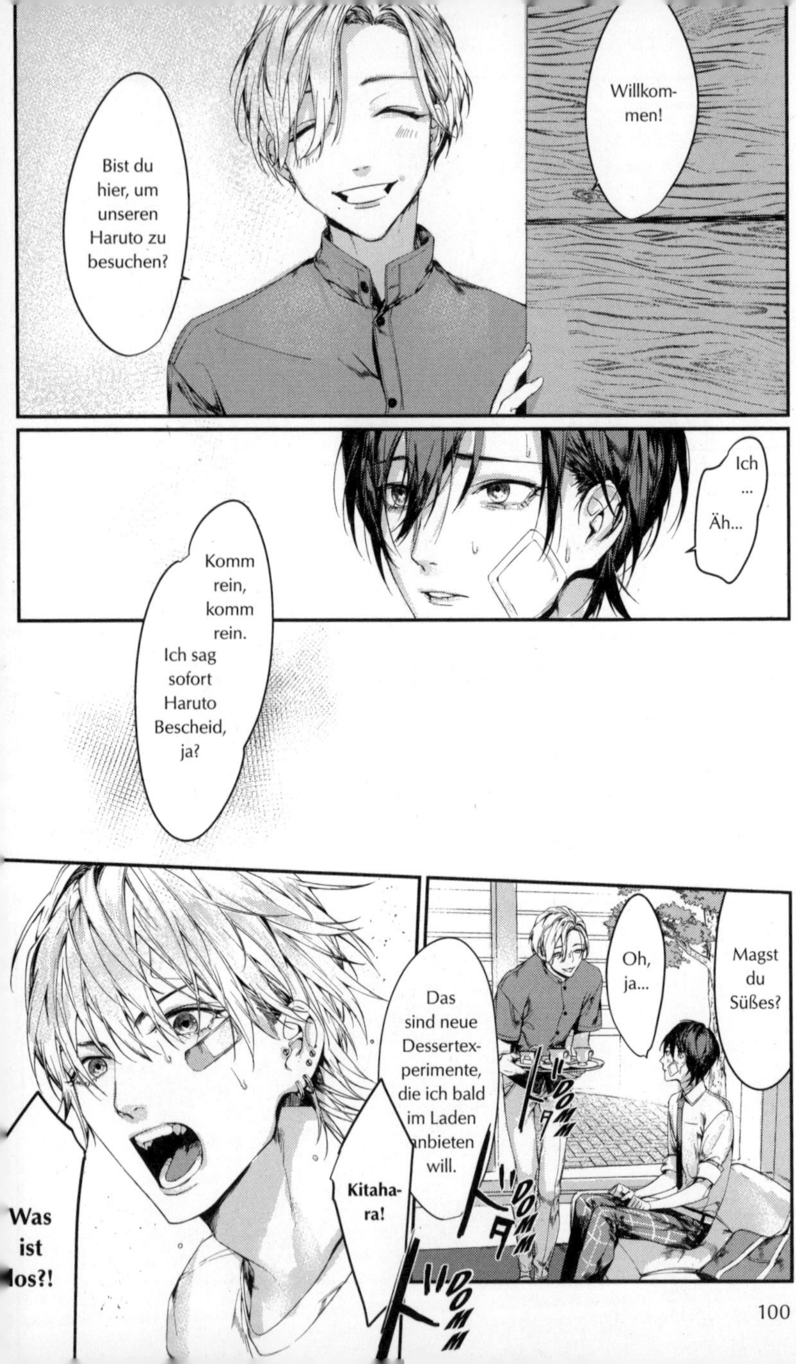
Willkommen!
Bist du hier, um unseren Haruto zu besuchen?
Ich ... Äh...
Komm rein, komm rein. Ich sag sofort Haruto Bescheid, ja?
Magst du Süßes?
Oh, ja...
Das sind neue Dessertexperimente, die ich bald im Laden anbieten will.
DOMM
DOMM
DOMM
Kitahara!
Was ist los?!

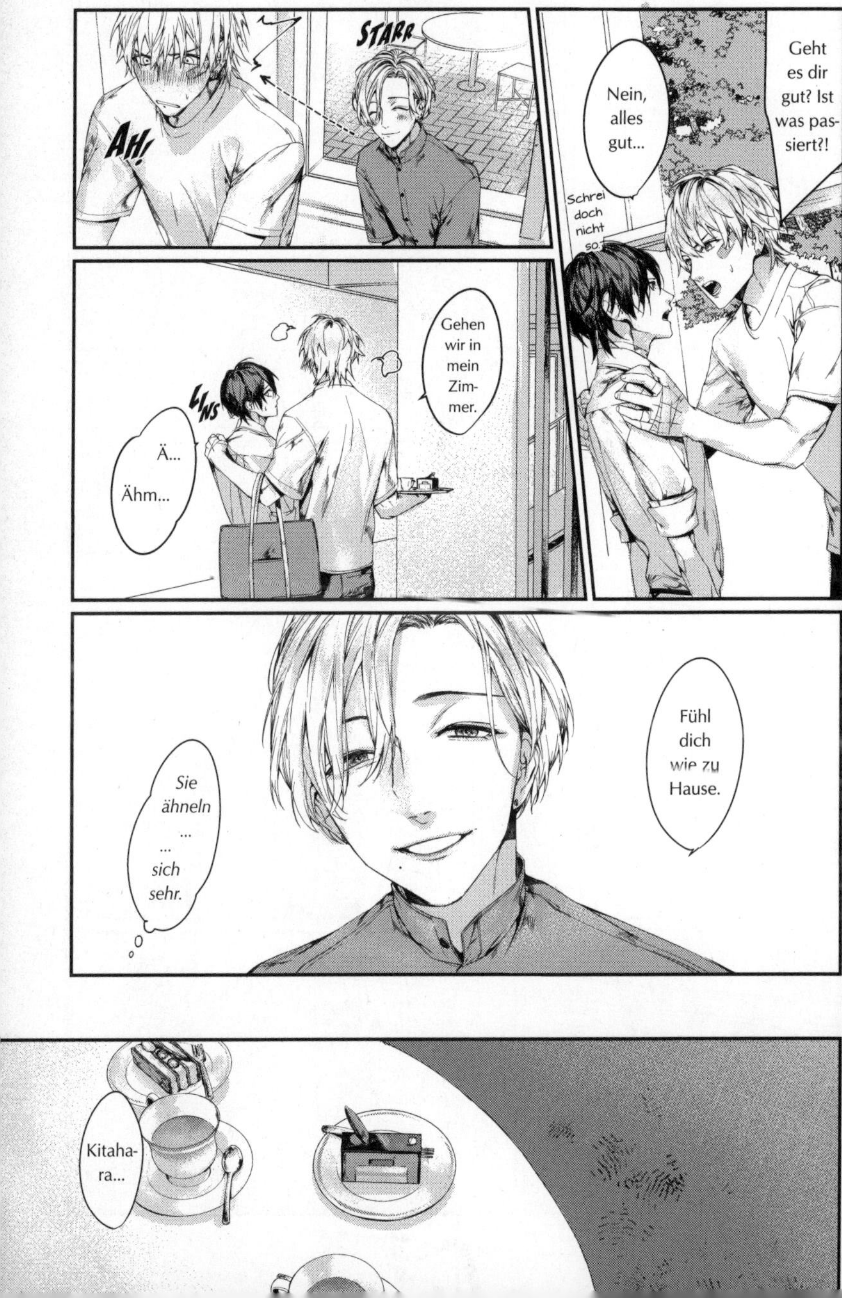
Geht es dir gut? Ist was passiert?!
Nein, alles gut...
Schrei doch nicht so.
STARR
AH!
Gehen wir in mein Zimmer.
LINS
Ä... Ähm...
Fühl dich wie zu Hause.
Sie ähneln ... ... sich sehr.
Kitahara...

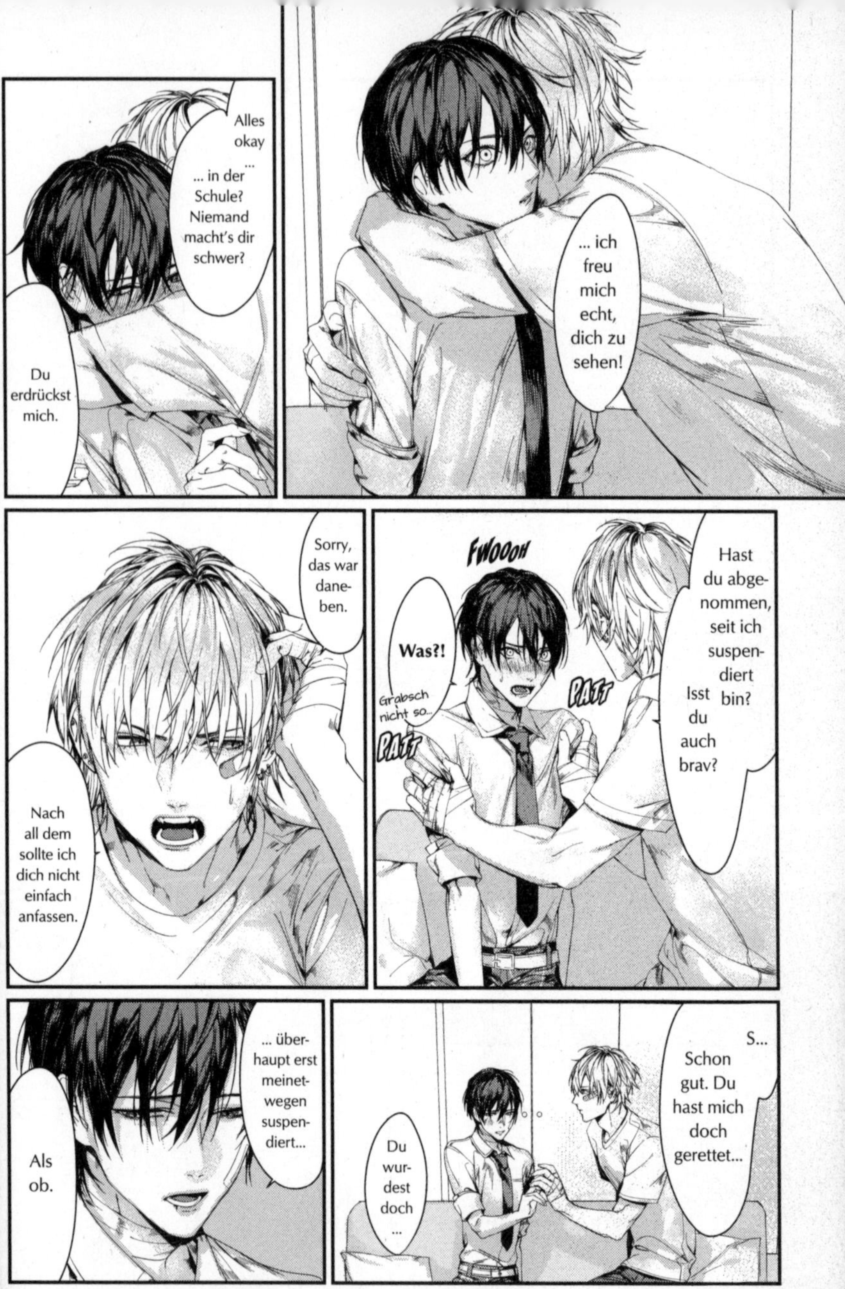
... ich freu mich echt, dich zu sehen!
Alles okay ... ... in der Schule? Niemand macht's dir schwer?
Du erdrückst mich.
Hast du abgenommen, seit ich suspendiert bin?
Isst du auch brav?
FWOOOH
PATT
Was?!
Grabsch nicht so...
PATT
Sorry, das war daneben.
Nach all dem sollte ich dich nicht einfach anfassen.
S... Schon gut. Du hast mich doch gerettet...
Du wurdest doch ...
... überhaupt erst meinetwegen suspendiert...
Als ob.

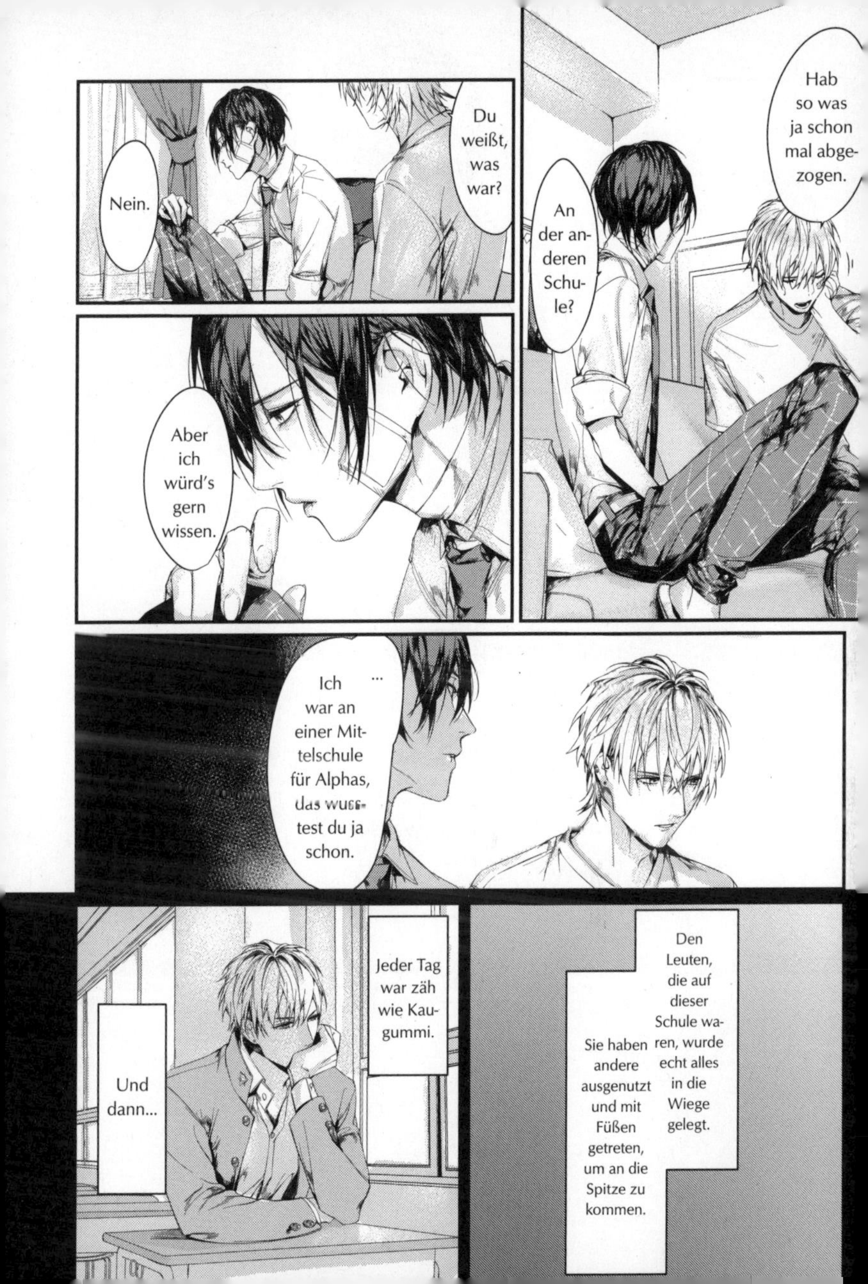
Hab so was ja schon mal abgezogen.
An der anderen Schule?
Du weißt, was war?
Nein.
Aber ich würd's gern wissen.
...
Ich war an einer Mittelschule für Alphas, das wusstest du ja schon.
Den Leuten, die auf dieser Schule waren, wurde echt alles in die Wiege gelegt.
Sie haben andere ausgenutzt und mit Füßen getreten, um an die Spitze zu kommen.
Jeder Tag war zäh wie Kaugummi.
Und dann...

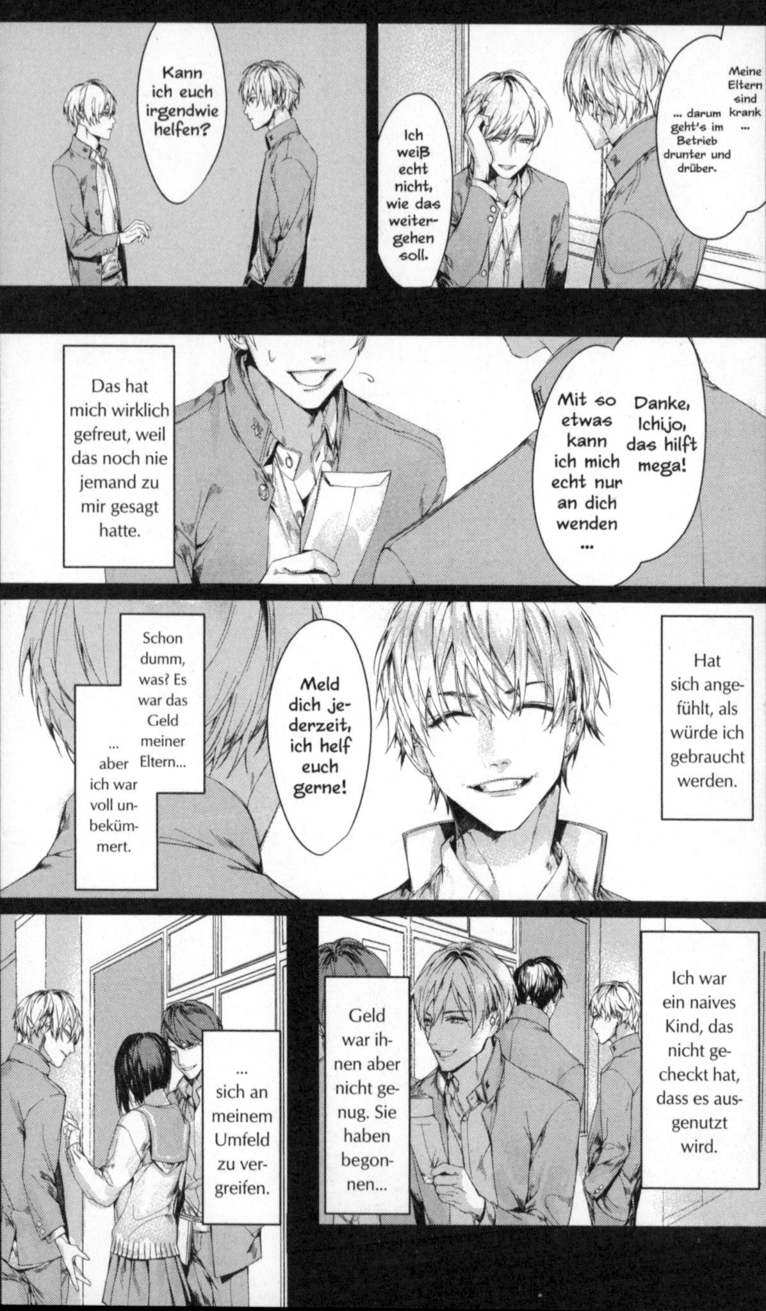
Meine Eltern sind krank …
… darum geht's im Betrieb drunter und drüber.
Ich weiß echt nicht, wie das weitergehen soll.
Kann ich euch irgendwie helfen?
Danke, Ichijo, das hilft mega!
Mit so etwas kann ich mich echt nur an dich wenden …
Das hat mich wirklich gefreut, weil das noch nie jemand zu mir gesagt hatte.
Hat sich angefühlt, als würde ich gebraucht werden.
Meld dich jederzeit, ich helf euch gerne!
Schon dumm, was? Es war das Geld meiner Eltern…
… aber ich war voll unbekümmert.
Ich war ein naives Kind, das nicht gecheckt hat, dass es ausgenutzt wird.
Geld war ihnen aber nicht genug. Sie haben begonnen…
… sich an meinem Umfeld zu vergreifen.

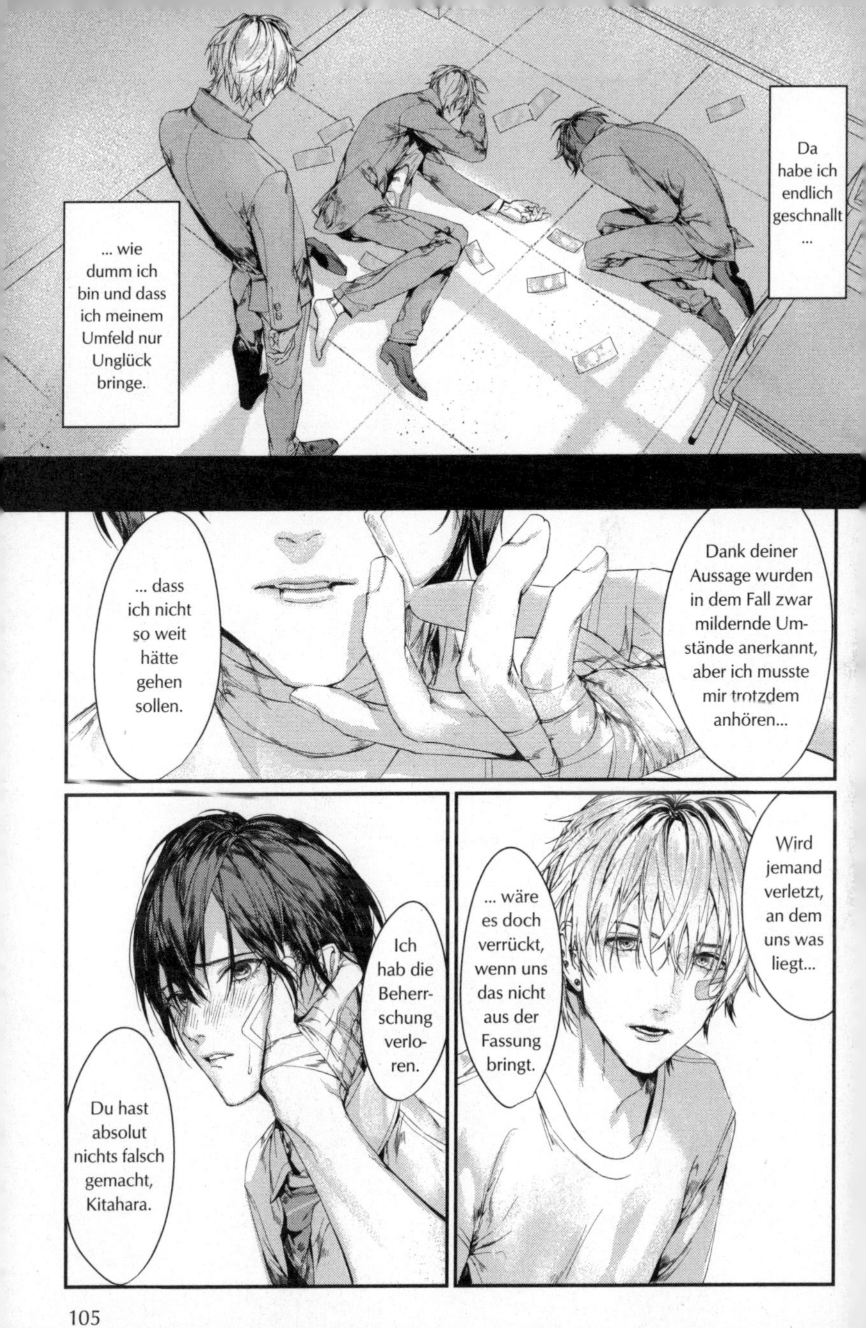
Da habe ich endlich geschnallt ...
... wie dumm ich bin und dass ich meinem Umfeld nur Unglück bringe.
Dank deiner Aussage wurden in dem Fall zwar mildernde Umstände anerkannt, aber ich musste mir trotzdem anhören...
... dass ich nicht so weit hätte gehen sollen.
Wird jemand verletzt, an dem uns was liegt...
... wäre es doch verrückt, wenn uns das nicht aus der Fassung bringt.
Ich hab die Beherrschung verloren.
Du hast absolut nichts falsch gemacht, Kitahara.

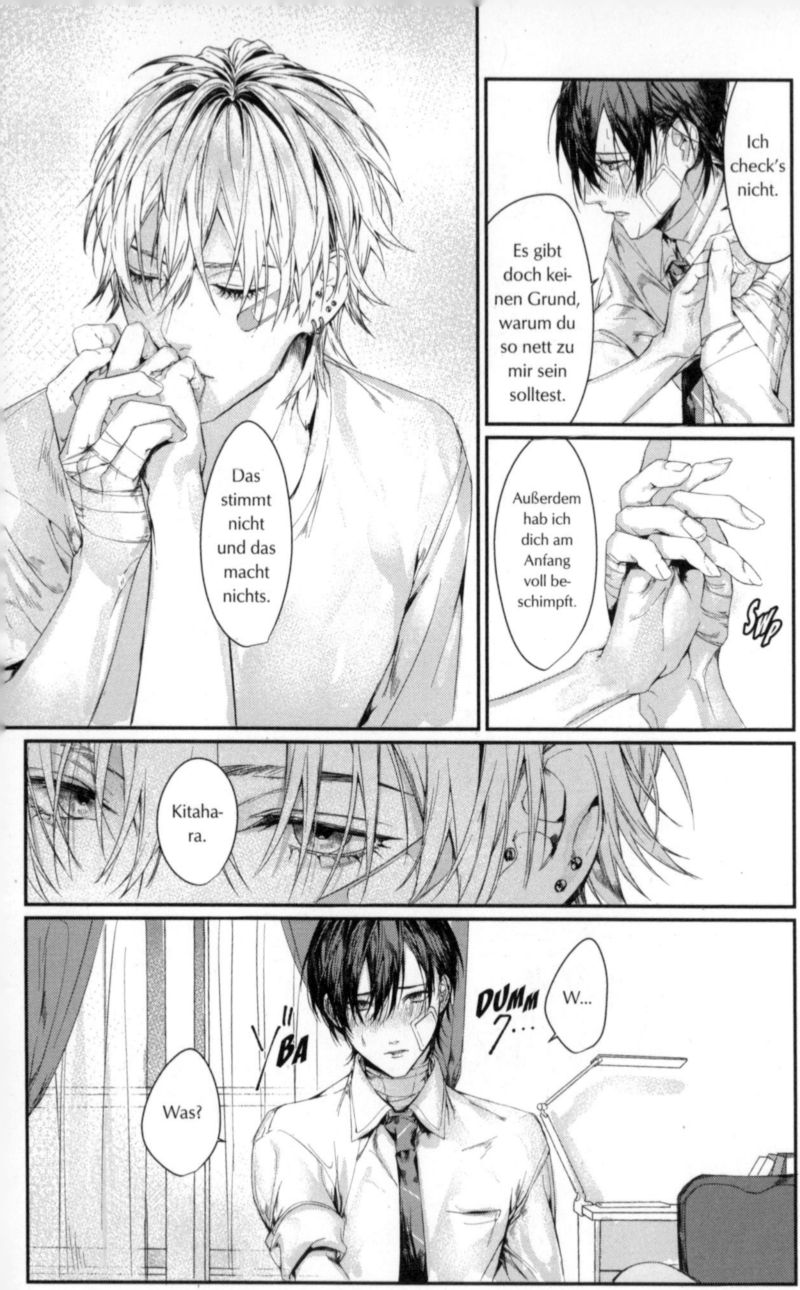
Ich check's nicht.
Es gibt doch keinen Grund, warum du so nett zu mir sein solltest.
Außerdem hab ich dich am Anfang voll beschimpft.
SWP
Das stimmt nicht und das macht nichts.
Kitahara.
W...
DUMM
BA
Was?

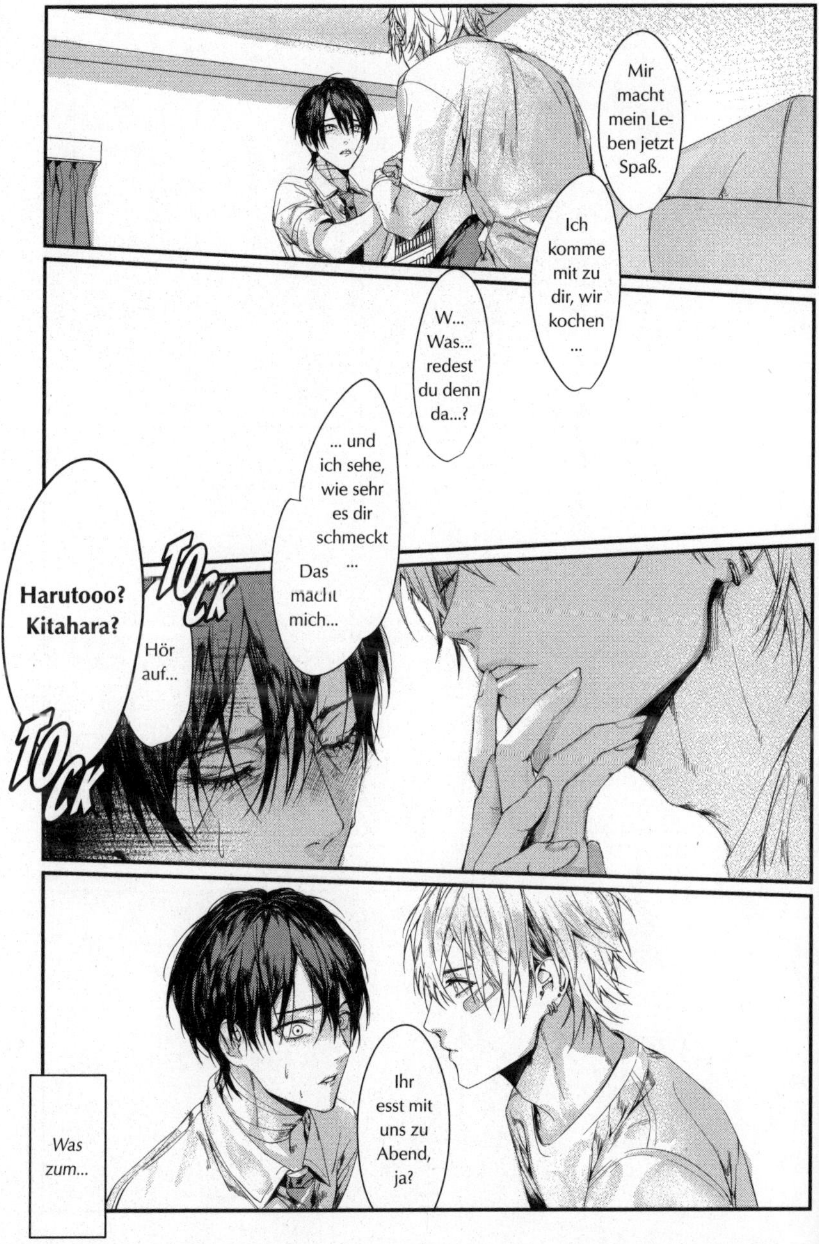
Mir macht mein Leben jetzt Spaß.
Ich komme mit zu dir, wir kochen ...
W... Was... redest du denn da...?
... und ich sehe, wie sehr es dir schmeckt ...
Das macht mich...
TOCK
Harutooo? Kitahara?
Hör auf...
TOCK
Ihr esst mit uns zu Abend, ja?
Was zum...

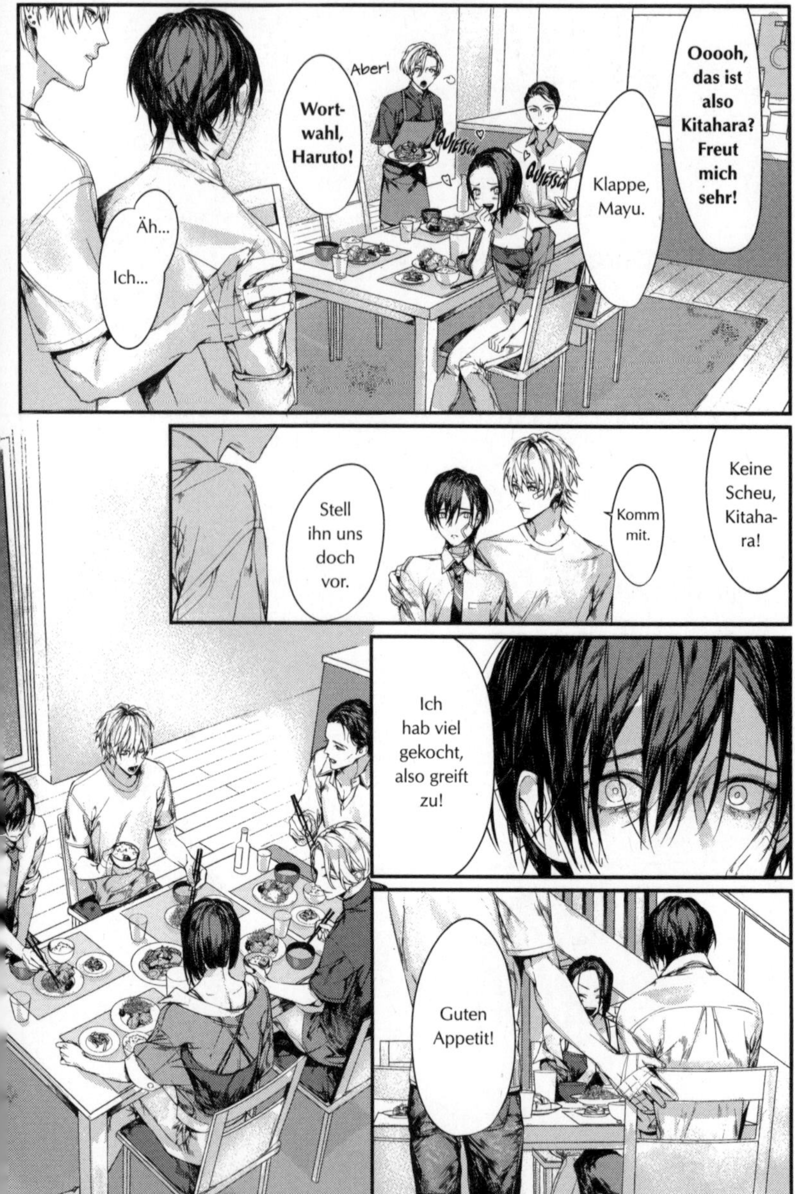

Ooooh, das ist also Kitahara? Freut mich sehr!
Klappe, Mayu.
QUIETSCH
QUIETSCH
Wort-wahl, Haruto!
Aber!
Äh...
Ich...
Keine Scheu, Kitaha-ra!
Komm mit.
Stell ihn uns doch vor.
Ich hab viel gekocht, also greift zu!
Guten Appetit!

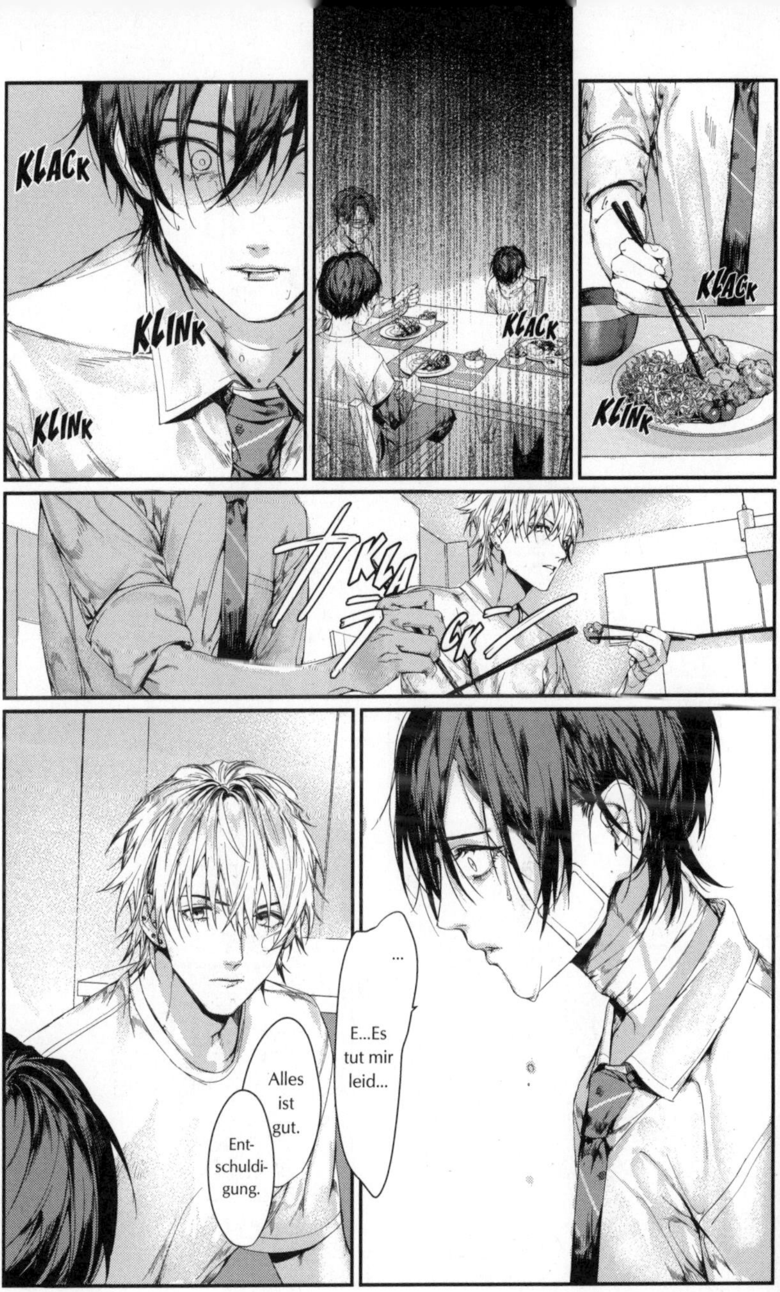
KLACK
KLINK
KLACK
KLACK
KLINK
KLINK
KLACK
...
E...Es tut mir leid...
Alles ist gut.
Ent-schuldi-gung.

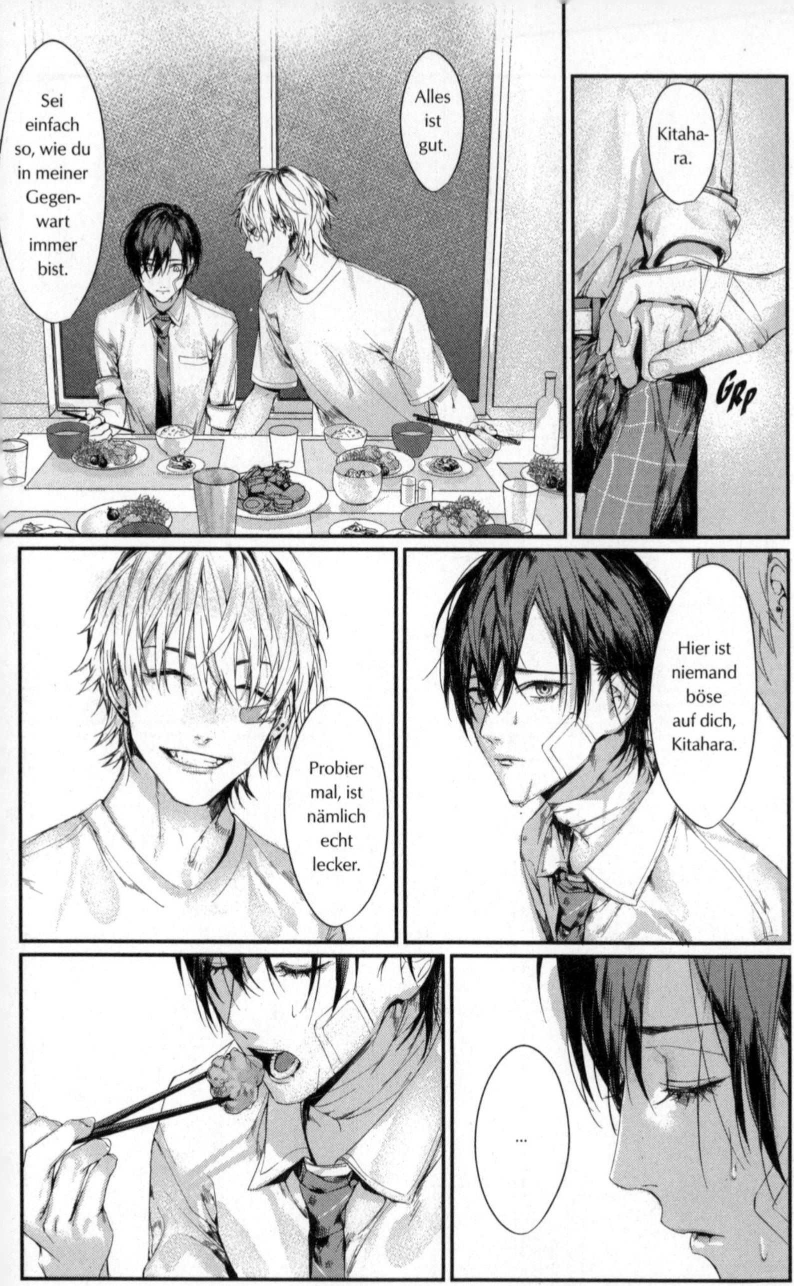

Kitahara.
GRP
Alles ist gut.
Sei einfach so, wie du in meiner Gegenwart immer bist.
Hier ist niemand böse auf dich, Kitahara.
Probier mal, ist nämlich echt lecker.
...

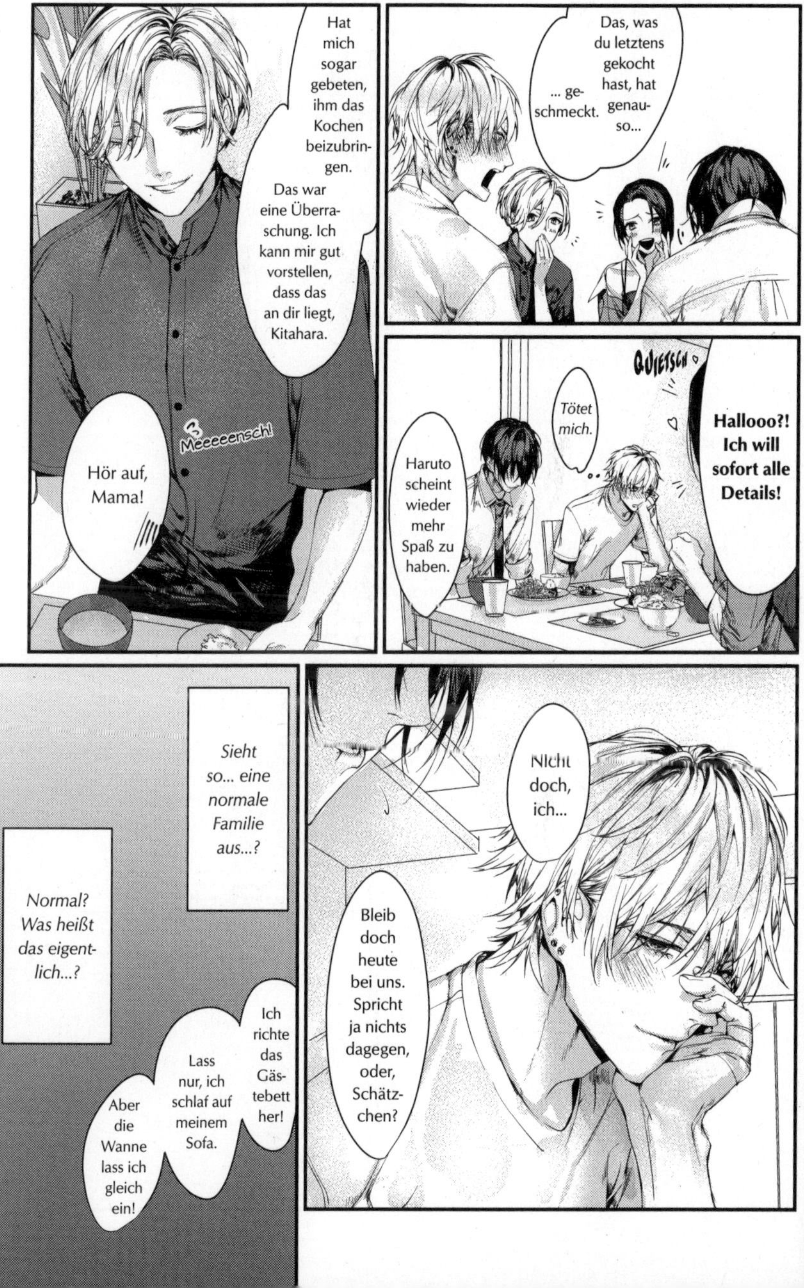
Das, was du letztens gekocht hast, hat genauso...
... geschmeckt.
QUIETSCH
Hallooo?! Ich will sofort alle Details!
Tötet mich.
Haruto scheint wieder mehr Spaß zu haben.
Hat mich sogar gebeten, ihm das Kochen beizubringen.
Das war eine Überraschung. Ich kann mir gut vorstellen, dass das an dir liegt, Kitahara.
Meeeeensch!
Hör auf, Mama!
Nicht doch, ich...
Bleib doch heute bei uns. Spricht ja nichts dagegen, oder, Schätzchen?
Sieht so... eine normale Familie aus...?
Ich richte das Gästebett her!
Lass nur, ich schlaf auf meinem Sofa.
Aber die Wanne lass ich gleich ein!
Normal? Was heißt das eigentlich...?

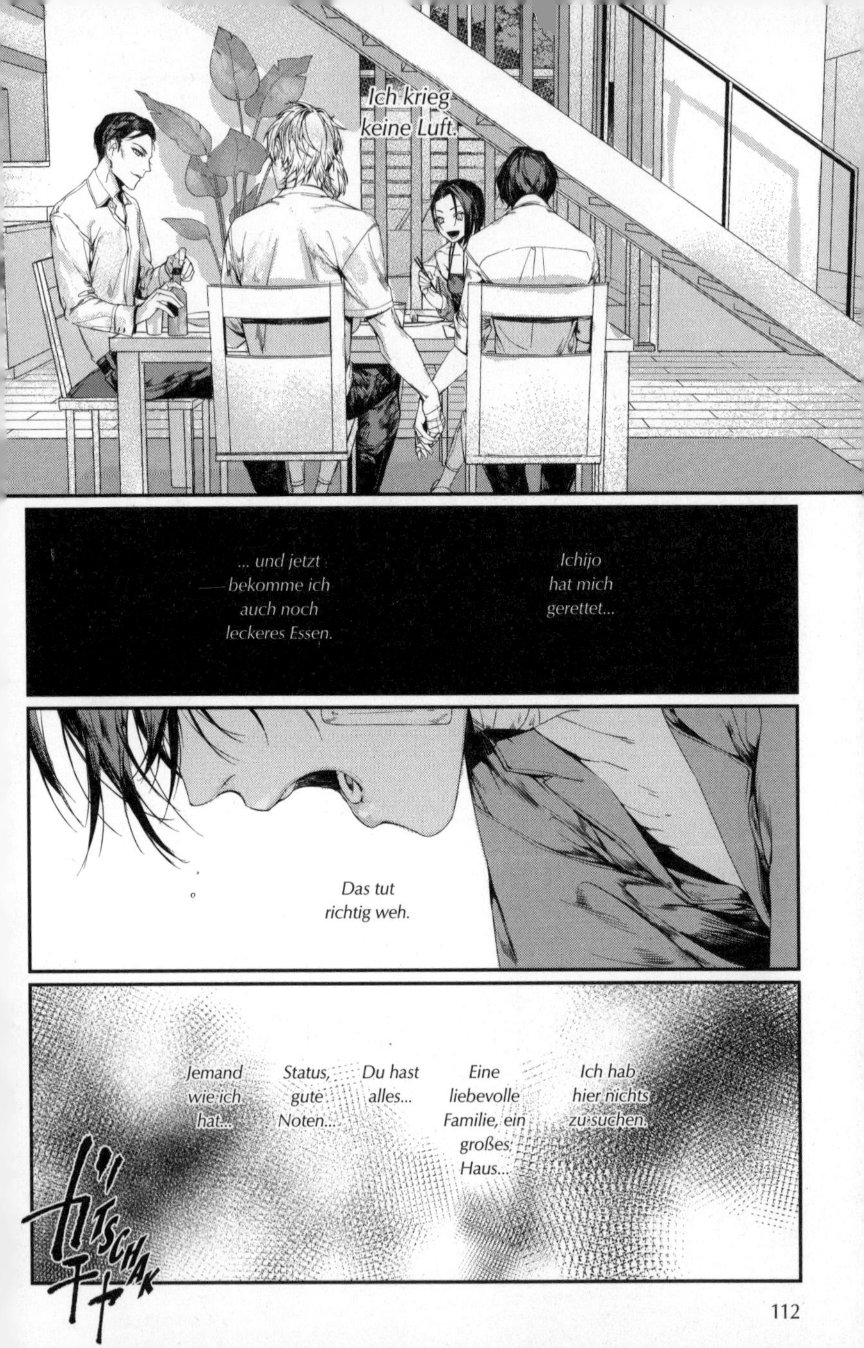
Ich krieg keine Luft.
Ichijo hat mich gerettet...
... und jetzt bekomme ich auch noch leckeres Essen.
Das tut richtig weh.
Ich hab hier nichts zu suchen.
Eine liebevolle Familie, ein großes Haus...
Du hast alles...
Status, gute Noten...
Jemand wie ich hat...

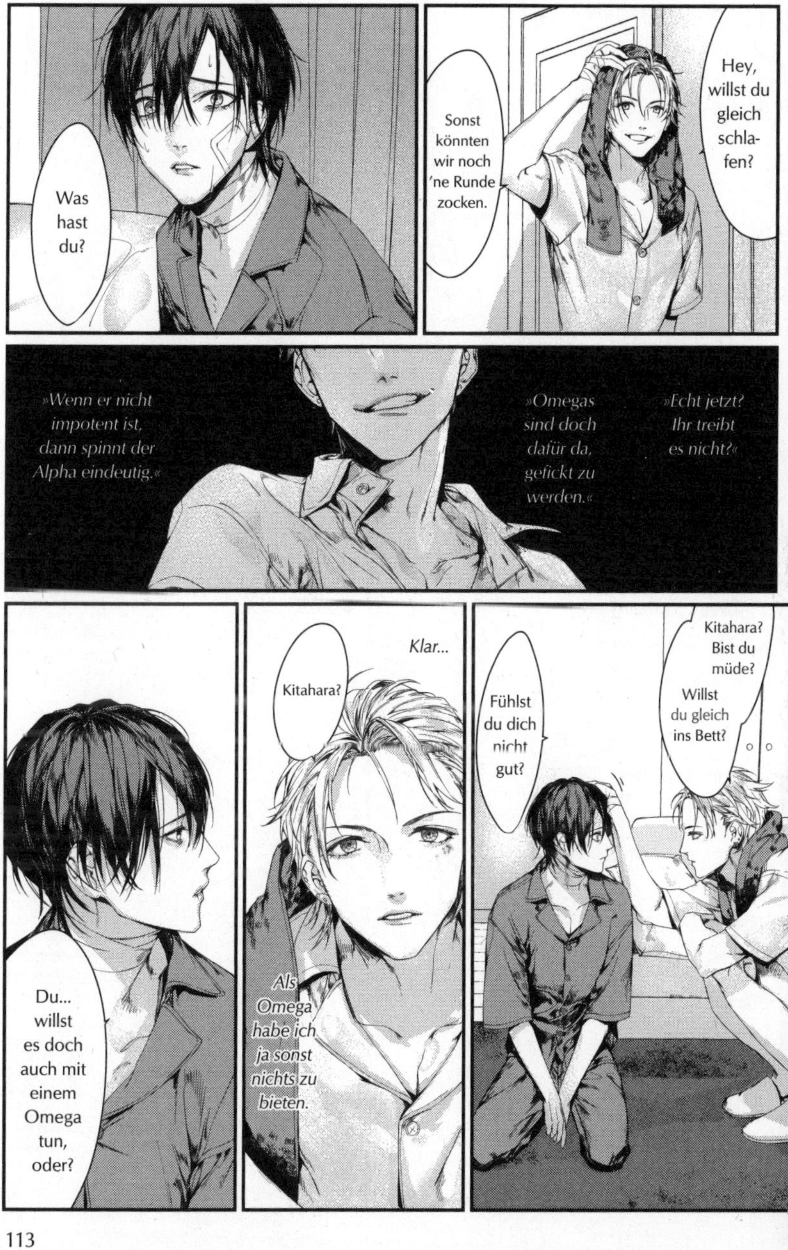
Hey, willst du gleich schla-fen?
Sonst könnten wir noch 'ne Runde zocken.
Was hast du?
»Echt jetzt? Ihr treibt es nicht?«
»Omegas sind doch dafür da, gefickt zu werden.«
»Wenn er nicht impotent ist, dann spinnt der Alpha eindeutig.«
Kitahara? Bist du müde? Willst du gleich ins Bett?
Fühlst du dich nicht gut?
Klar...
Kitahara?
Als Omega habe ich ja sonst nichts zu bieten.
Du... willst es doch auch mit einem Omega tun, oder?

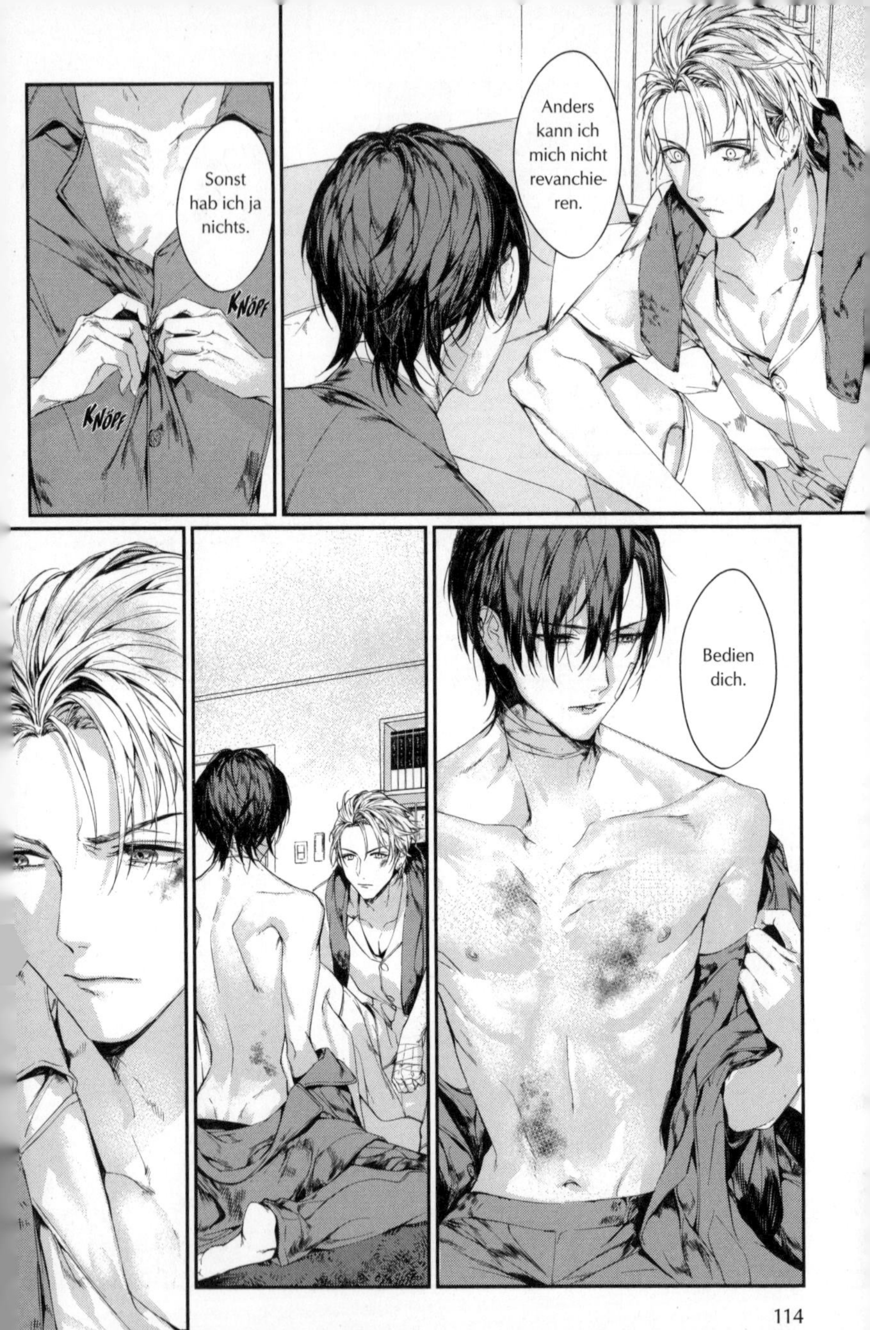
Anders kann ich mich nicht revanchieren.
Sonst hab ich ja nichts.
KNÖPF
KNÖPF
Bedien dich.

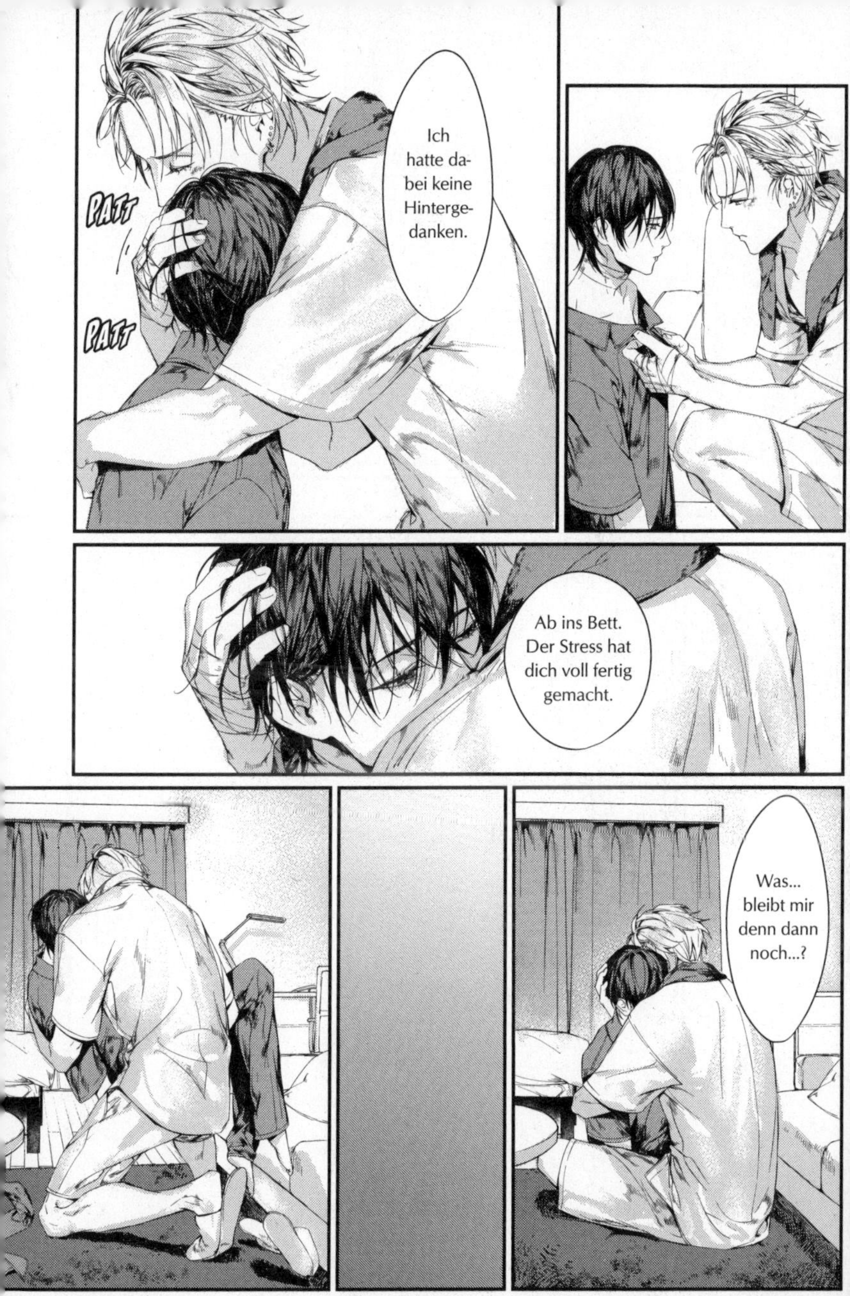
Ich hatte dabei keine Hintergedanken.
PATT
PATT
Ab ins Bett. Der Stress hat dich voll fertig gemacht.
Was... bleibt mir denn dann noch...?

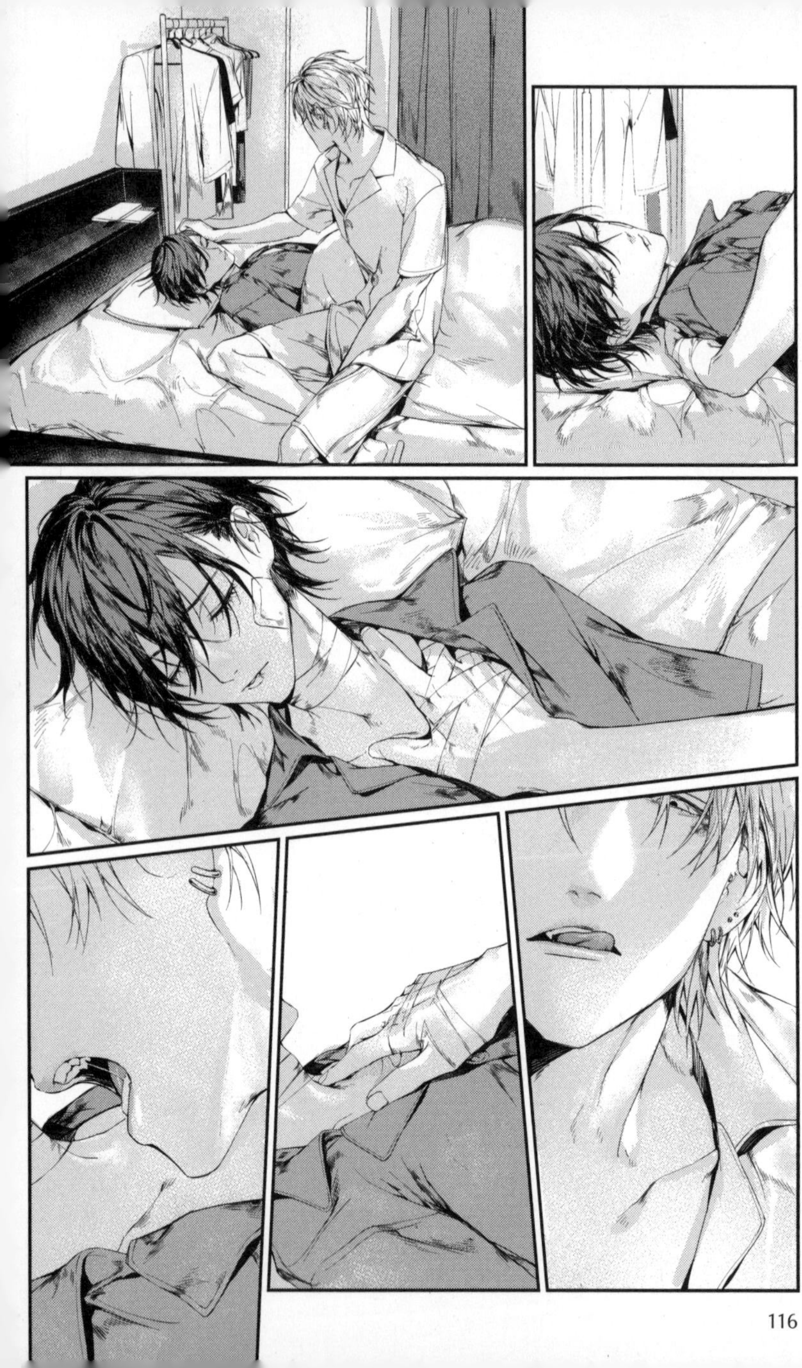

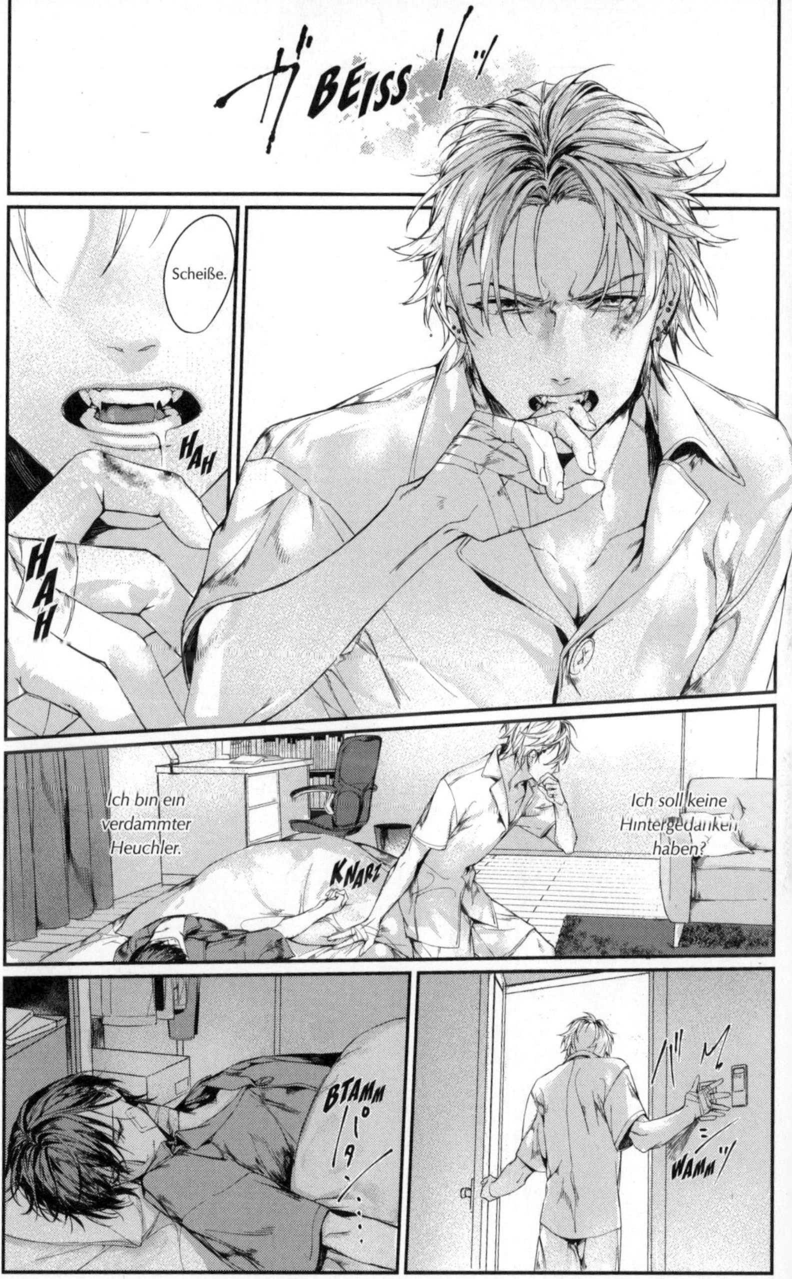
BEISS
Scheiße.
HAH
HAH
HAH
Ich soll keine Hintergedanken haben?
KNARZ
Ich bin ein verdammter Heuchler.
WAMM
BTAMM
…

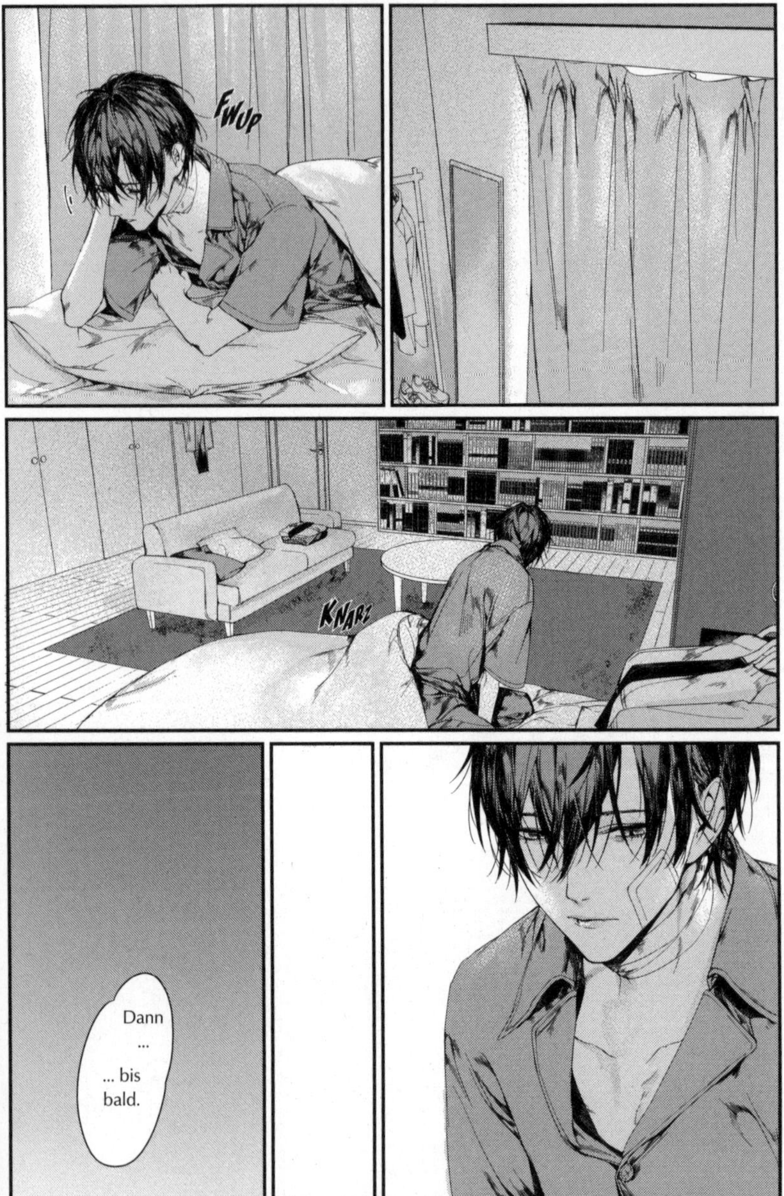
FWUP
KNARZ
Dann
...
... bis
bald.

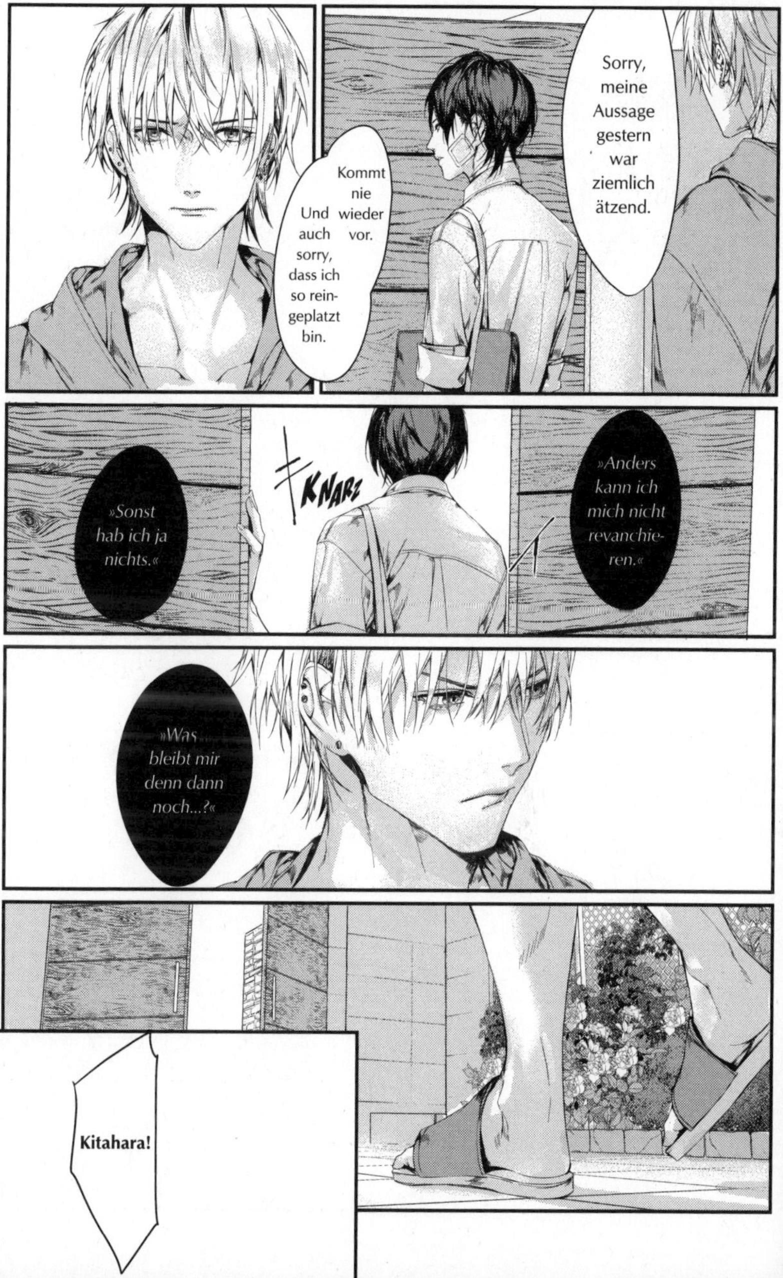
Sorry, meine Aussage gestern war ziemlich ätzend.
Kommt nie wieder vor. Und auch sorry, dass ich so rein-geplatzt bin.
»Anders kann ich mich nicht revanchie-ren.«
KNARZ
»Sonst hab ich ja nichts.«
»Was ... bleibt mir denn dann noch...?«
Kitahara!

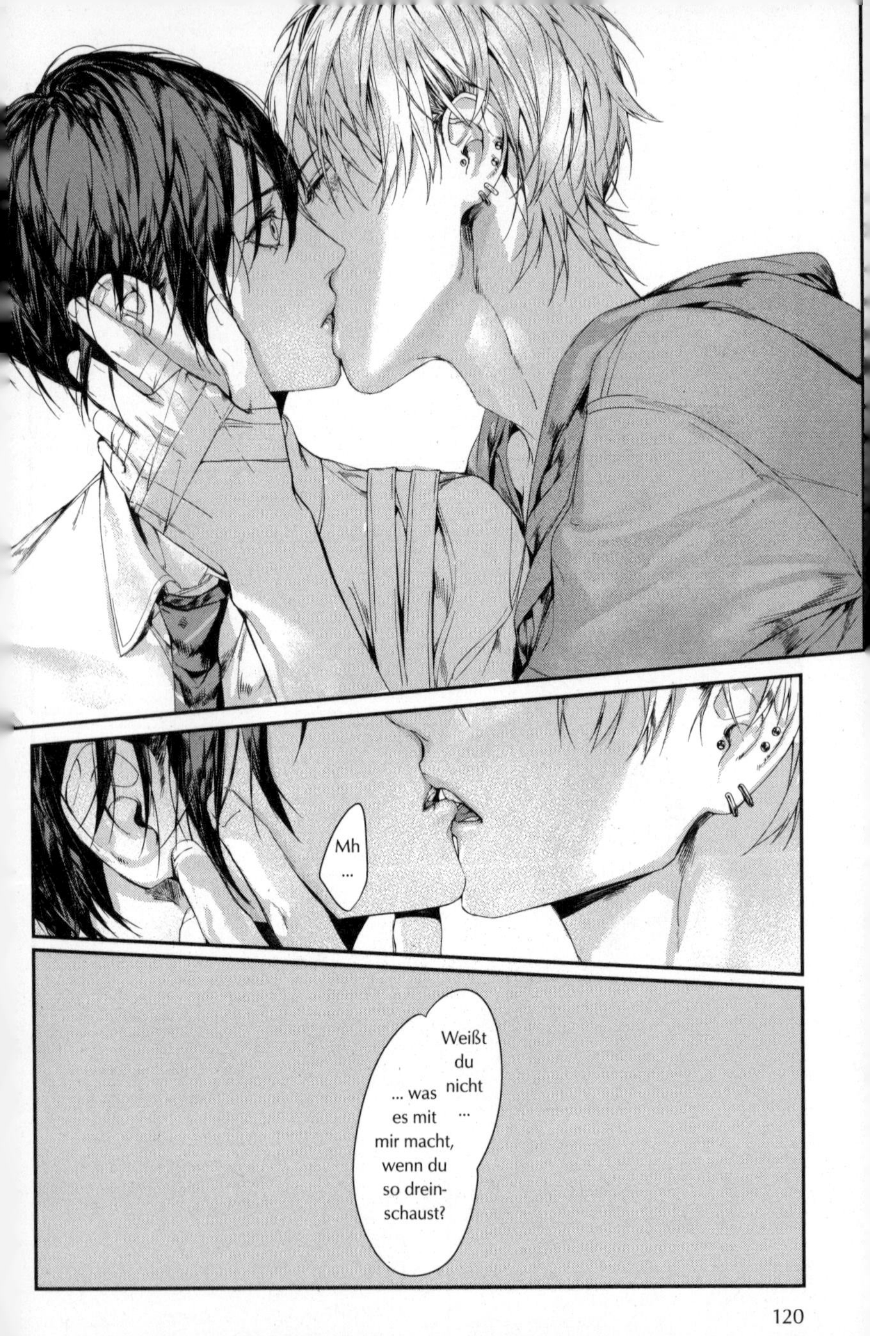
Mh ...
Weißt du nicht ...
... was es mit mir macht, wenn du so drein-schaust?

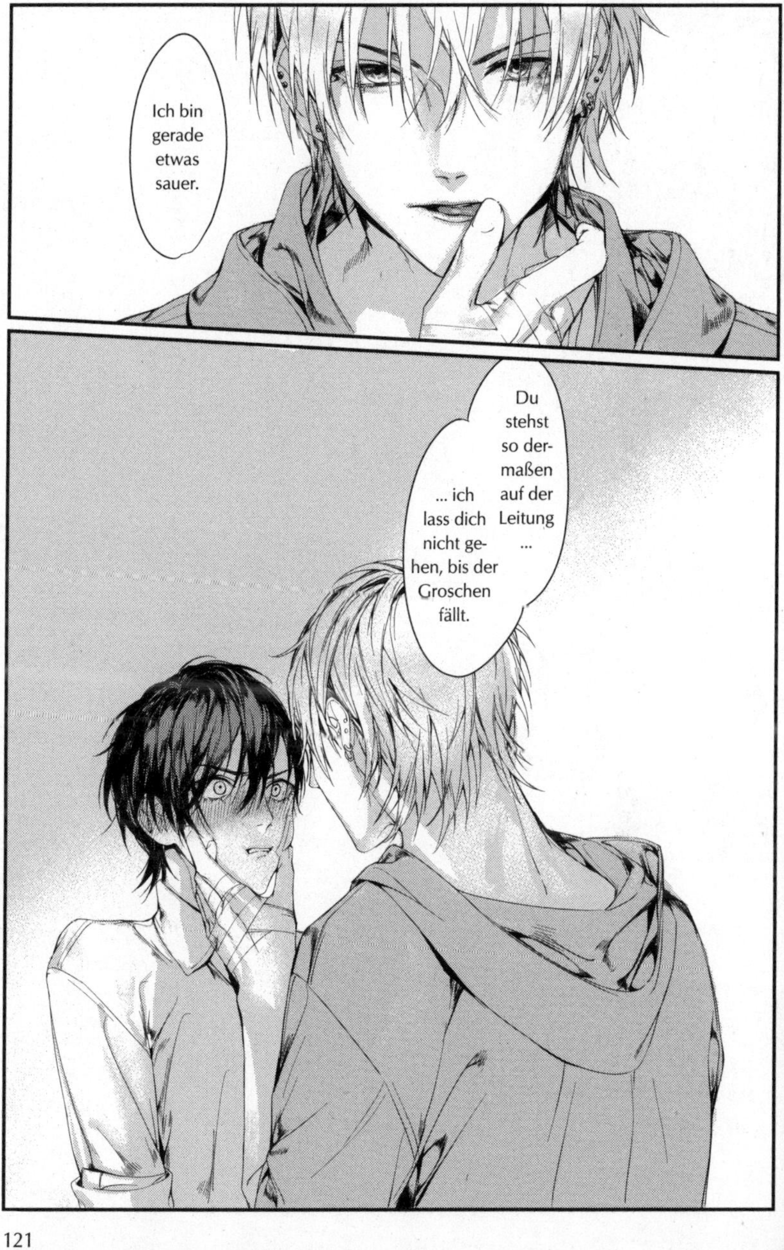
Ich bin gerade etwas sauer.
Du stehst so dermaßen auf der Leitung ...
... ich lass dich nicht gehen, bis der Groschen fällt.

Lass meine Hand nicht los

Distanz.4

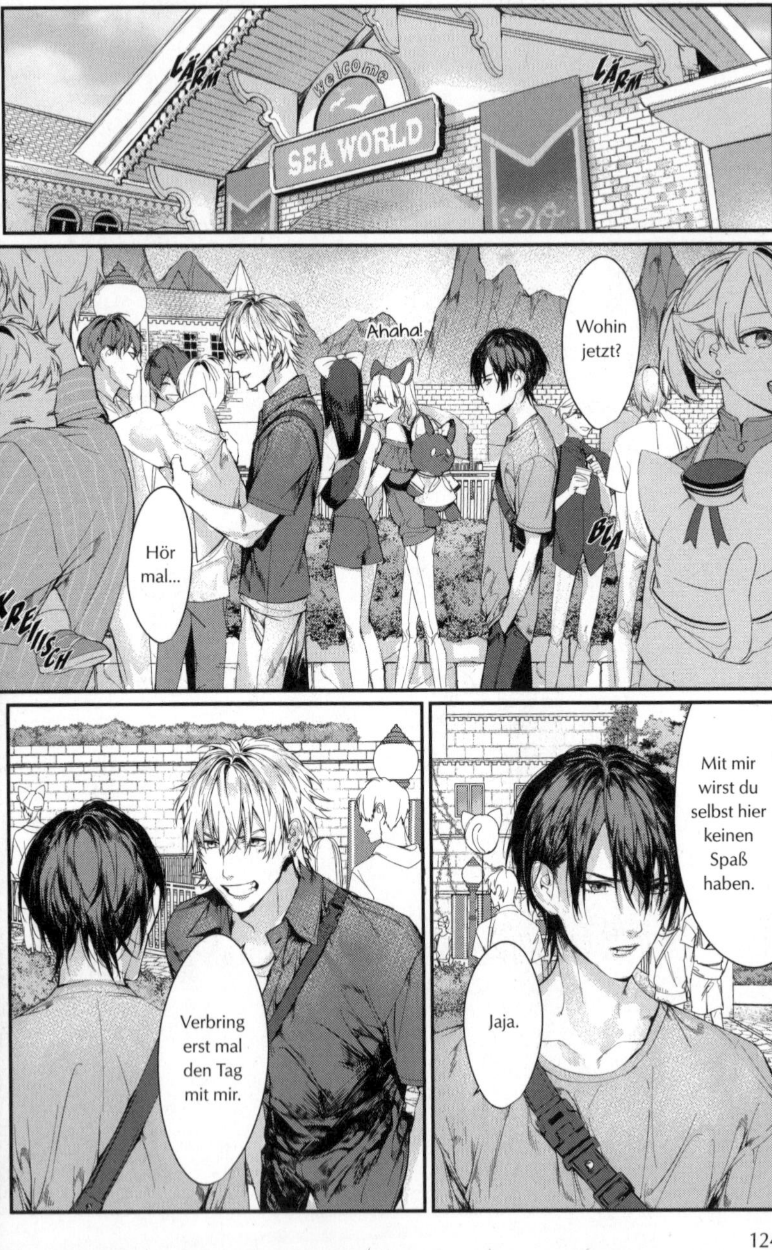
LÄRM
LÄRM
welcome
SEA WORLD
BLA
Wohin jetzt?
BLA
Ahaha!
Hör mal...
KREIIISCH
Mit mir wirst du selbst hier keinen Spaß haben.
Jaja.
Verbring erst mal den Tag mit mir.

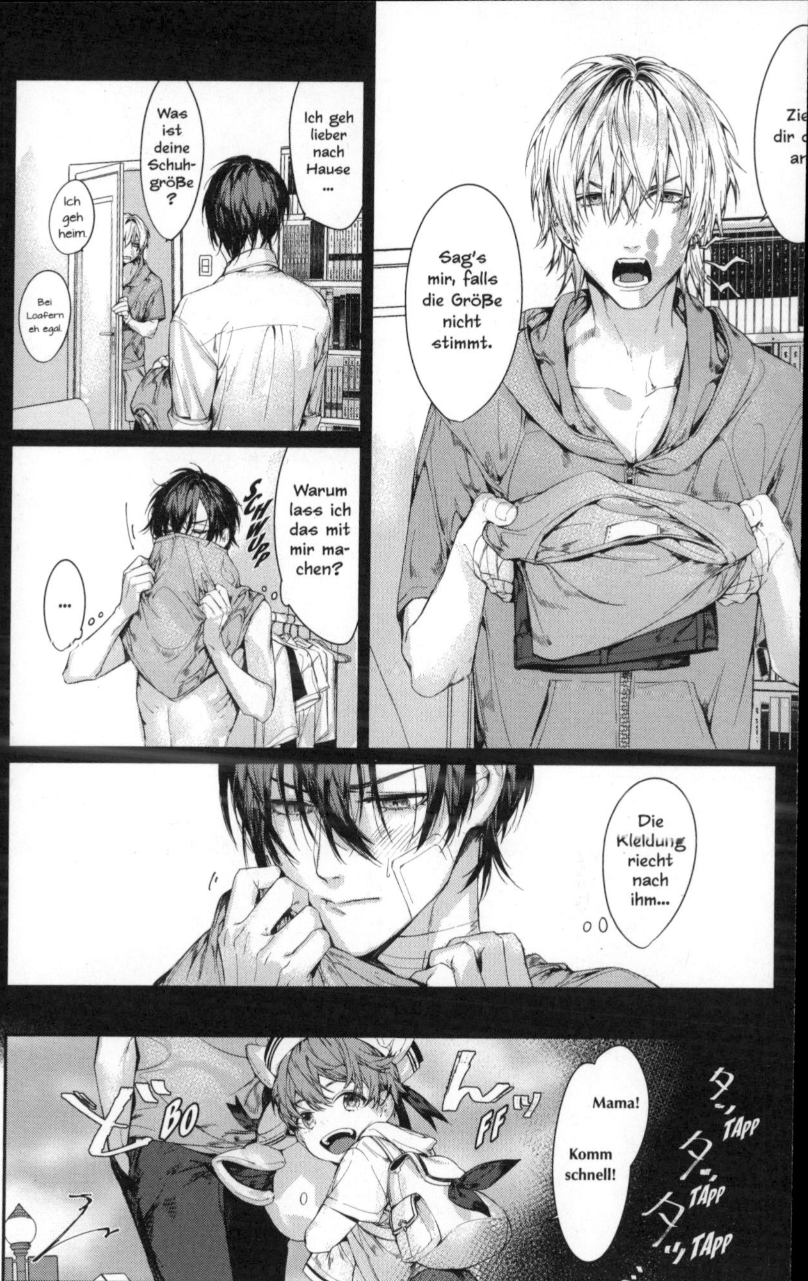
Sag's mir, falls die Größe nicht stimmt.
Ich geh lieber nach Hause ...
Was ist deine Schuhgröße?
Ich geh heim.
Bei Loafern eh egal.
Warum lass ich das mit mir machen?
SCHWUPP
...
Die Kleidung riecht nach ihm...
TAPP
TAPP
TAPP
Mama!
Komm schnell!
FF
BO

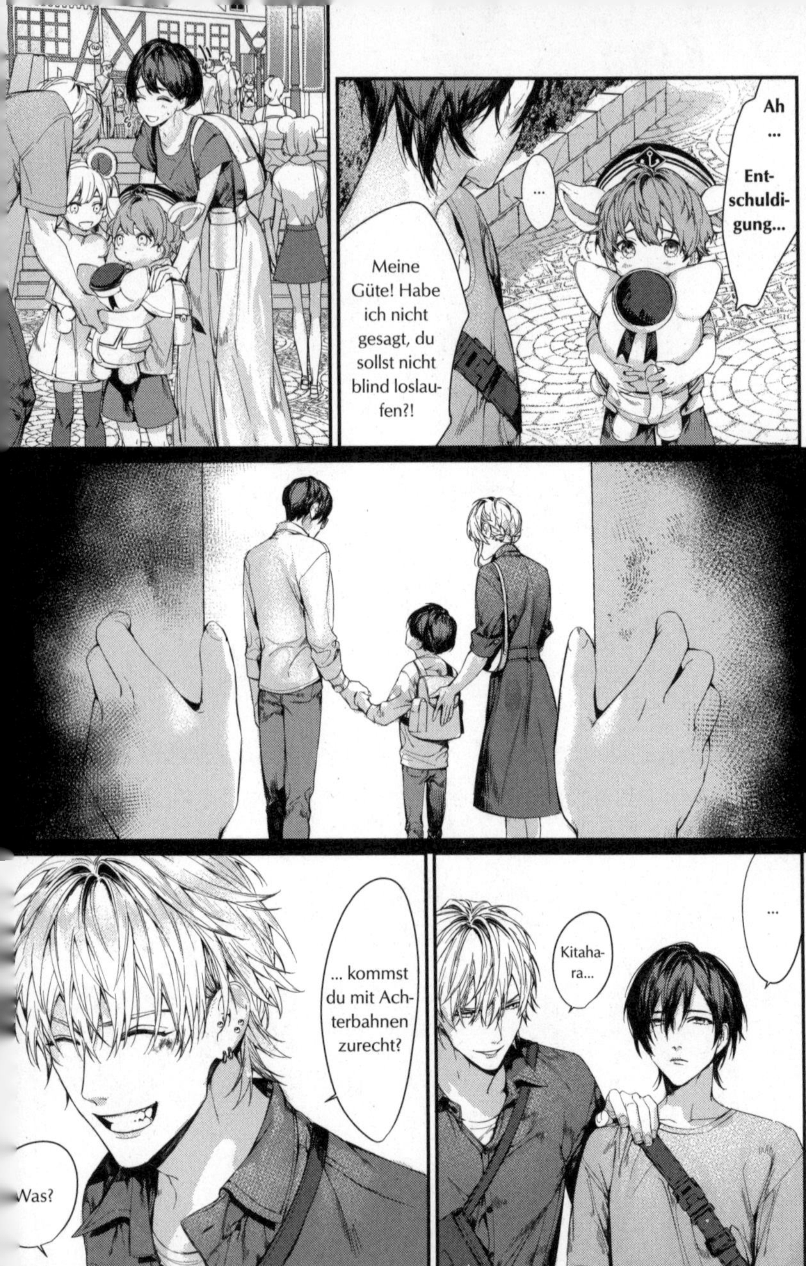
Ah ... Ent-schuldi-gung...
...
Meine Güte! Habe ich nicht gesagt, du sollst nicht blind loslau-fen?!
...
Kitaha-ra...
... kommst du mit Ach-terbahnen zurecht?
Was?

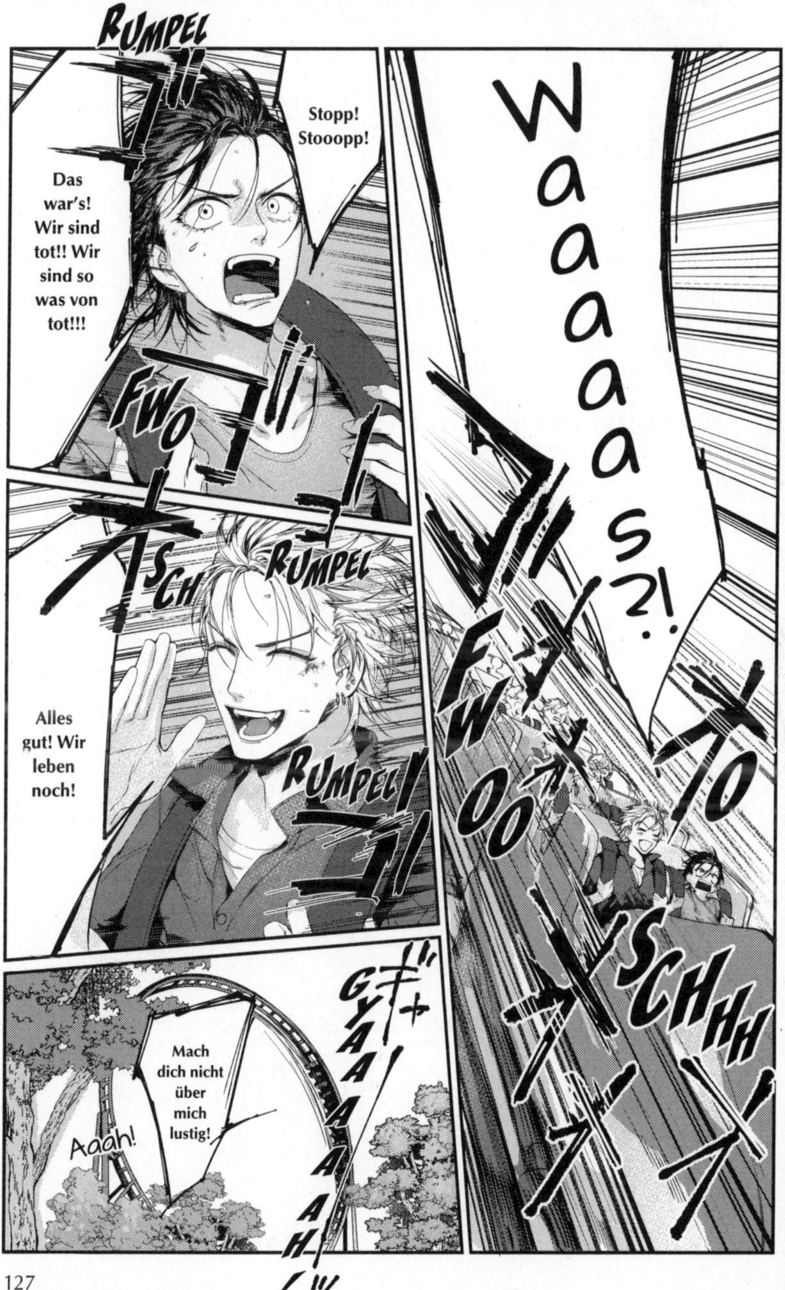
Waaaas?!
FWOOO
SCHHH
RUMPEL
Stopp! Stooopp!
Das war's! Wir sind tot!! Wir sind so was von tot!!!
FWO
SCH
RUMPEL
Alles gut! Wir leben noch!
RUMPEL
GYAAAAAAAAH!!
Mach dich nicht über mich lustig!
Aaah!

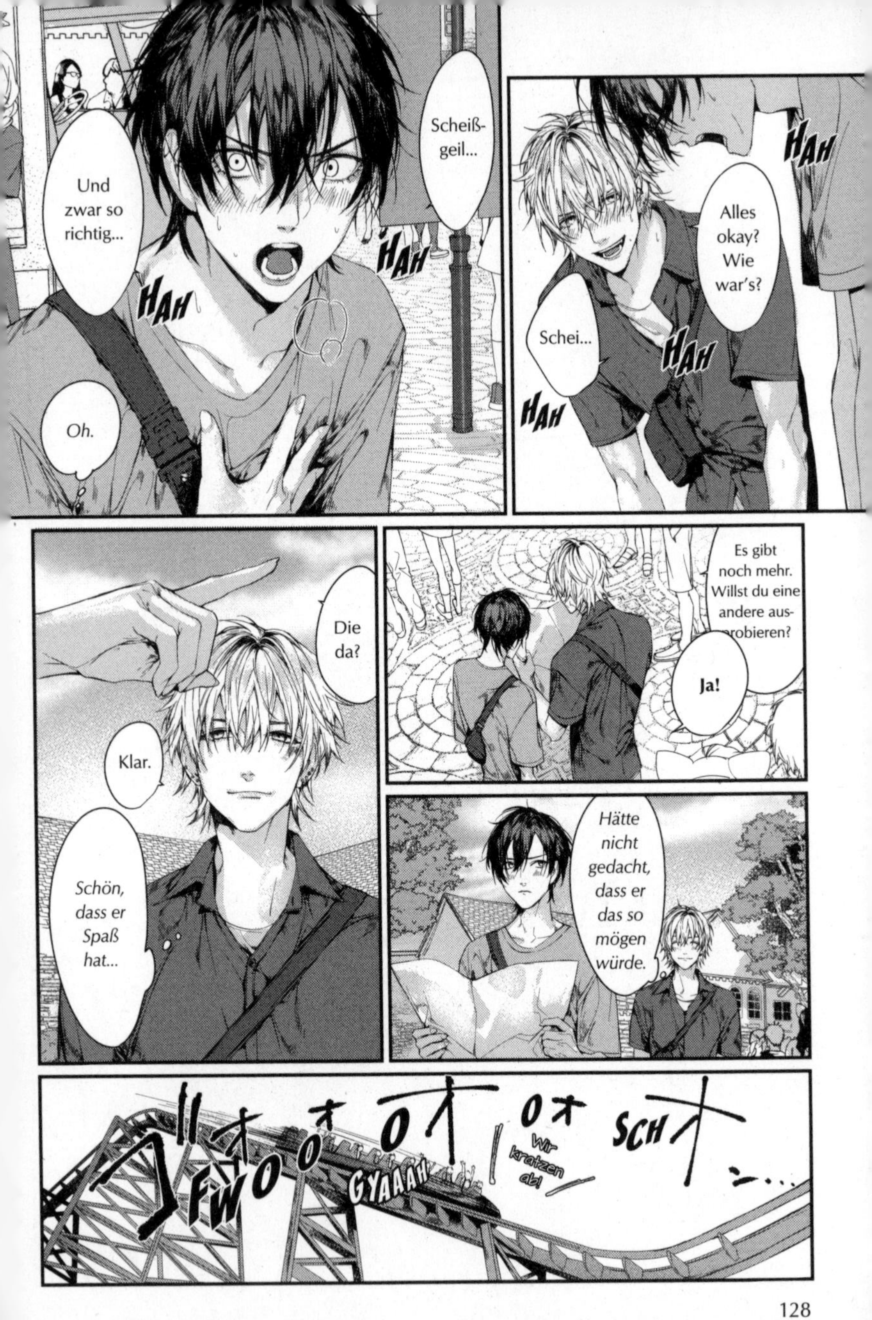
HAH
Alles okay? Wie war's?
Schei...
HAH
HAH
Scheiß-geil...
HAH
Und zwar so richtig...
HAH
Oh.
Es gibt noch mehr. Willst du eine andere aus-probieren?
Ja!
Die da?
Klar.
Schön, dass er Spaß hat...
Hätte nicht gedacht, dass er das so mögen würde.
SCH
FWOOOO
Wir kratzen ab!
GYAAAH

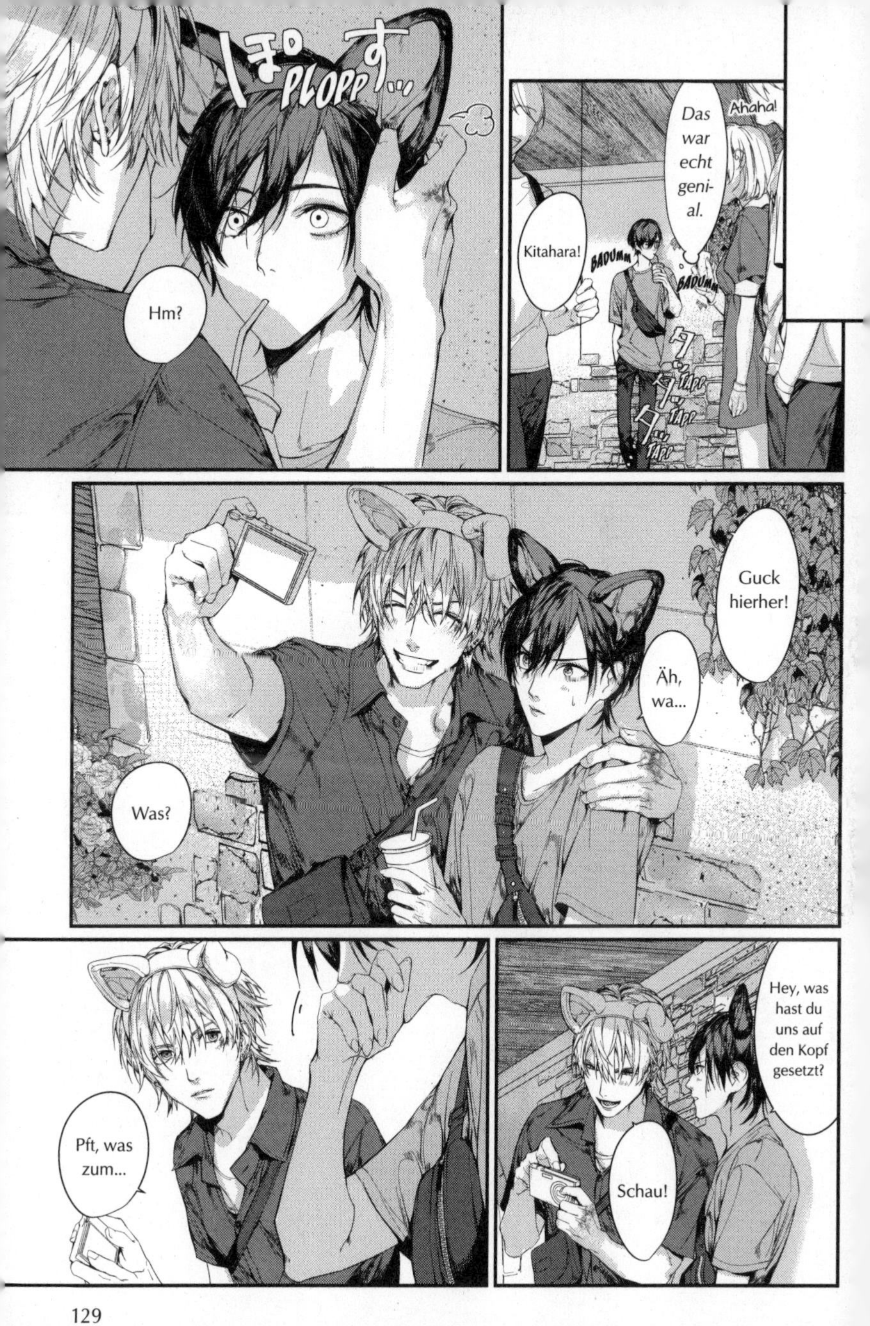
Ahaha!
Das war echt geni-al.
Kitahara!
BADUMM
BADUMM
TAPP
TAPP
TAPP
PLOPP
Hm?
Guck hierher!
Äh, wa...
Was?
Hey, was hast du uns auf den Kopf gesetzt?
Schau!
Pft, was zum...

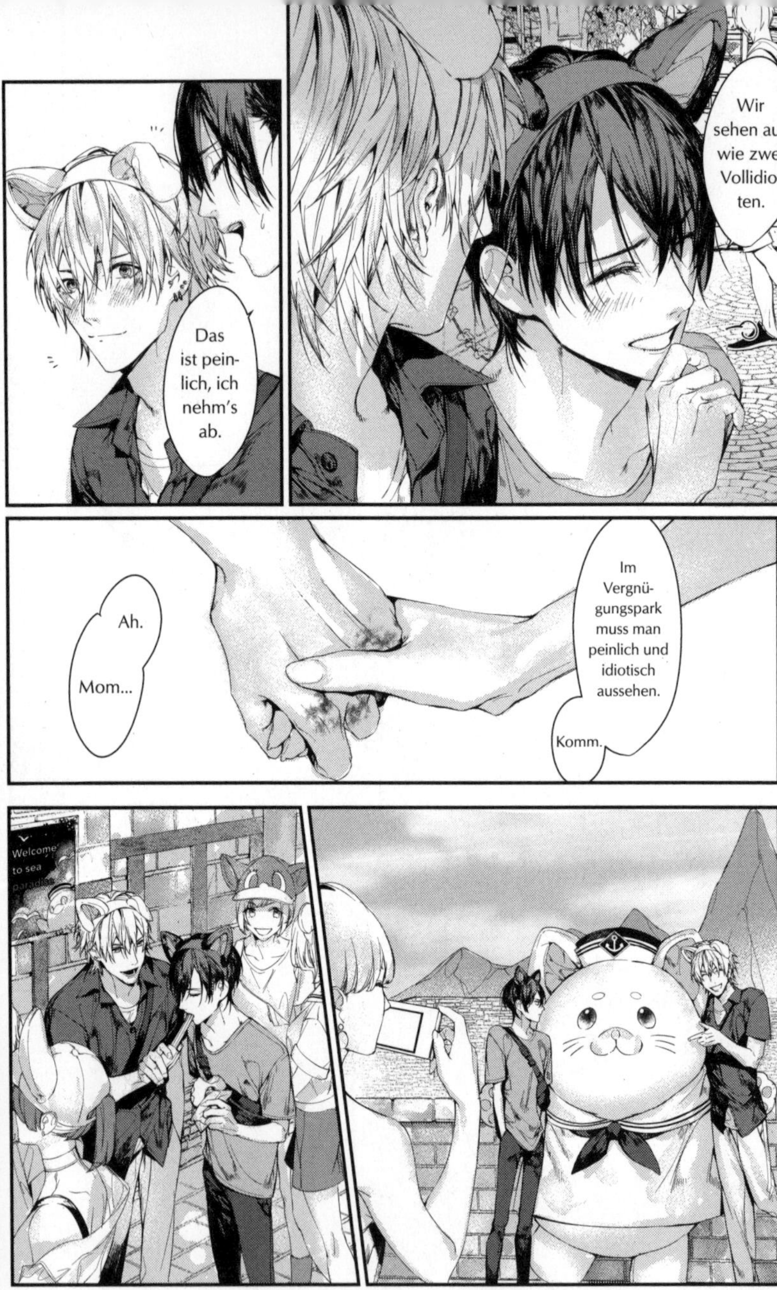
Wir sehen aus wie zwei Vollidioten.
Das ist peinlich, ich nehm's ab.
Im Vergnügungspark muss man peinlich und idiotisch aussehen.
Komm.
Ah.
Mom...
Welcome to sea

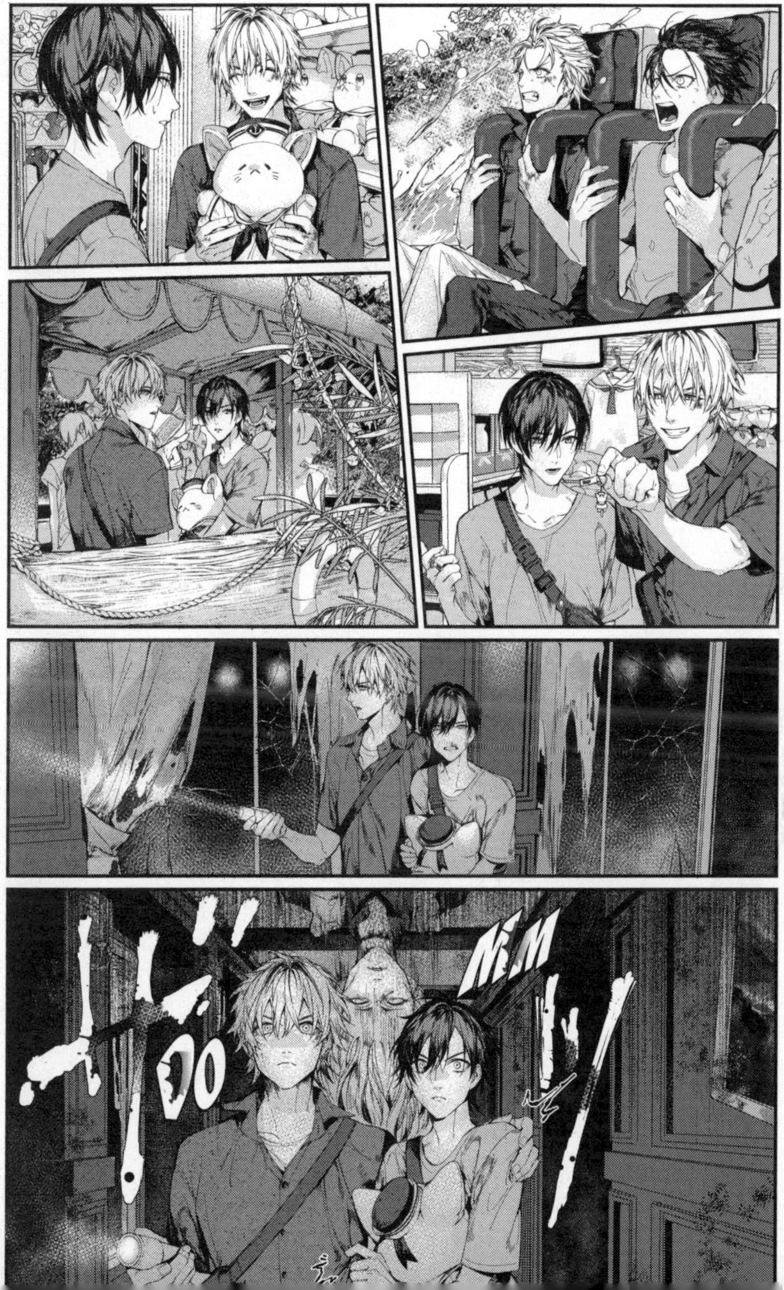

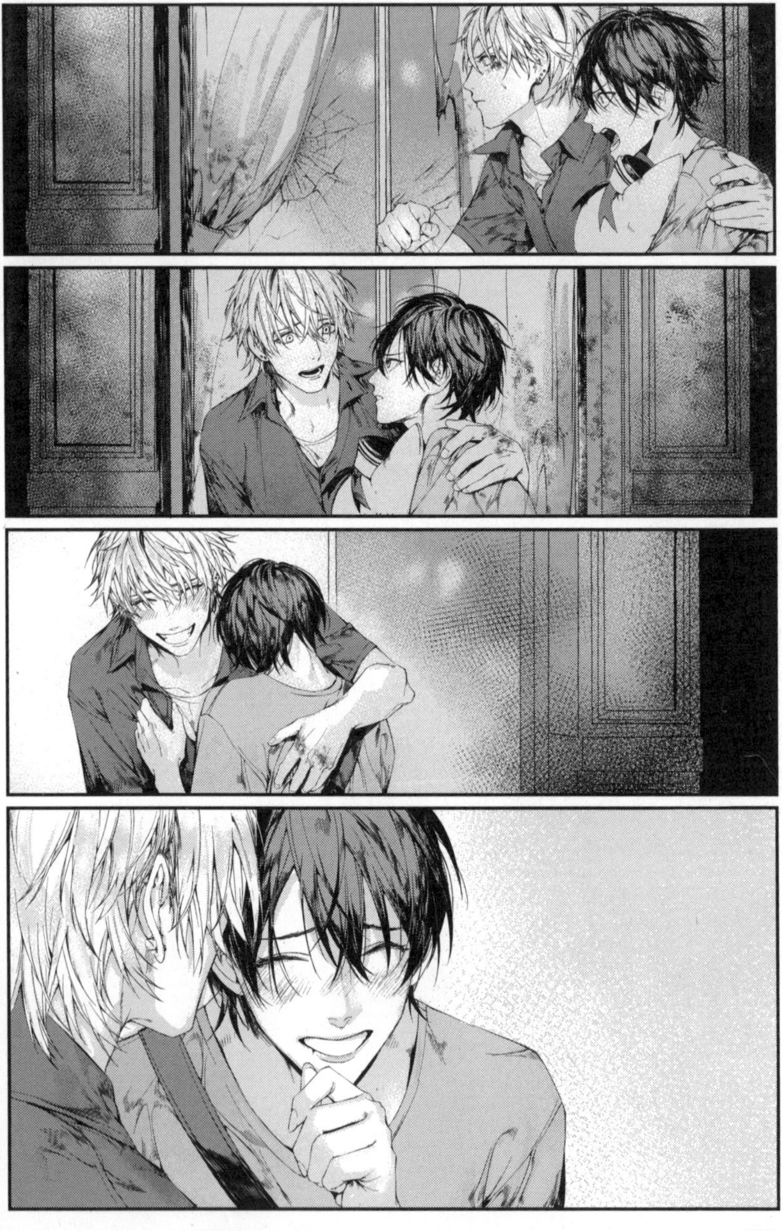

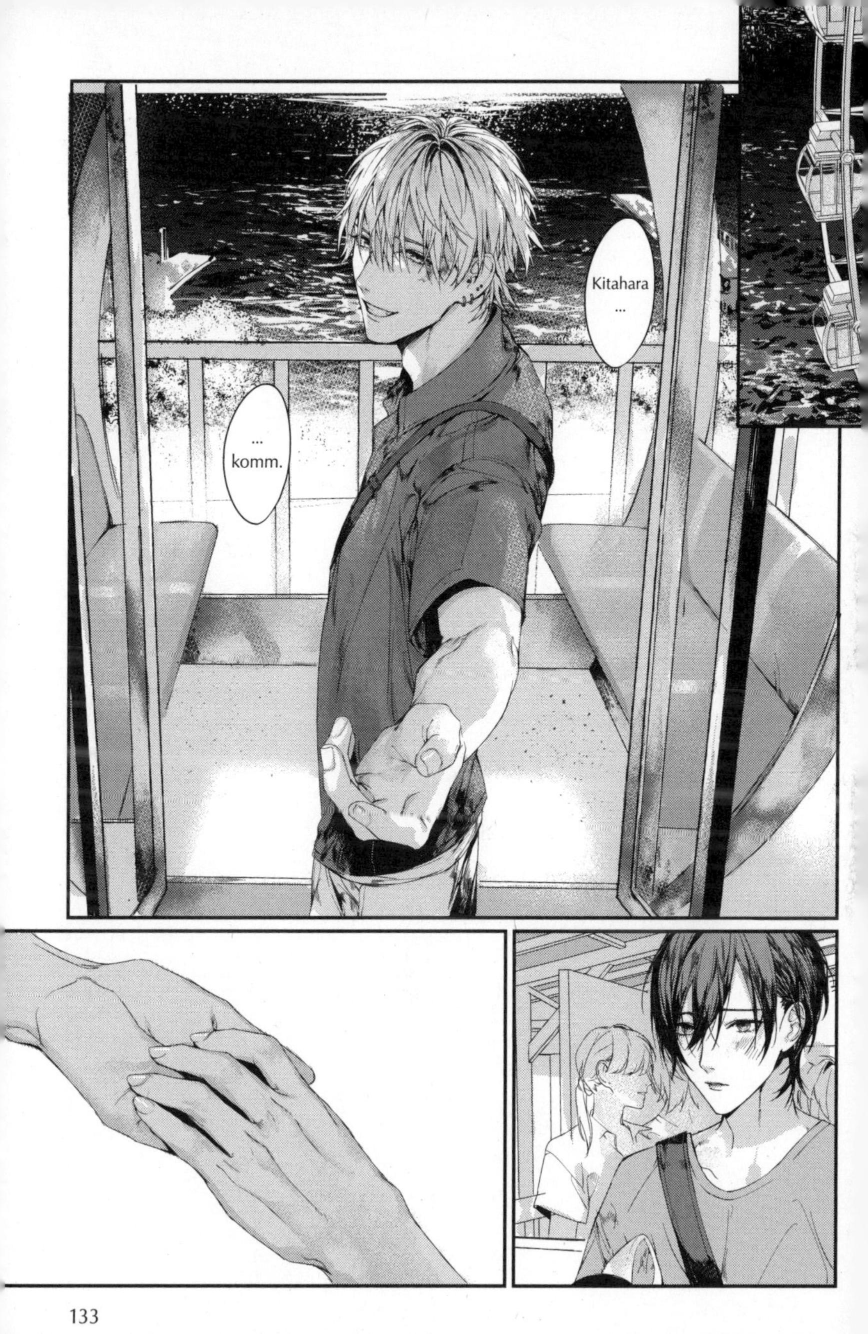
Kitahara …
… komm.

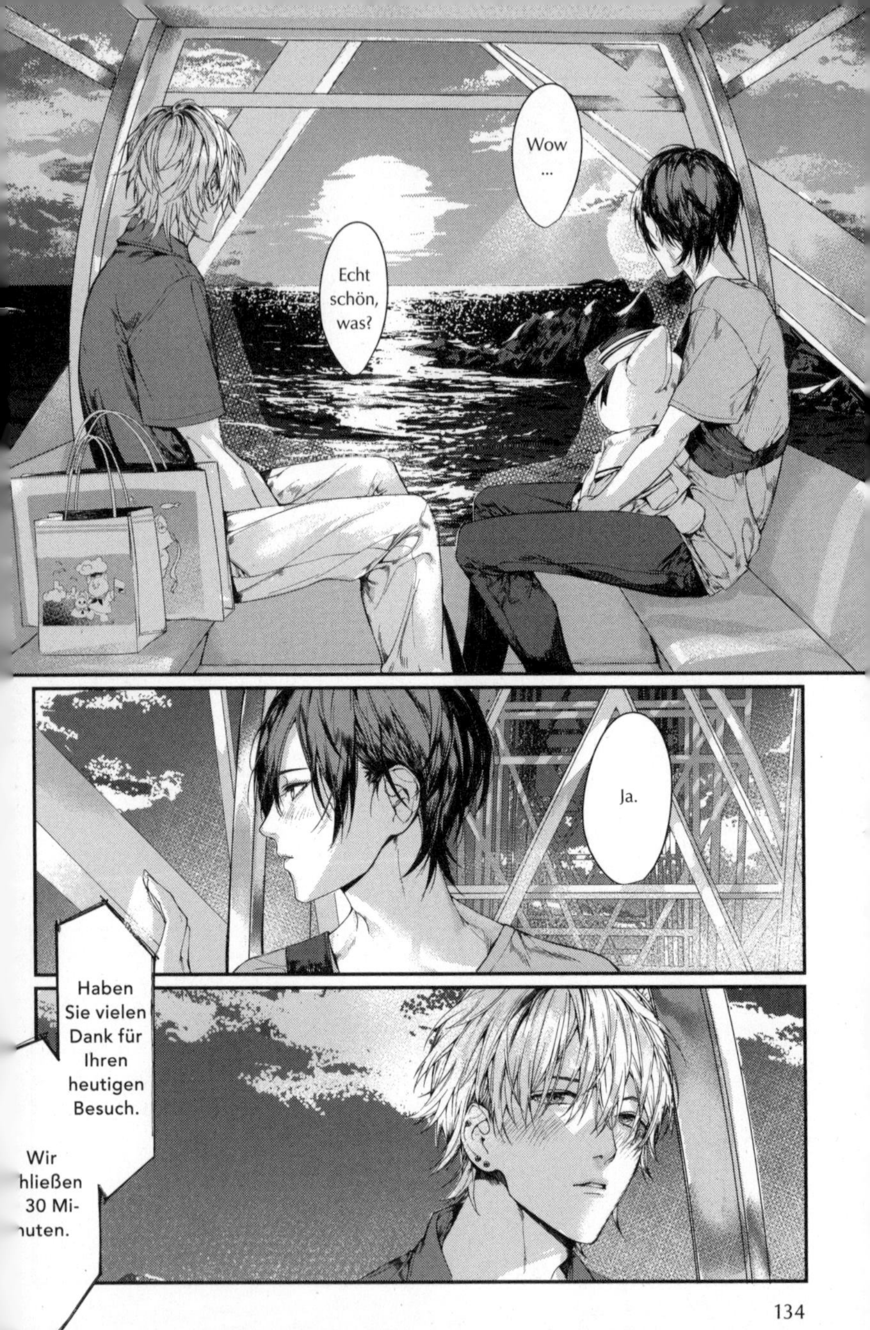
Wow ...
Echt schön, was?
Ja.
Haben Sie vielen Dank für Ihren heutigen Besuch.
Wir hließen 30 Minuten.

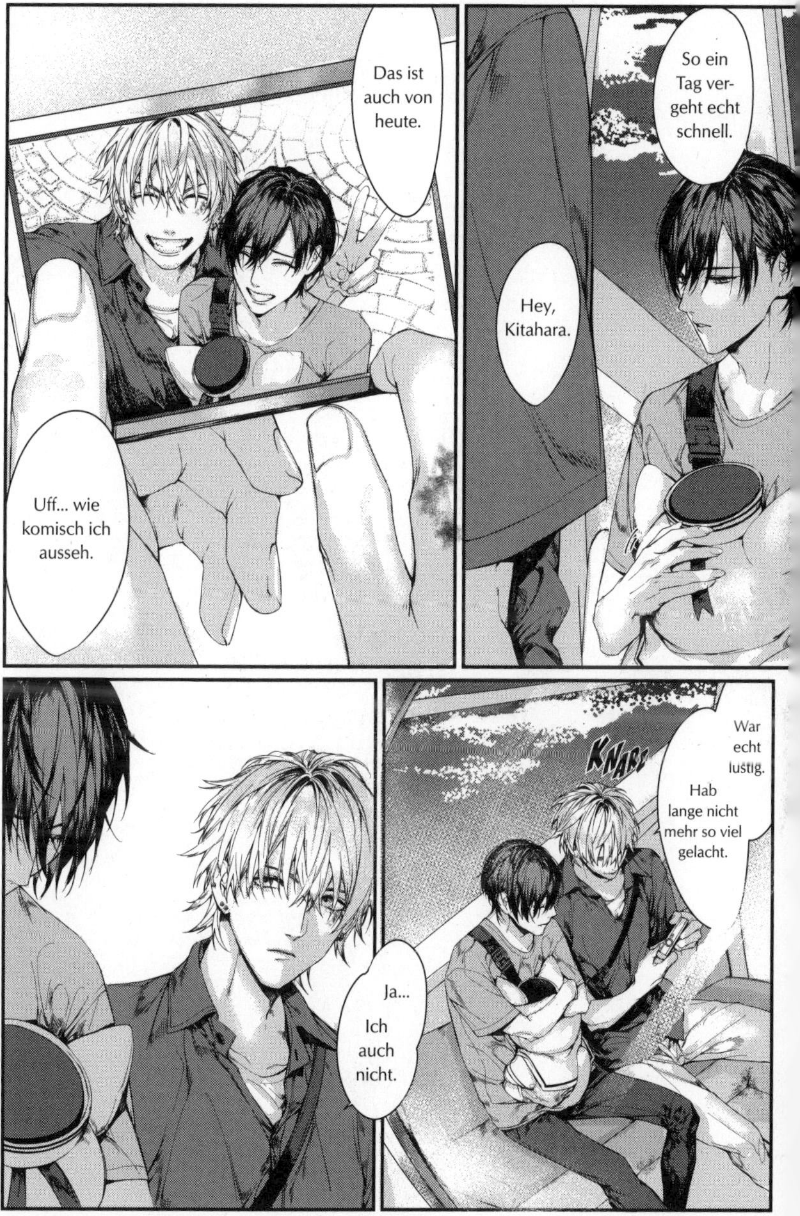
So ein Tag vergeht echt schnell.
Hey, Kitahara.
Das ist auch von heute.
Uff... wie komisch ich ausseh.
War echt lustig.
Hab lange nicht mehr so viel gelacht.
Ja...
Ich auch nicht.

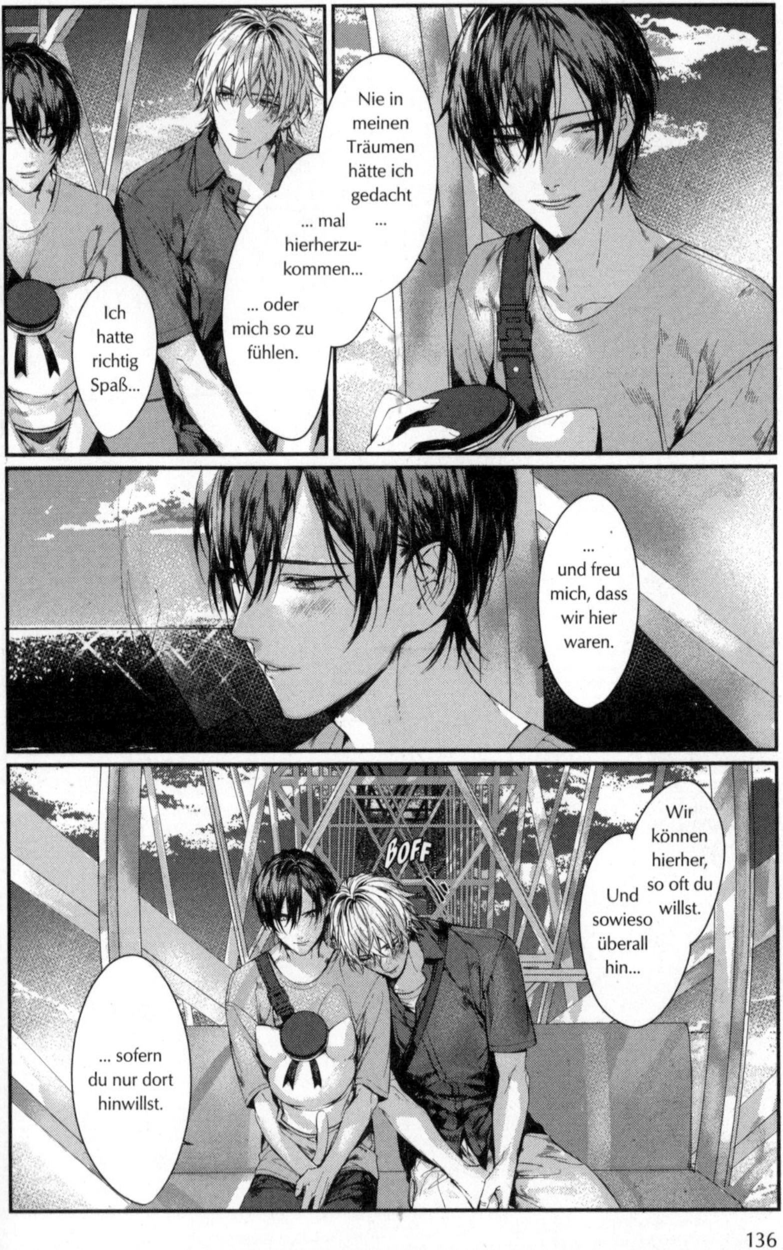
Nie in meinen Träumen hätte ich gedacht ... mal ... hierherzukommen...
... oder mich so zu fühlen.
Ich hatte richtig Spaß...
... und freu mich, dass wir hier waren.
BOFF
Wir können hierher, so oft du willst.
Und sowieso überall hin...
... sofern du nur dort hinwillst.

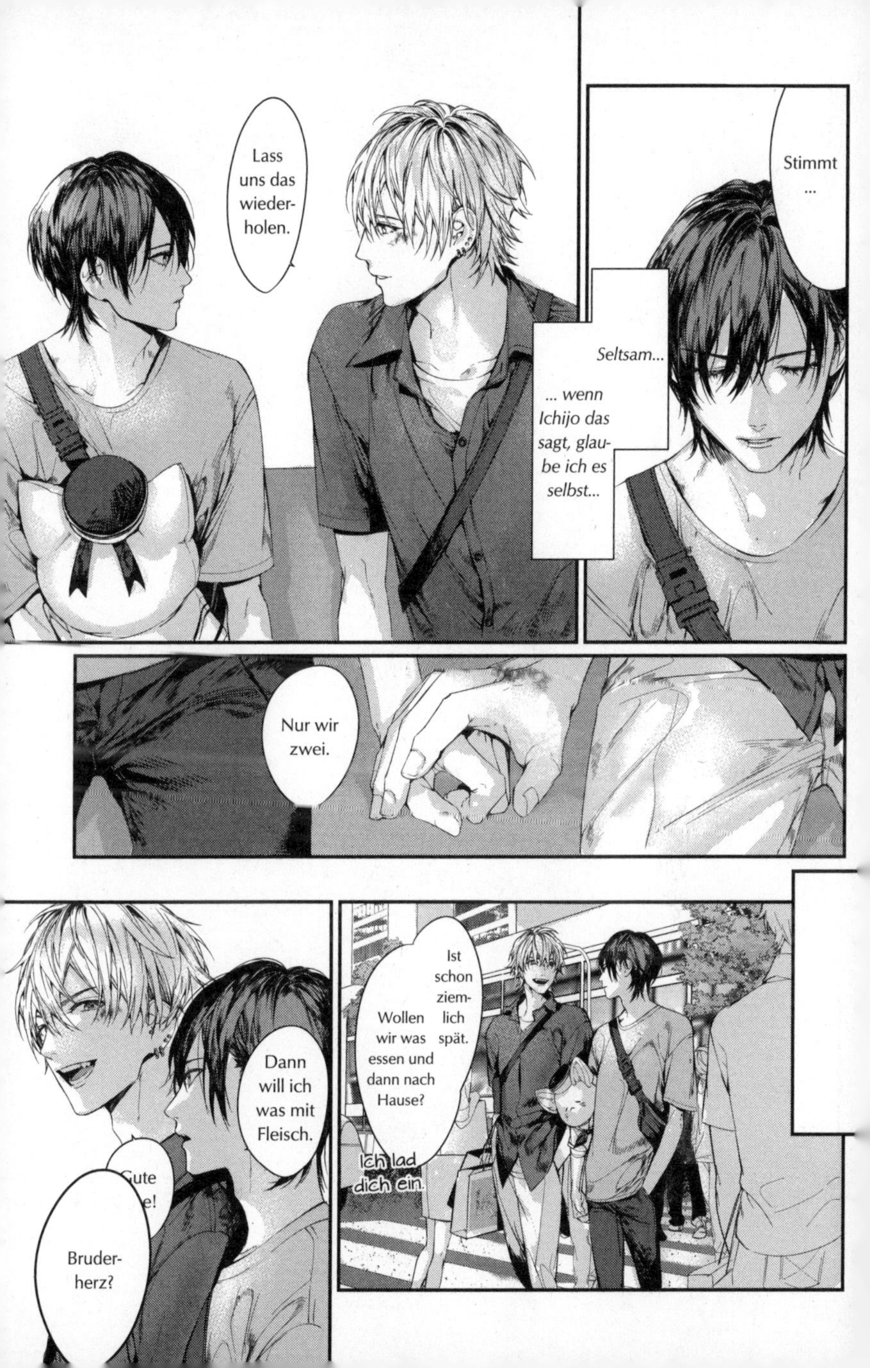
Lass uns das wiederholen.
Stimmt ...
Seltsam...
... wenn Ichijo das sagt, glaube ich es selbst...
Nur wir zwei.
Ist schon ziemlich spät.
Wollen wir was essen und dann nach Hause?
Ich lad dich ein.
Dann will ich was mit Fleisch.
Gute
e!
Bruderherz?

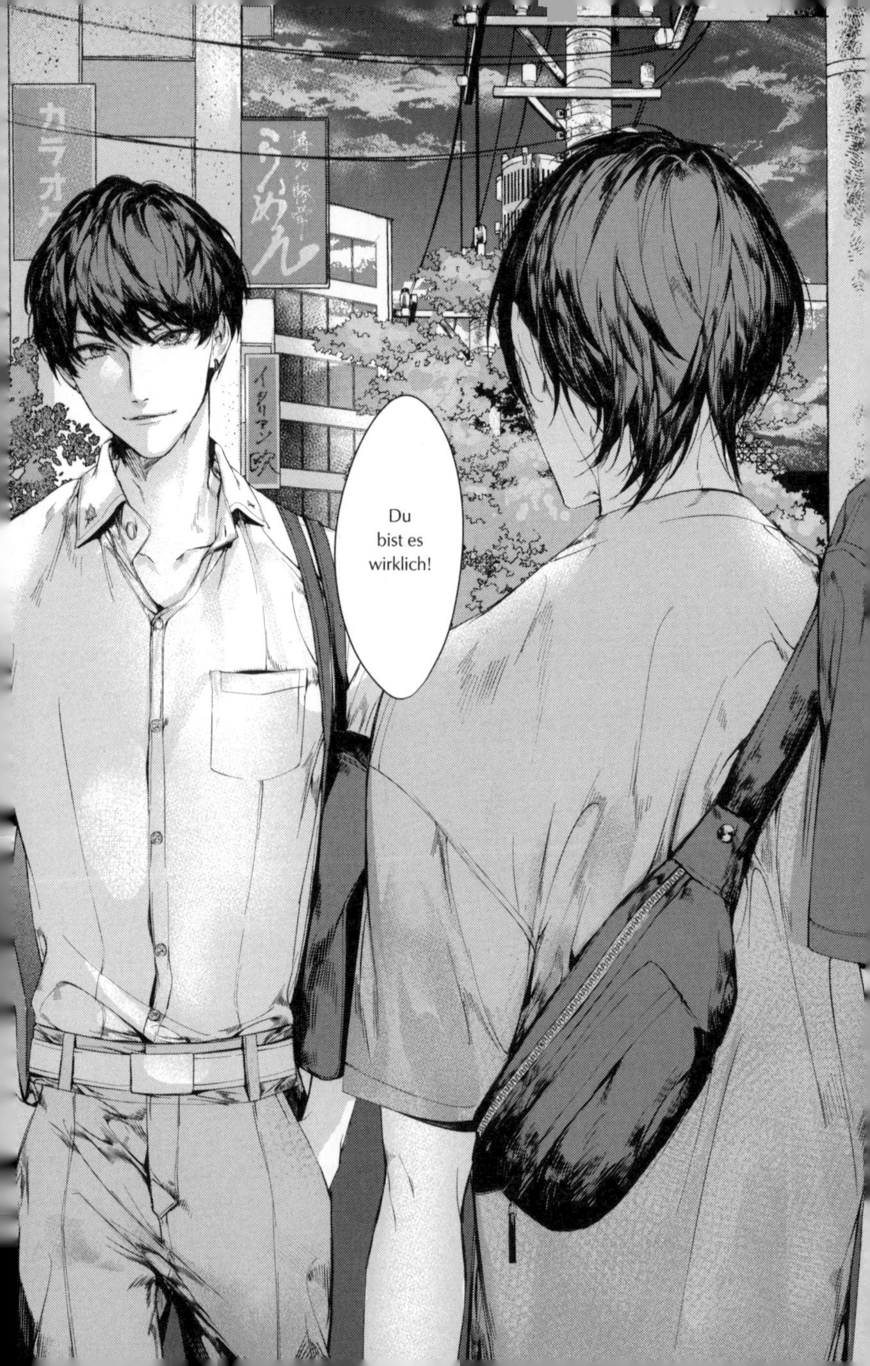
Du bist es wirklich!

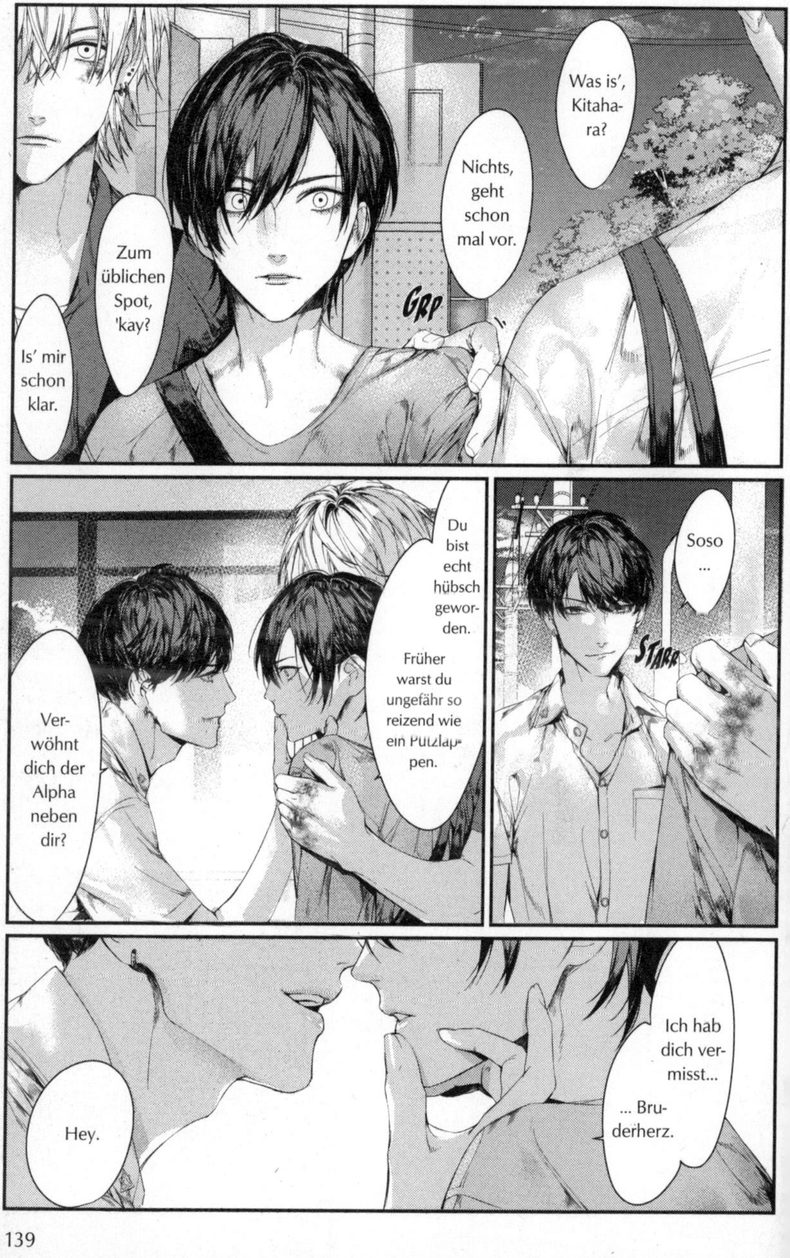
Was is', Kitahara?
Nichts, geht schon mal vor.
GRP
Zum üblichen Spot, 'kay?
Is' mir schon klar.
Soso ...
STARR
Du bist echt hübsch geworden.
Früher warst du ungefähr so reizend wie ein Putzlappen.
Verwöhnt dich der Alpha neben dir?
Ich hab dich vermisst...
... Bruderherz.
Hey.

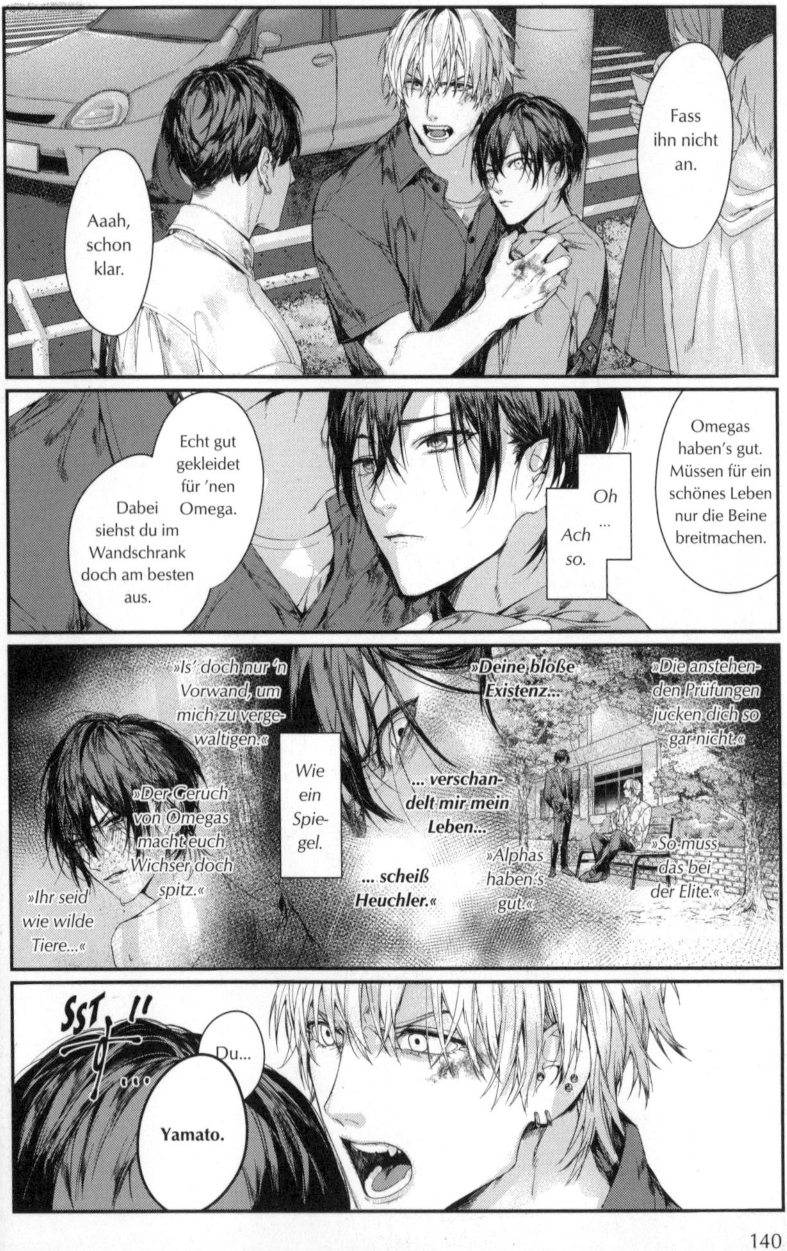

Fass ihn nicht an.
Aaah, schon klar.
Omegas haben's gut. Müssen für ein schönes Leben nur die Beine breitmachen.
Oh ... Ach so.
Echt gut gekleidet für 'nen Omega.
Dabei siehst du im Wandschrank doch am besten aus.
»Die anstehenden Prüfungen jucken dich so gar nicht.«
»So muss das bei der Elite.«
»Deine bloße Existenz...
... verschandelt mir mein Leben...
»Alphas haben's gut.«
... scheiß Heuchler.«
Wie ein Spiegel.
»Is' doch nur 'n Vorwand, um mich zu vergewaltigen.«
»Der Geruch von Omegas macht euch Wichser doch spitz.«
»Ihr seid wie wilde Tiere...«
SST!!
Du...
Yamato.

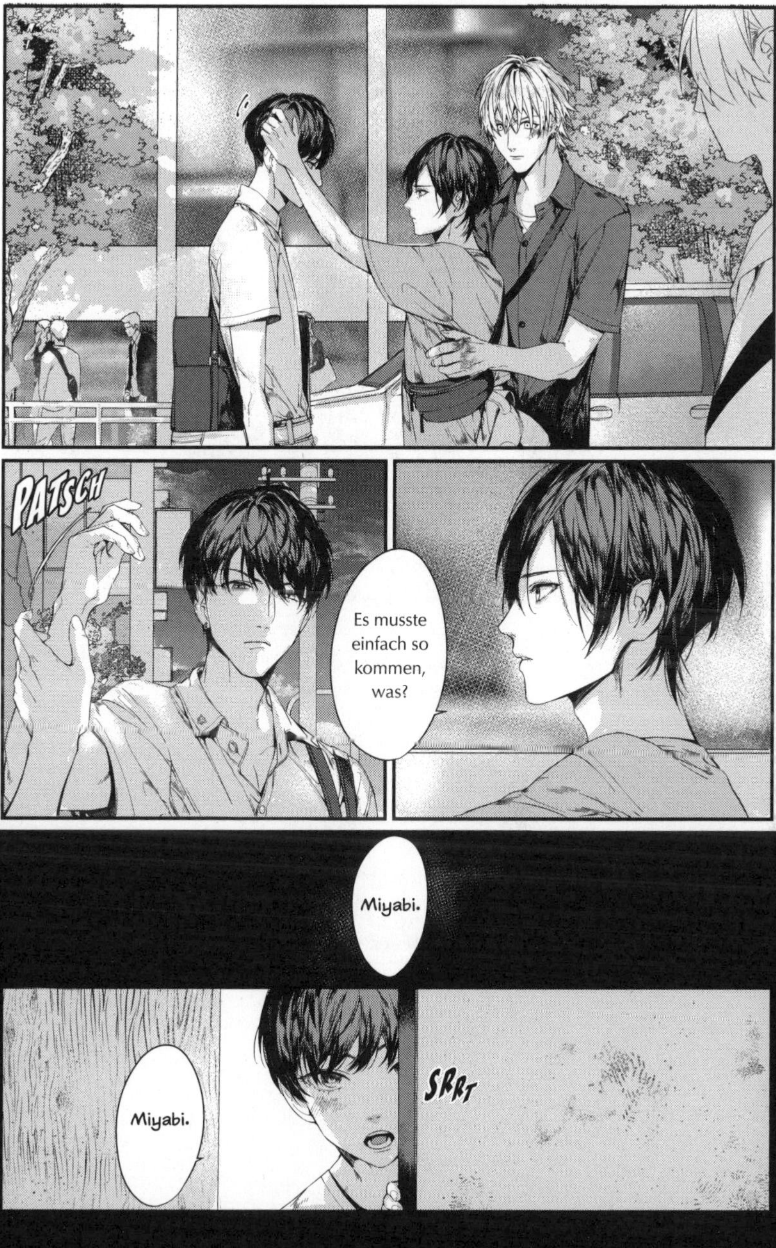
PATSCH
Es musste einfach so kommen, was?
Miyabi.
SRRT
Miyabi.

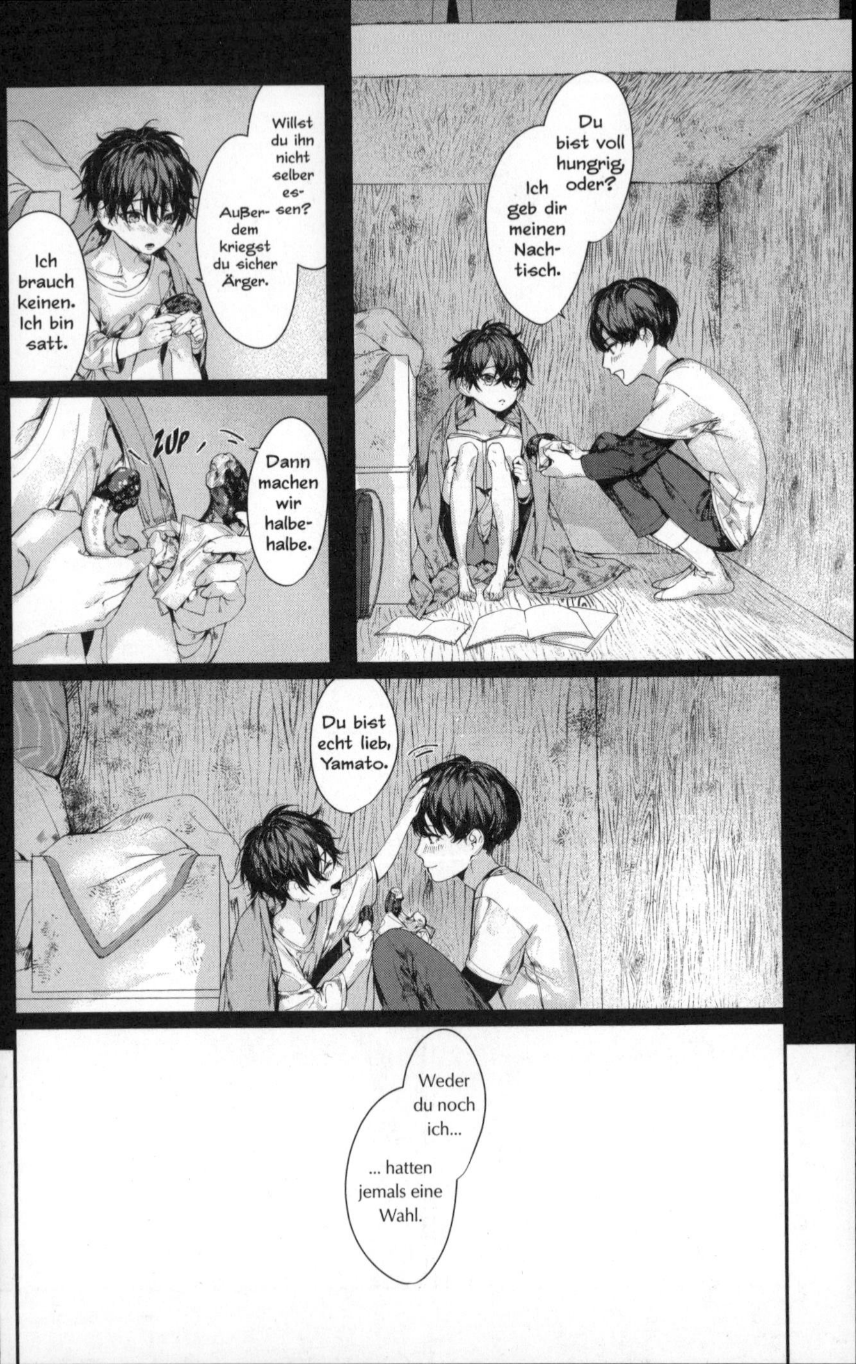
Du bist voll hungrig, oder?
Ich geb dir meinen Nachtisch.
Willst du ihn nicht selber es-sen? Außer-dem kriegst du sicher Ärger.
Ich brauch keinen. Ich bin satt.
ZUP
Dann machen wir halbe-halbe.
Du bist echt lieb, Yamato.
Weder du noch ich...
... hatten jemals eine Wahl.

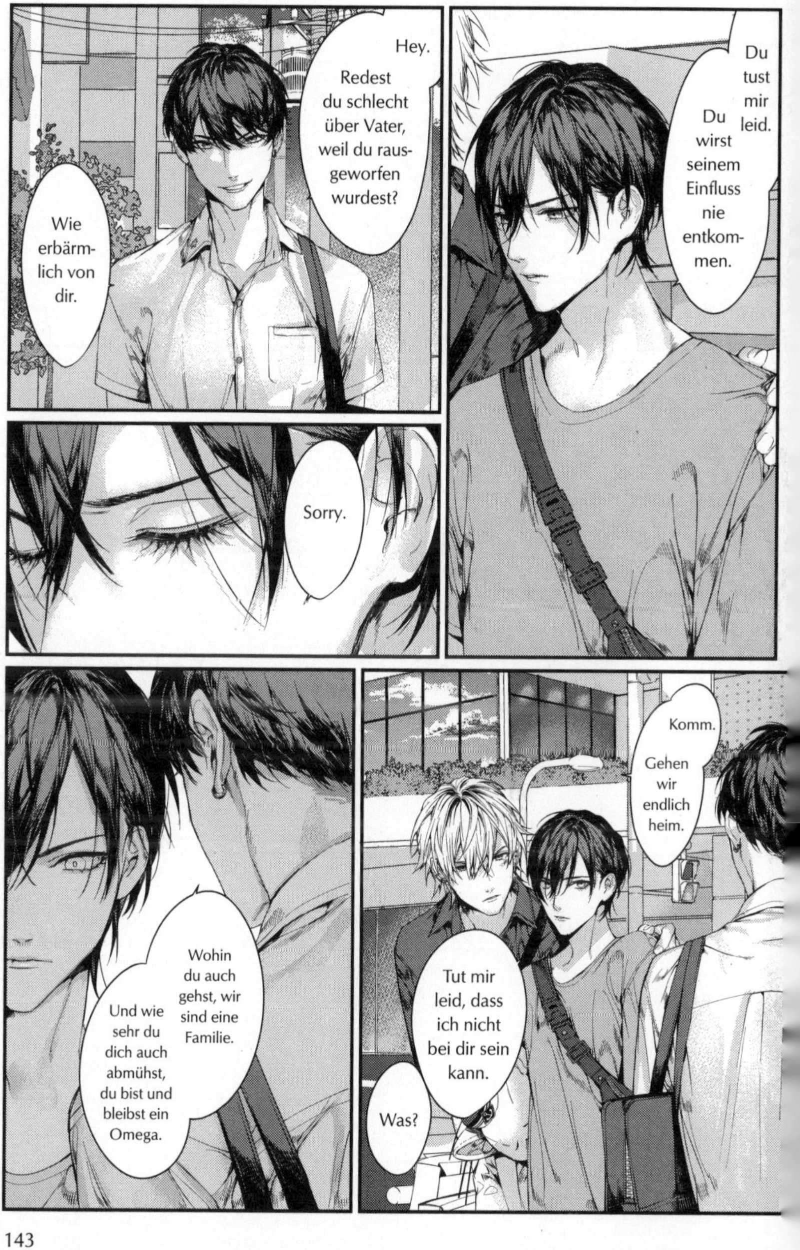

Du tust mir leid.
Du wirst seinem Einfluss nie entkommen.
Hey.
Redest du schlecht über Vater, weil du rausgeworfen wurdest?
Wie erbärmlich von dir.
Sorry.
Komm.
Gehen wir endlich heim.
Tut mir leid, dass ich nicht bei dir sein kann.
Was?
Wohin du auch gehst, wir sind eine Familie.
Und wie sehr du dich auch abmühst, du bist und bleibst ein Omega.

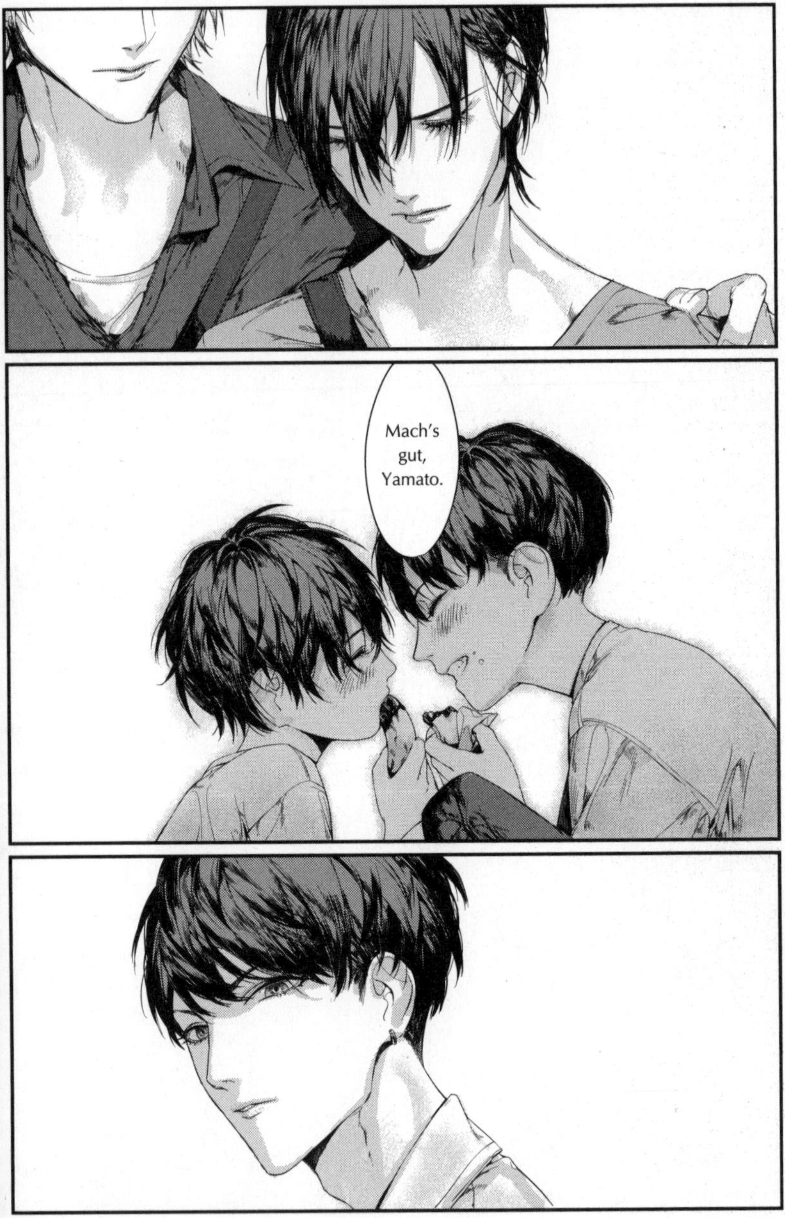
Mach's gut, Yamato.

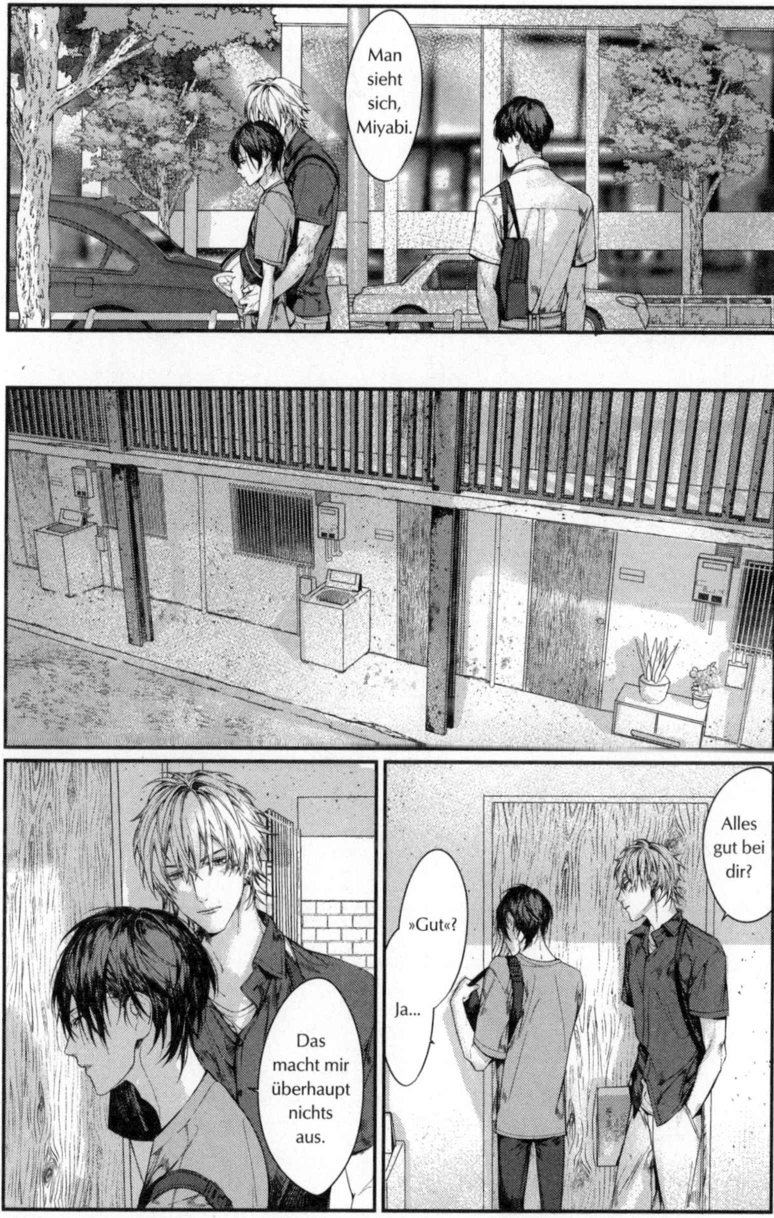
Man sieht sich, Miyabi.
Alles gut bei dir?
»Gut«? Ja...
Das macht mir überhaupt nichts aus.

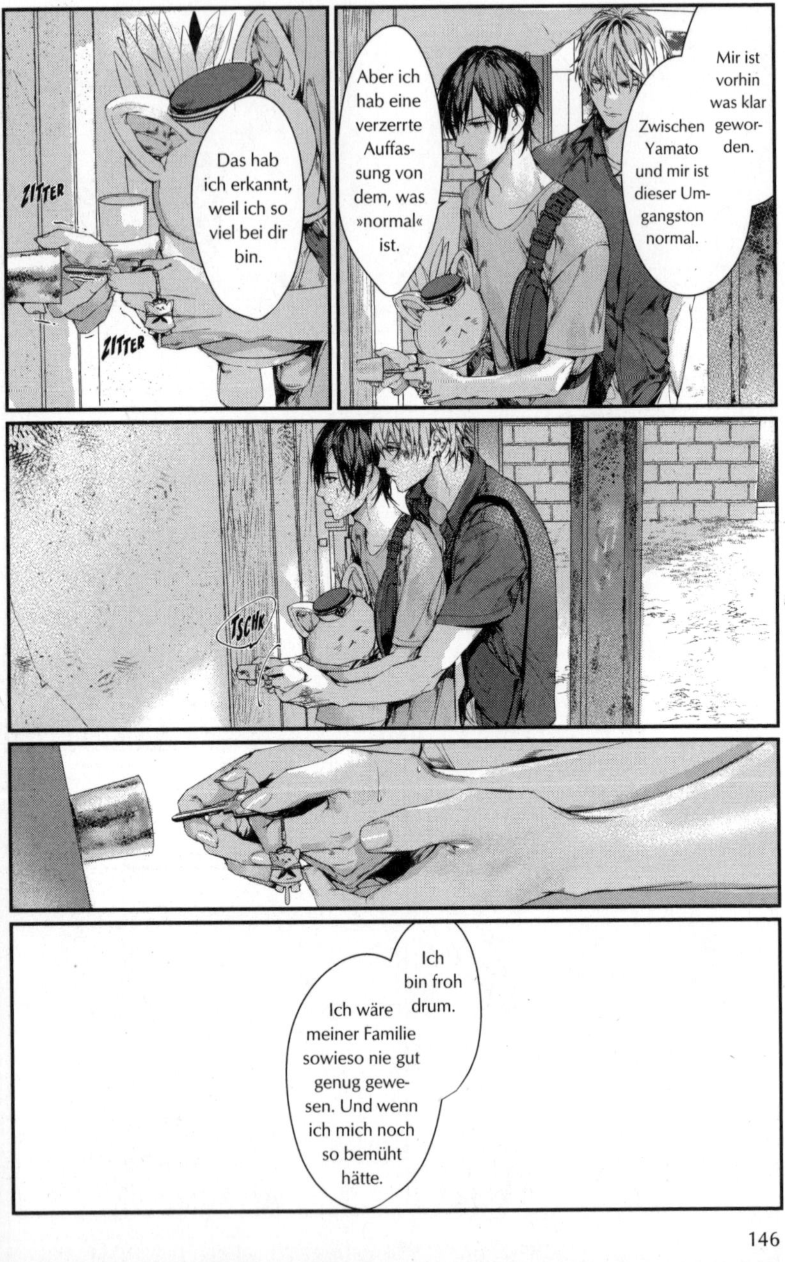
Mir ist vorhin was klar geworden.
Zwischen Yamato und mir ist dieser Umgangston normal.
Aber ich hab eine verzerrte Auffassung von dem, was »normal« ist.
Das hab ich erkannt, weil ich so viel bei dir bin.
ZITTER
ZITTER
TSCHK
Ich bin froh drum.
Ich wäre meiner Familie sowieso nie gut genug gewesen. Und wenn ich mich noch so bemüht hätte.

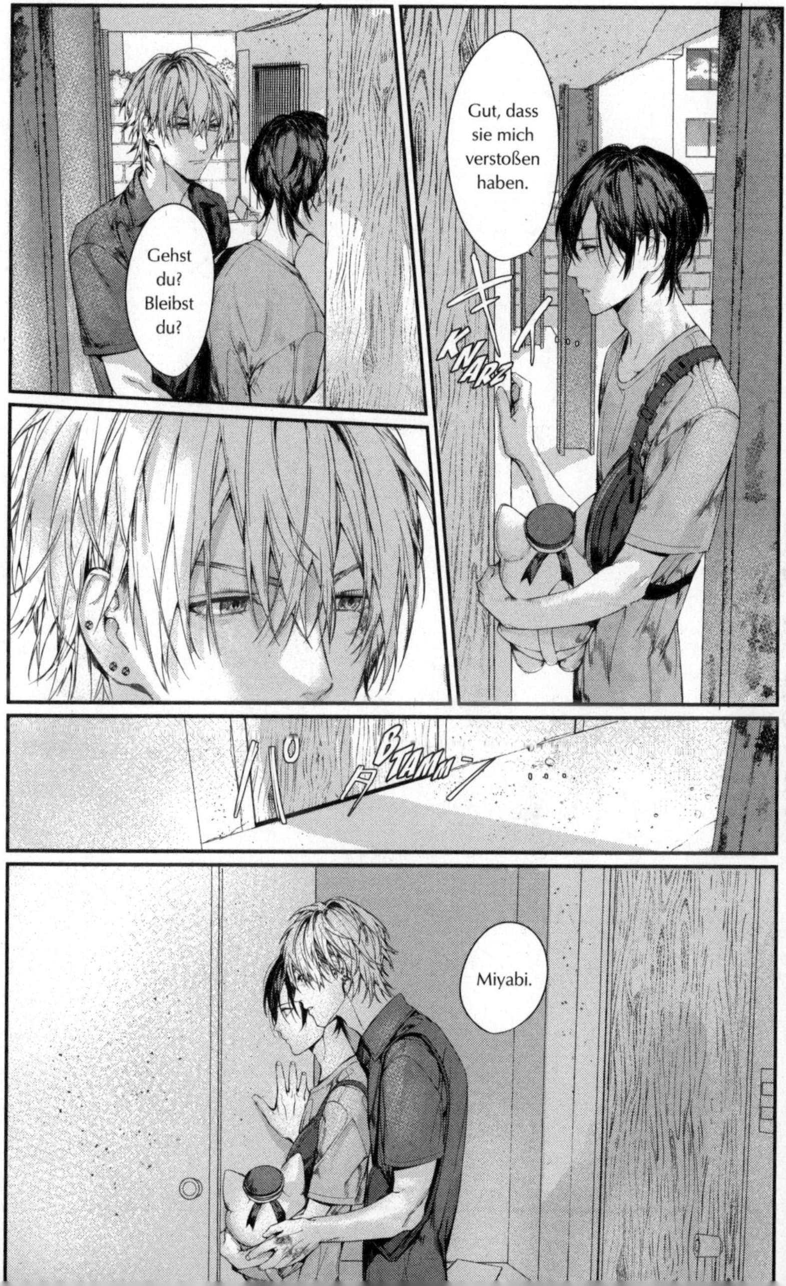
Gut, dass sie mich verstoßen haben.
KNARZ
Gehst du? Bleibst du?
BTAMM
Miyabi.

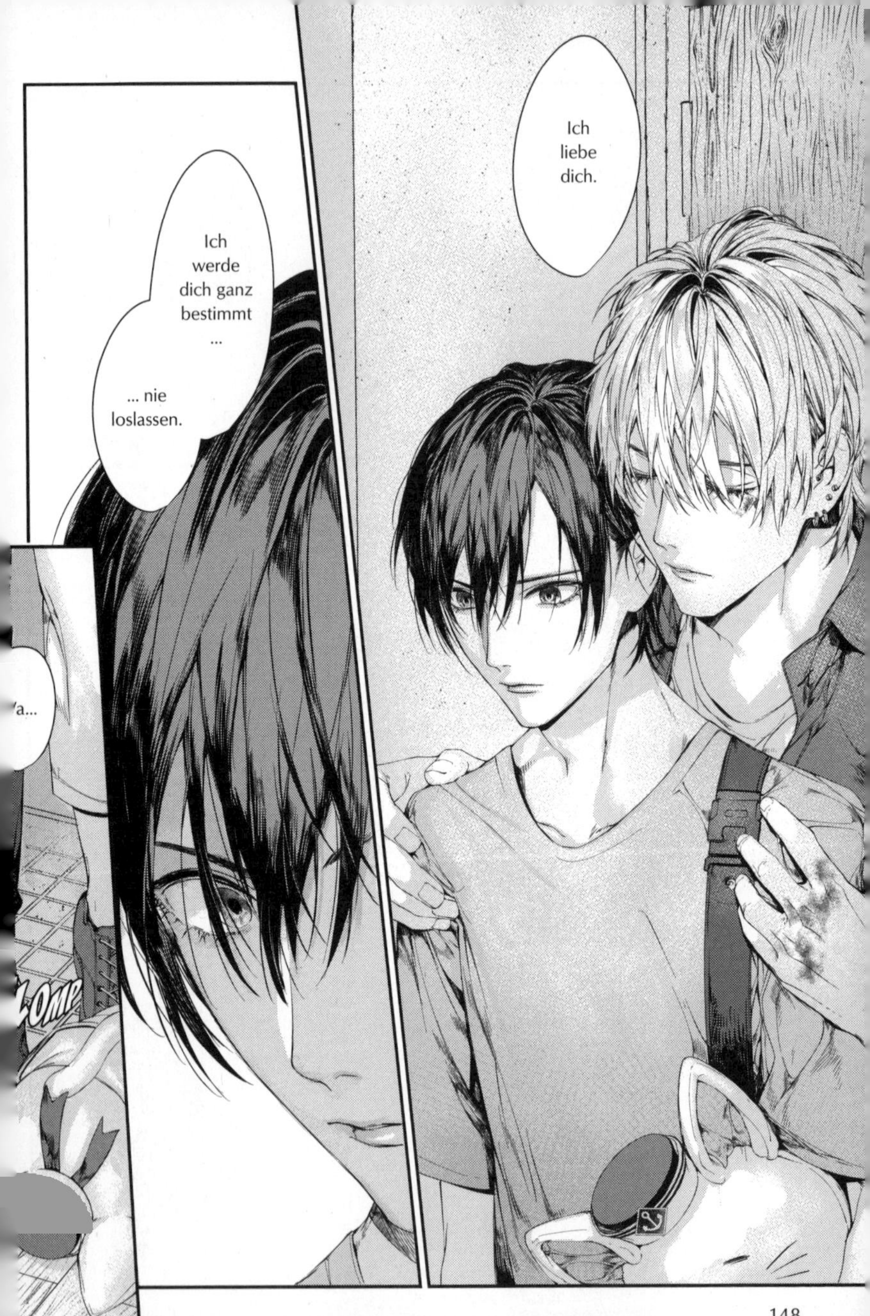
Ich liebe dich.
Ich werde dich ganz bestimmt ...
... nie loslassen.

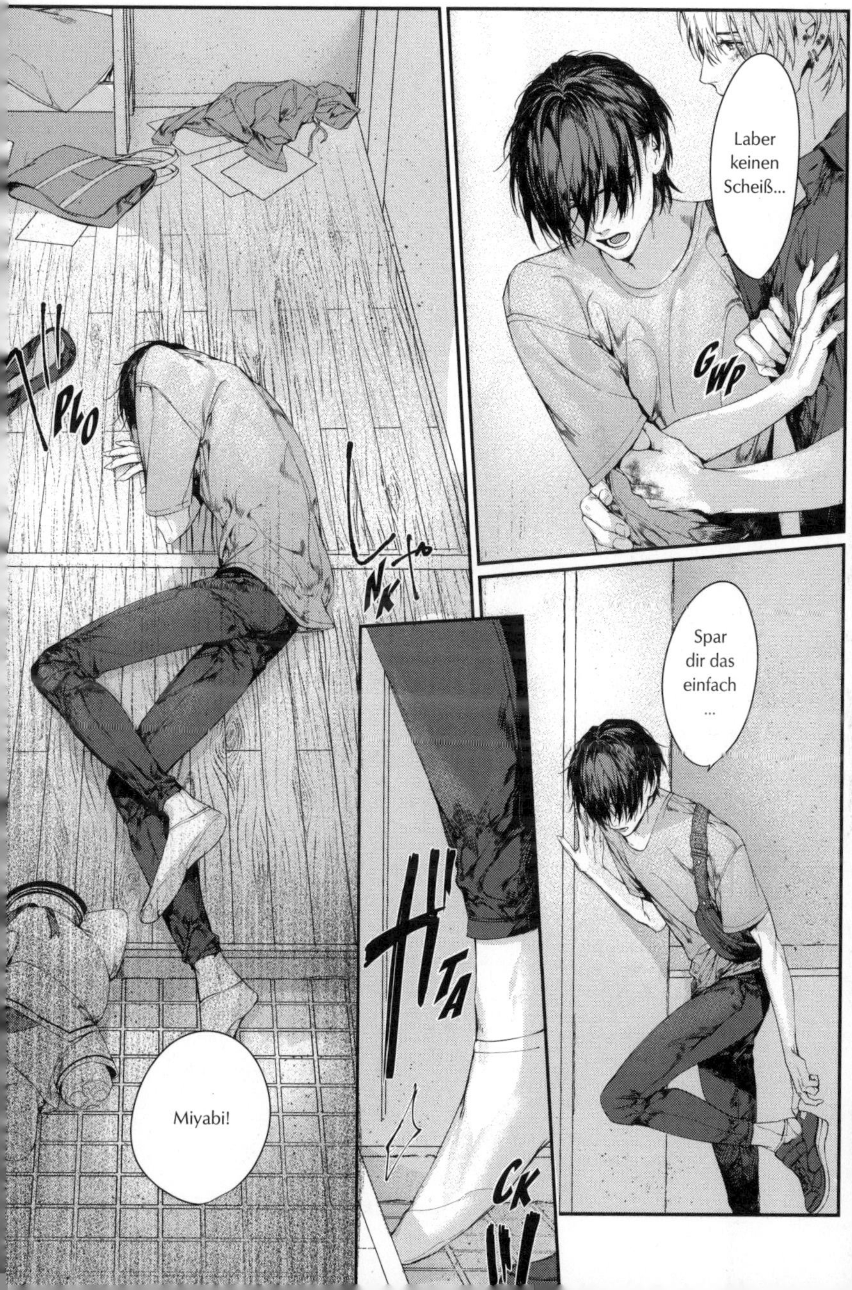

Laber keinen Scheiß...
GWP
Spar dir das einfach ...
HITA
CK
Miyabi!

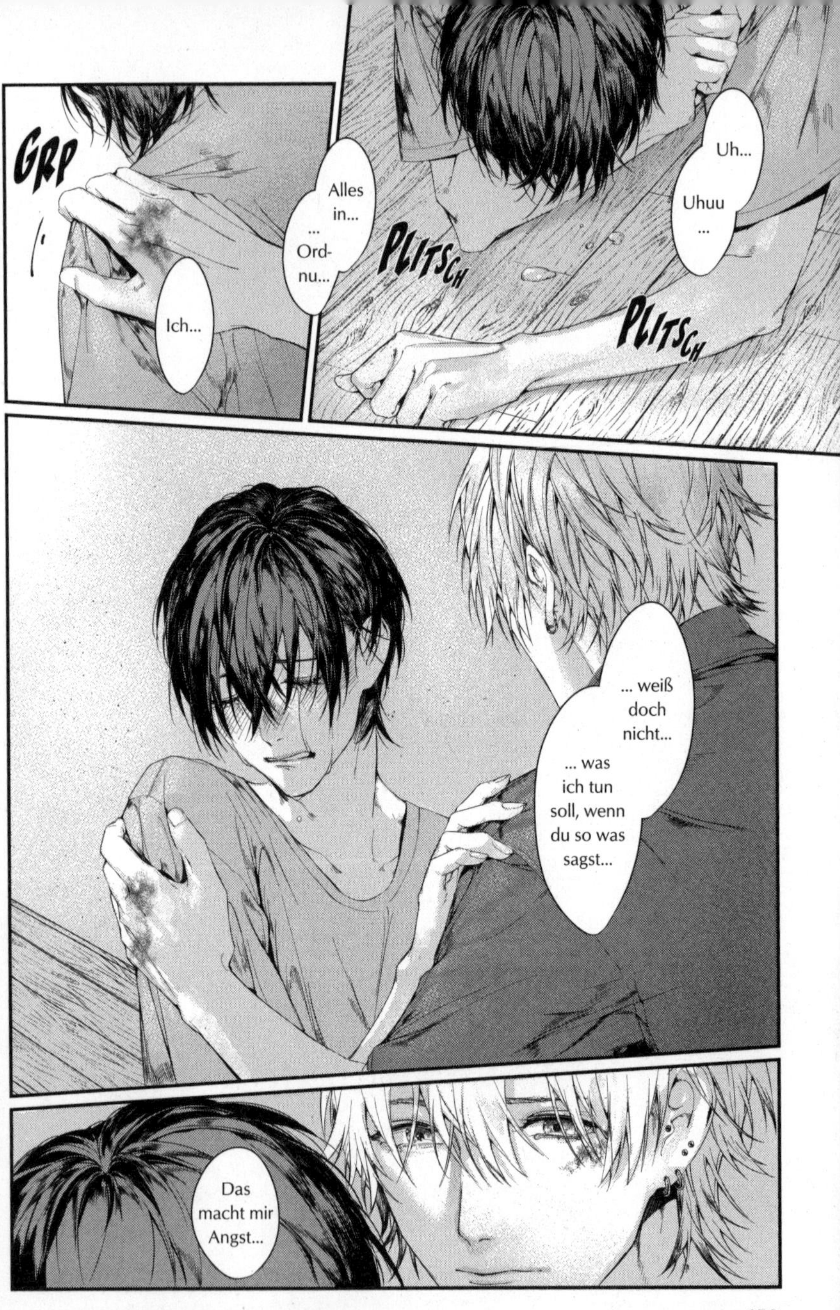
Uh...
Uhuu ...
PLITSCH
PLITSCH
Alles in... ... Ord- nu...
GRP
Ich...
... weiß doch nicht...
... was ich tun soll, wenn du so was sagst...
Das macht mir Angst...

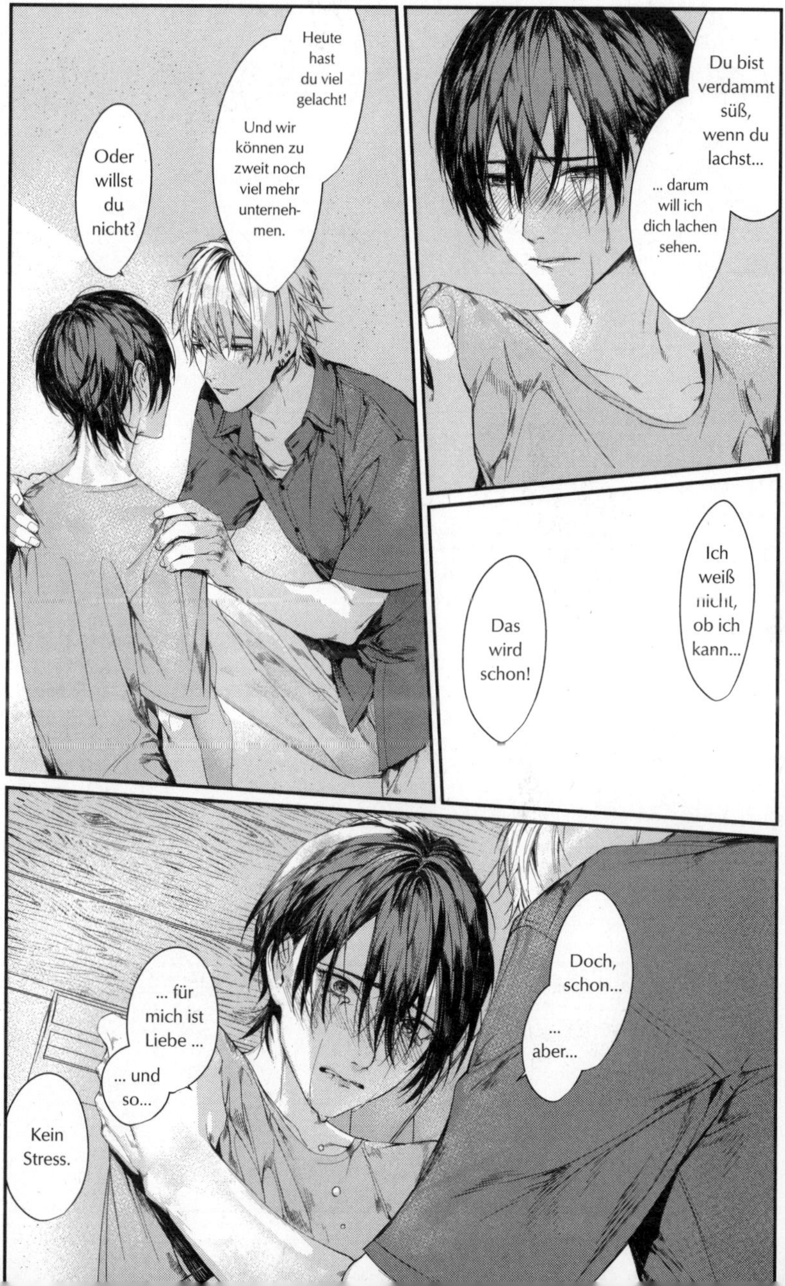

Du bist verdammt süß, wenn du lachst...
... darum will ich dich lachen sehen.
Heute hast du viel gelacht!
Und wir können zu zweit noch viel mehr unterneh-men.
Oder willst du nicht?
Ich weiß nicht, ob ich kann...
Das wird schon!
Doch, schon...
... aber...
... für mich ist Liebe ...
... und so...
Kein Stress.

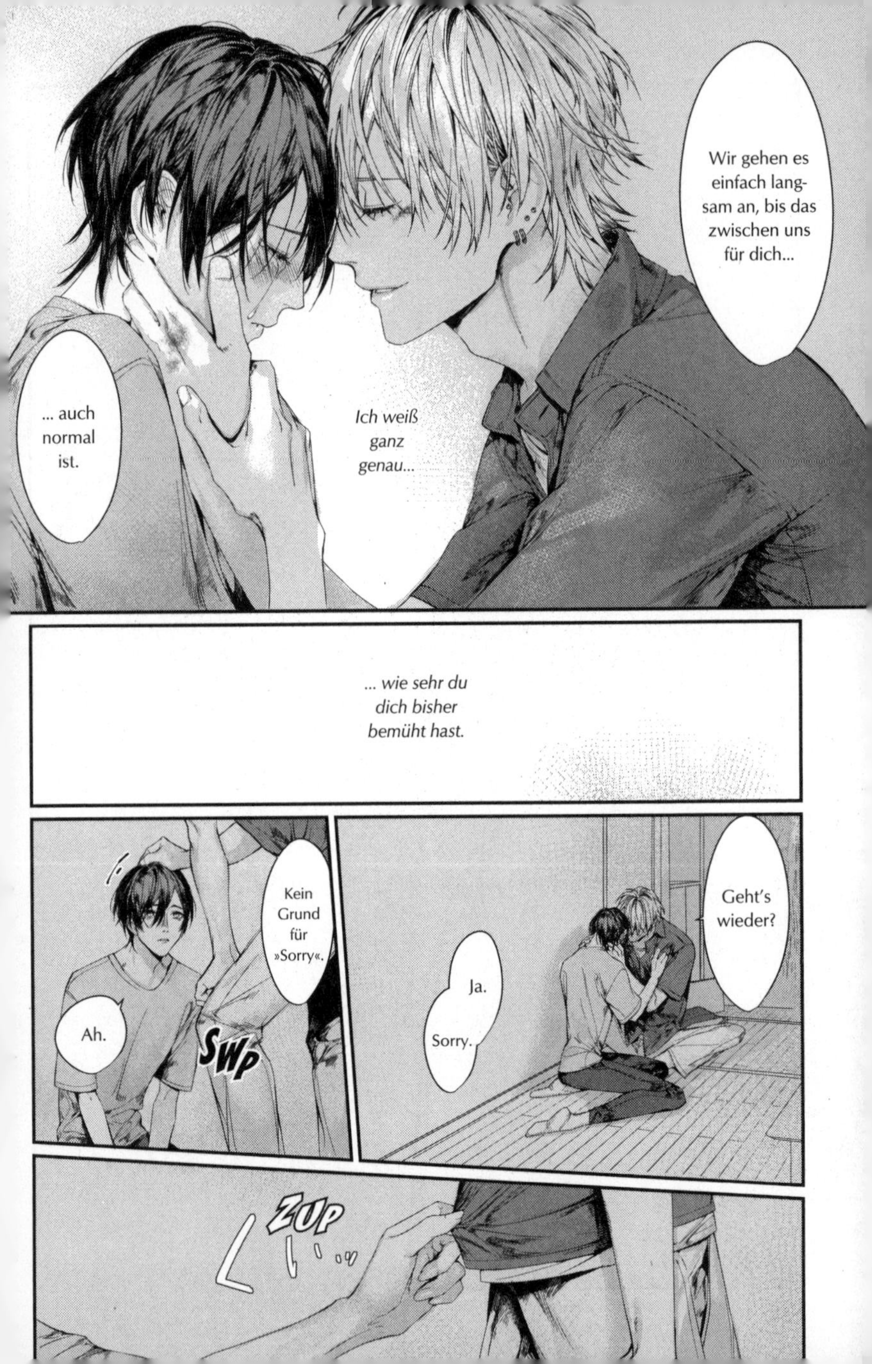
Wir gehen es einfach langsam an, bis das zwischen uns für dich...
Ich weiß ganz genau...
... auch normal ist.
... wie sehr du dich bisher bemüht hast.
Geht's wieder?
Ja.
Sorry.
Kein Grund für »Sorry«.
Ah.
SWP
ZUP

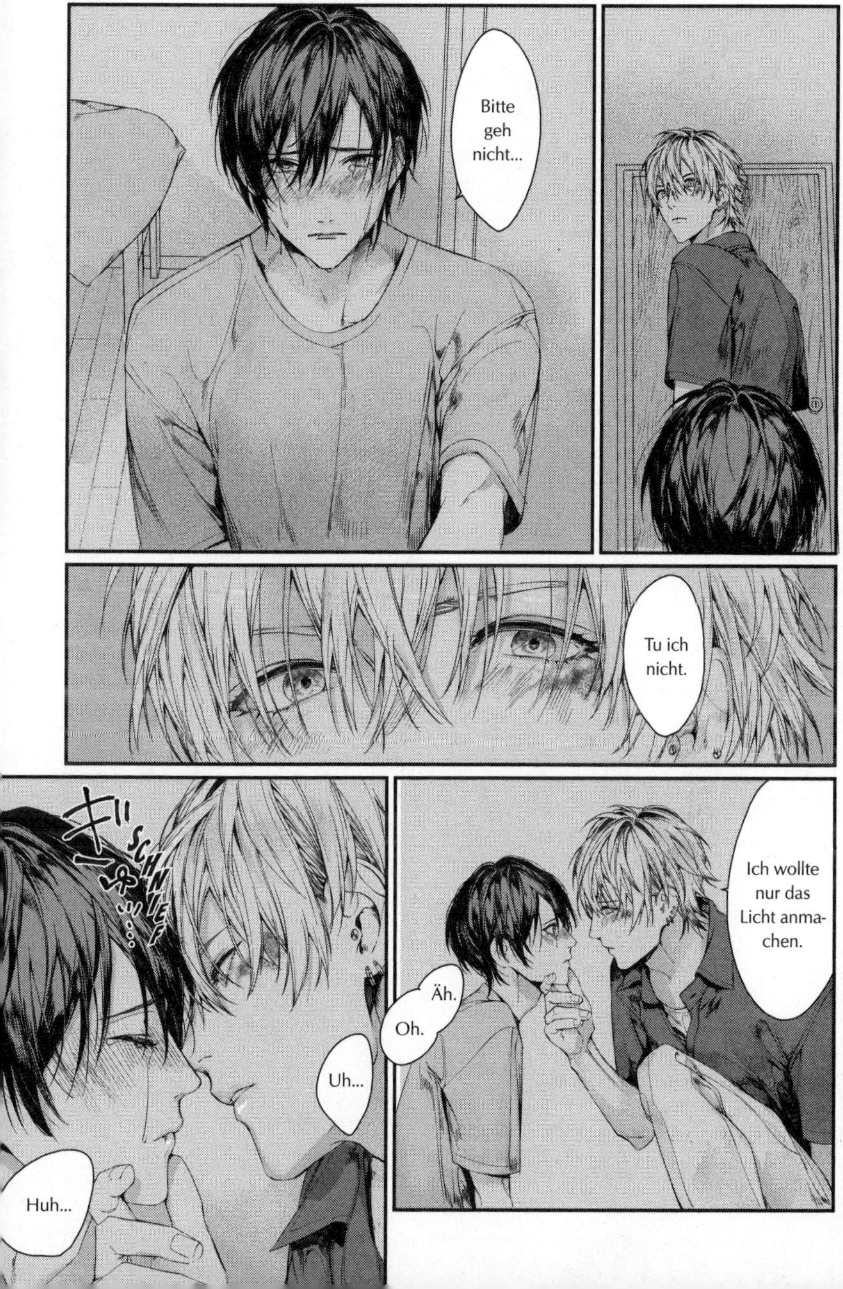

Bitte geh nicht...
Tu ich nicht.
Ich wollte nur das Licht anmachen.
Äh.
Oh.
SCHNIEF
Uh...
Huh...

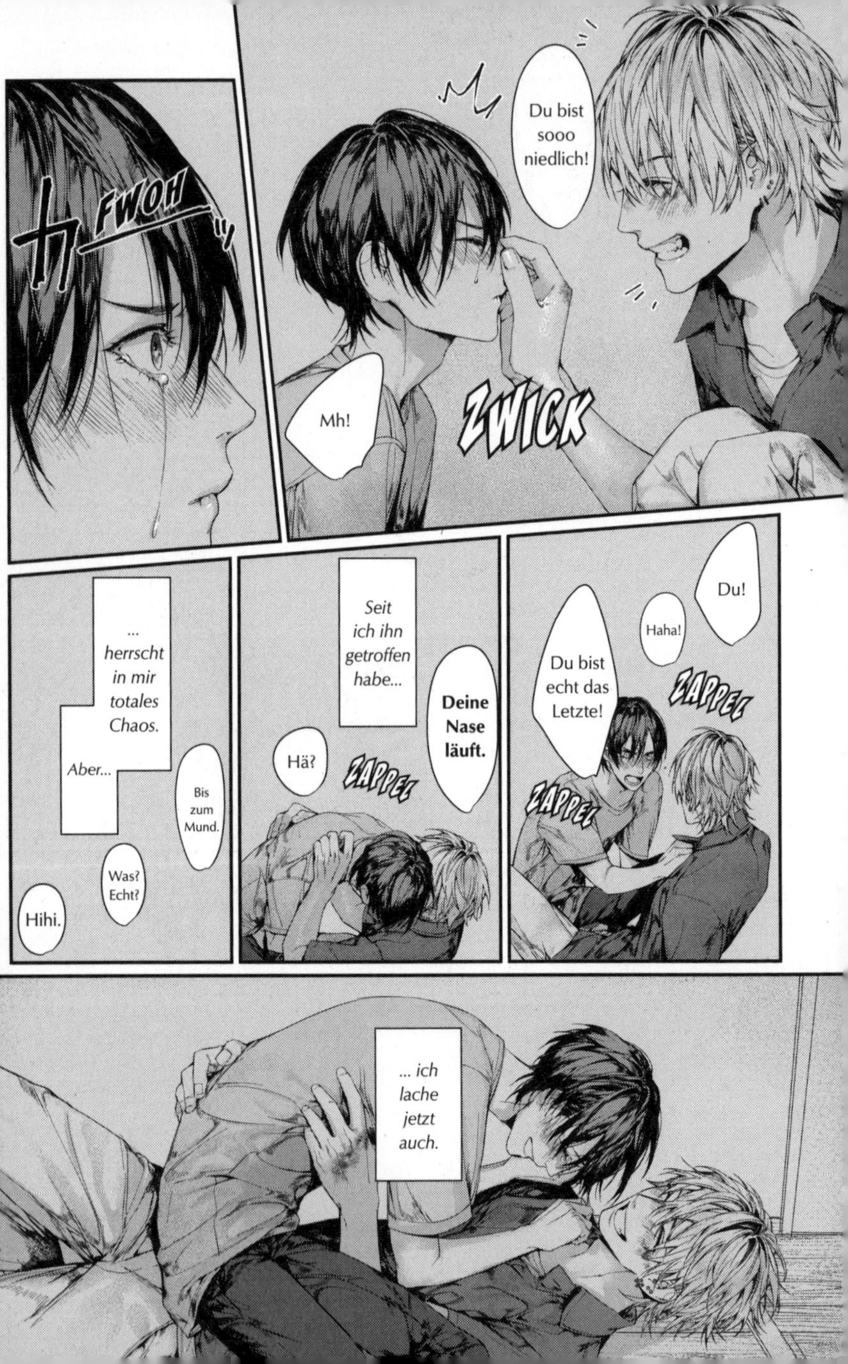
Du bist sooo niedlich!
Mh!
ZWICK
FWOH
Du!
Haha!
Du bist echt das Letzte!
ZAPPEL
ZAPPEL
Seit ich ihn getroffen habe...
Deine Nase läuft.
Hä?
ZAPPEL
... herrscht in mir totales Chaos.
Aber...
Bis zum Mund.
Was? Echt?
Hihi.
... ich lache jetzt auch.

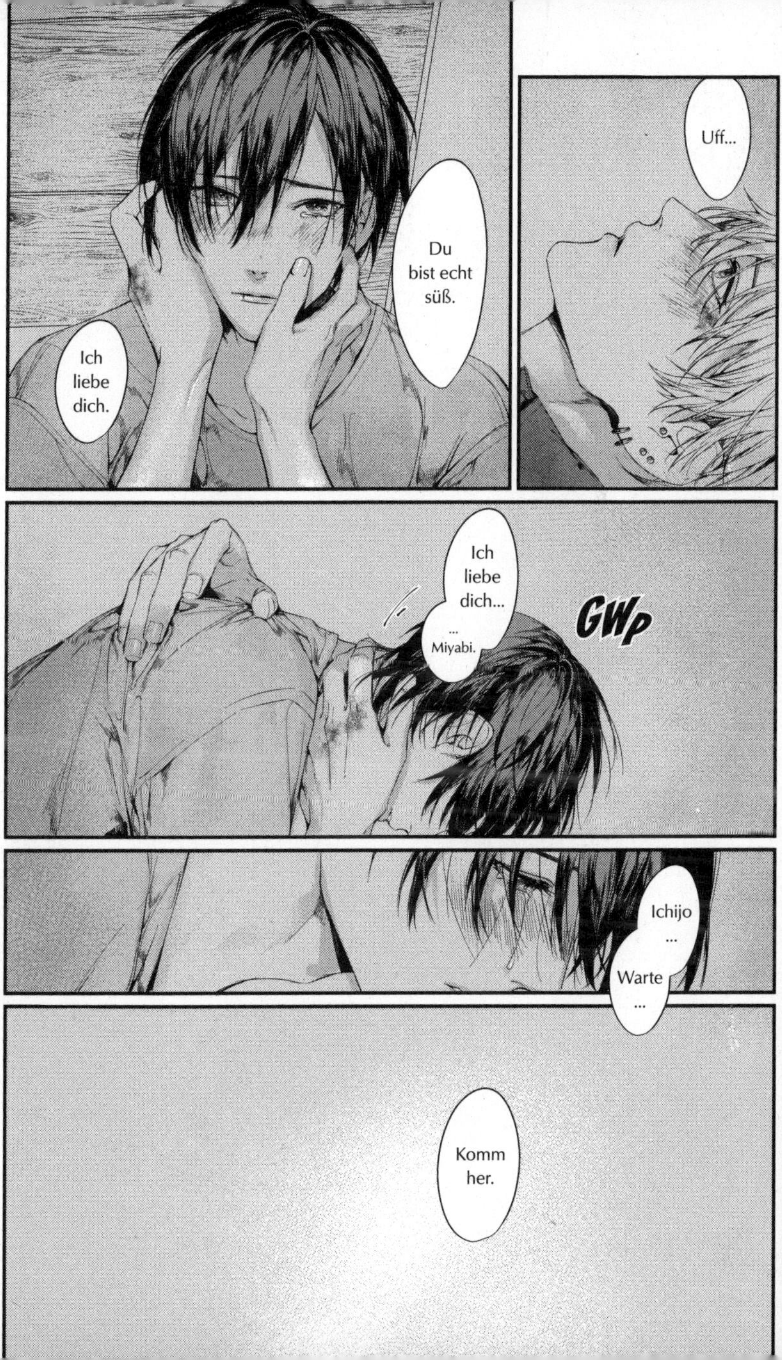
Uff...
Du bist echt süß.
Ich liebe dich.
GWP
Ich liebe dich...
... Miyabi.
Ichijo ...
Warte ...
Komm her.

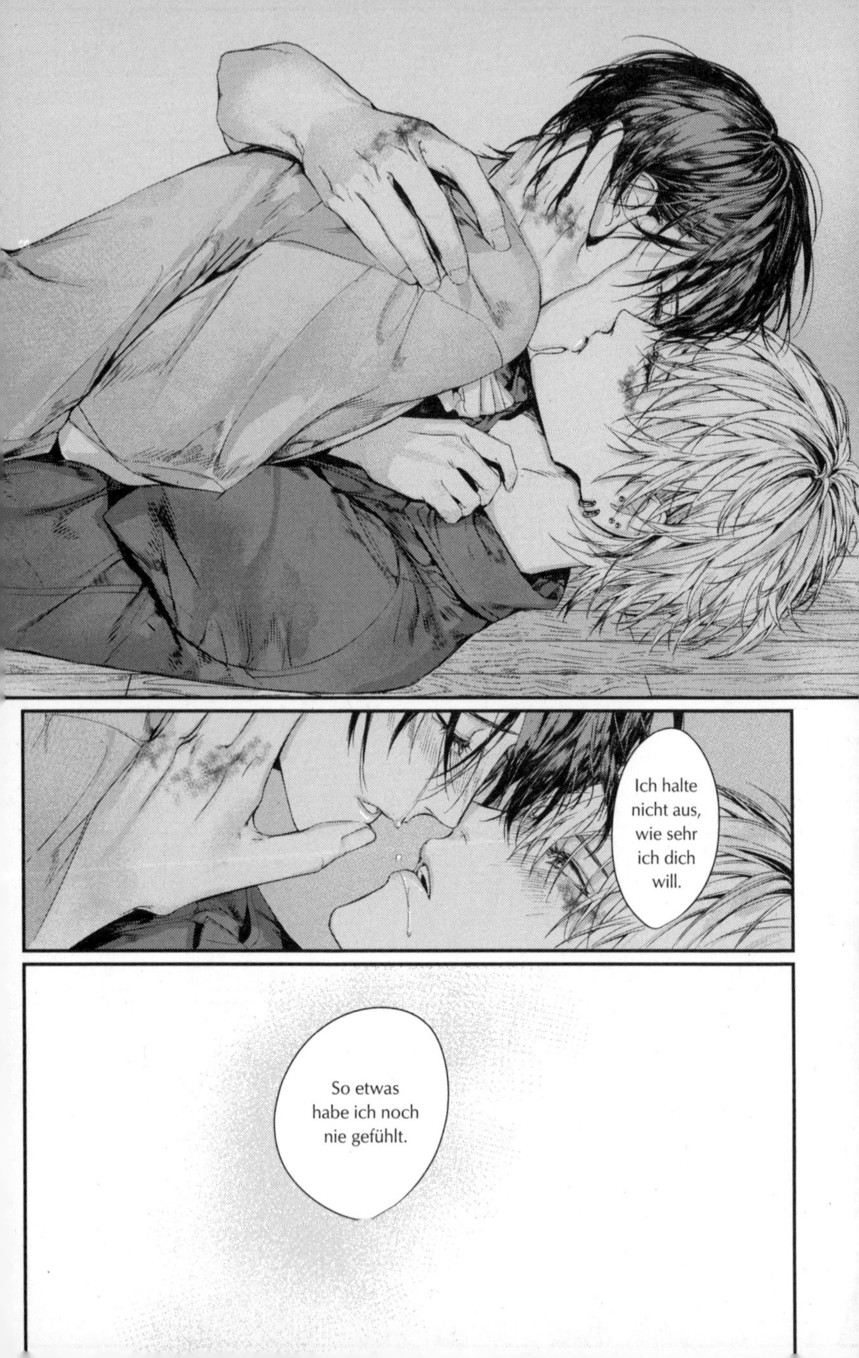
Ich halte nicht aus, wie sehr ich dich will.
So etwas habe ich noch nie gefühlt.

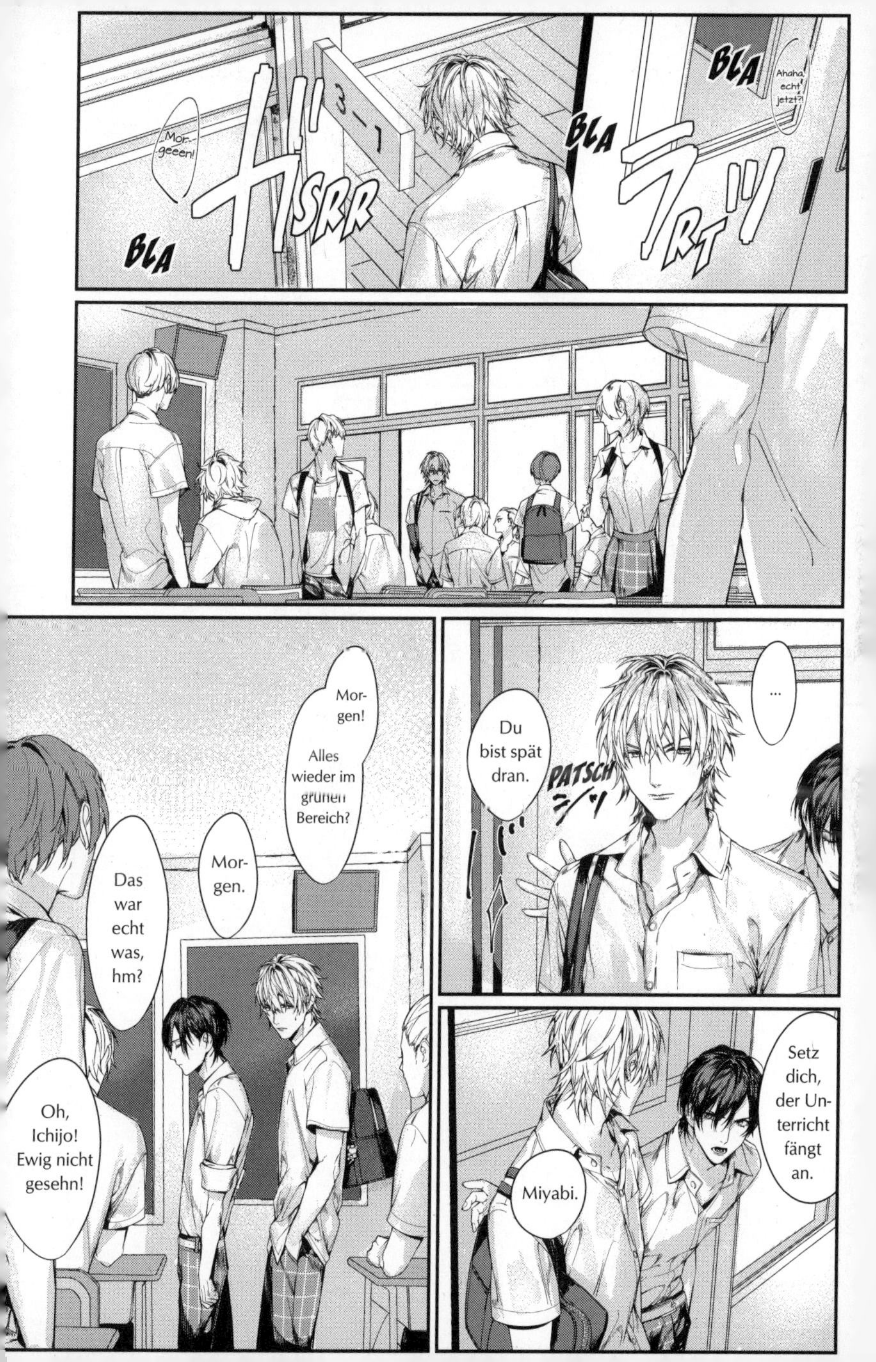
Ahaha, echt jetzt?!
BLA
BLA
RRT
SRR
Mor-geeen!
BLA
...
Du bist spät dran.
PATSCH
Setz dich, der Unterricht fängt an.
Miyabi.
Morgen! Alles wieder im grünen Bereich?
Mor-gen.
Das war echt was, hm?
Oh, Ichijo! Ewig nicht gesehn!

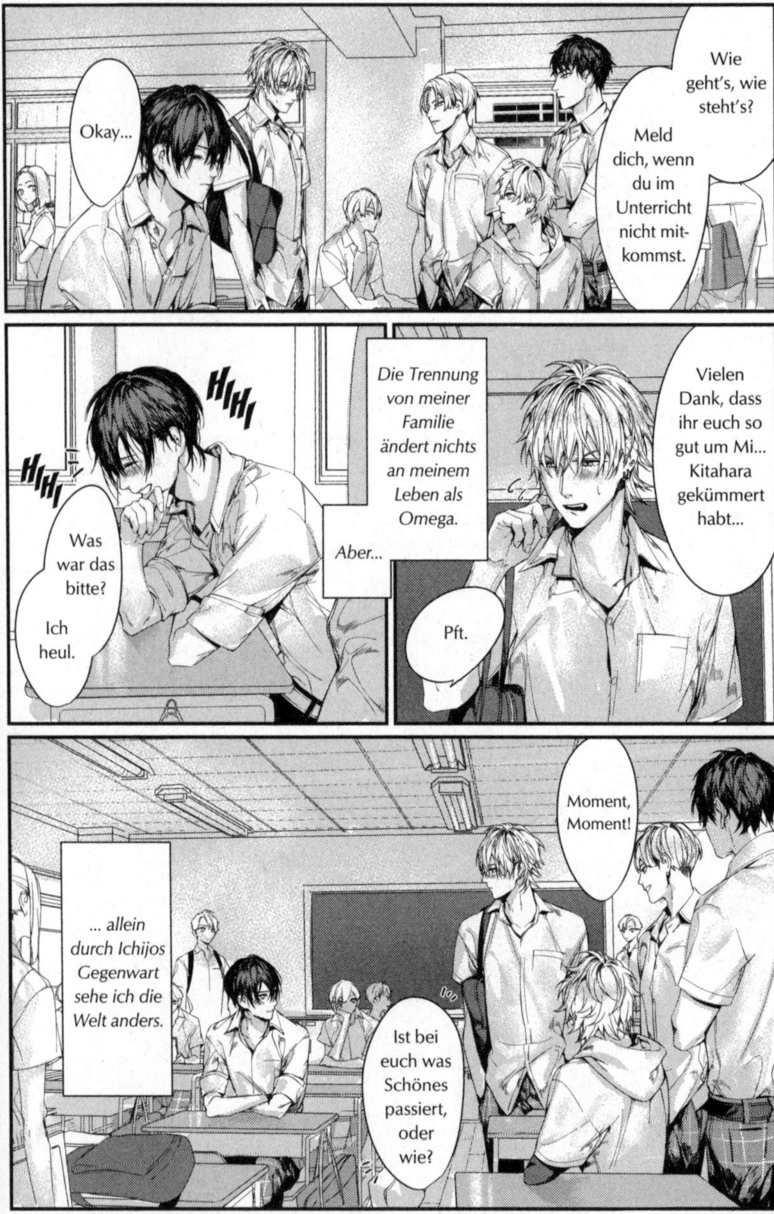
Wie geht's, wie steht's?
Meld dich, wenn du im Unterricht nicht mitkommst.
Okay...
Vielen Dank, dass ihr euch so gut um Mi... Kitahara gekümmert habt...
Pft.
Die Trennung von meiner Familie ändert nichts an meinem Leben als Omega.
Aber...
HIHI
HIHI
Was war das bitte?
Ich heul.
Moment, Moment!
Ist bei euch was Schönes passiert, oder wie?
... allein durch Ichijos Gegenwart sehe ich die Welt anders.

Distanz.5

Lass meine Hand nicht los

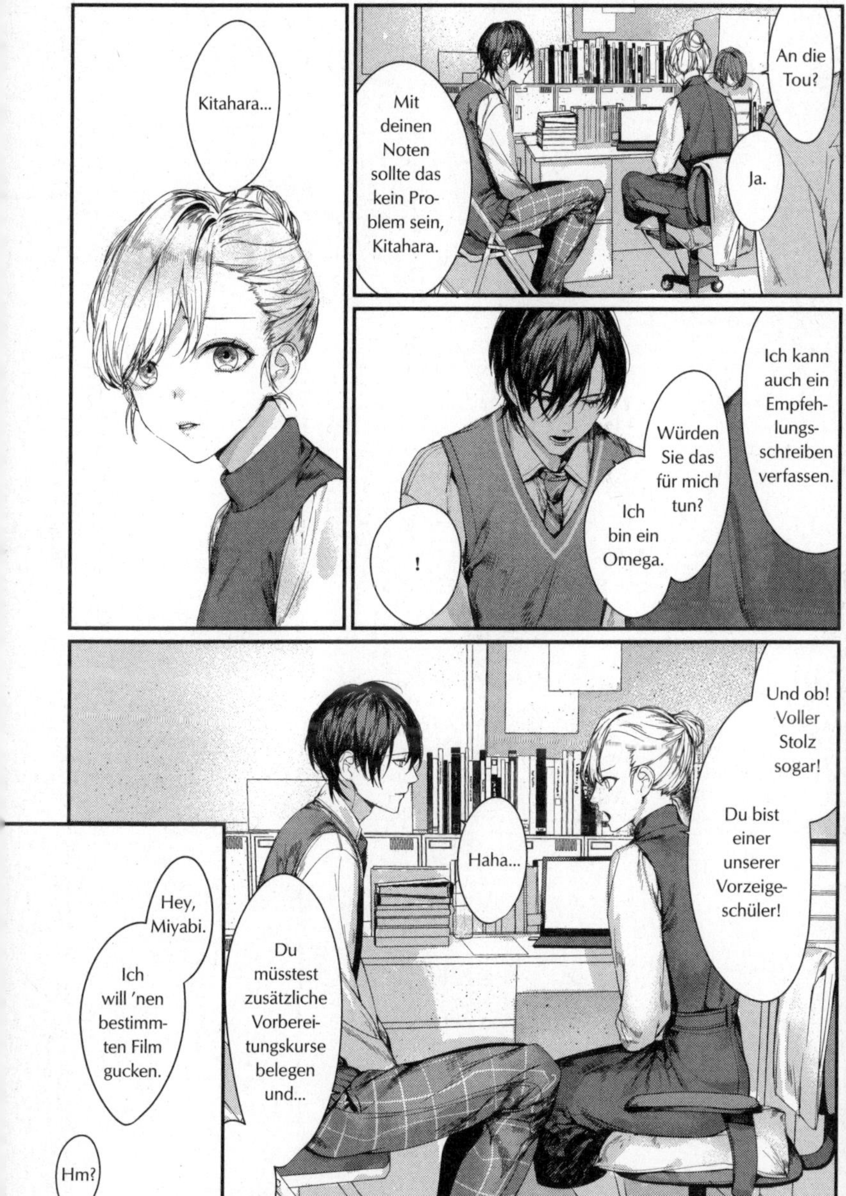
An die Tou?
Ja.
Mit deinen Noten sollte das kein Problem sein, Kitahara.
Ich kann auch ein Empfehlungsschreiben verfassen.
Würden Sie das für mich tun?
Ich bin ein Omega.
!
Kitahara...
Und ob! Voller Stolz sogar!
Du bist einer unserer Vorzeigeschüler!
Haha...
Du müsstest zusätzliche Vorbereitungskurse belegen und...
Hey, Miyabi.
Ich will 'nen bestimmten Film gucken.
Hm?

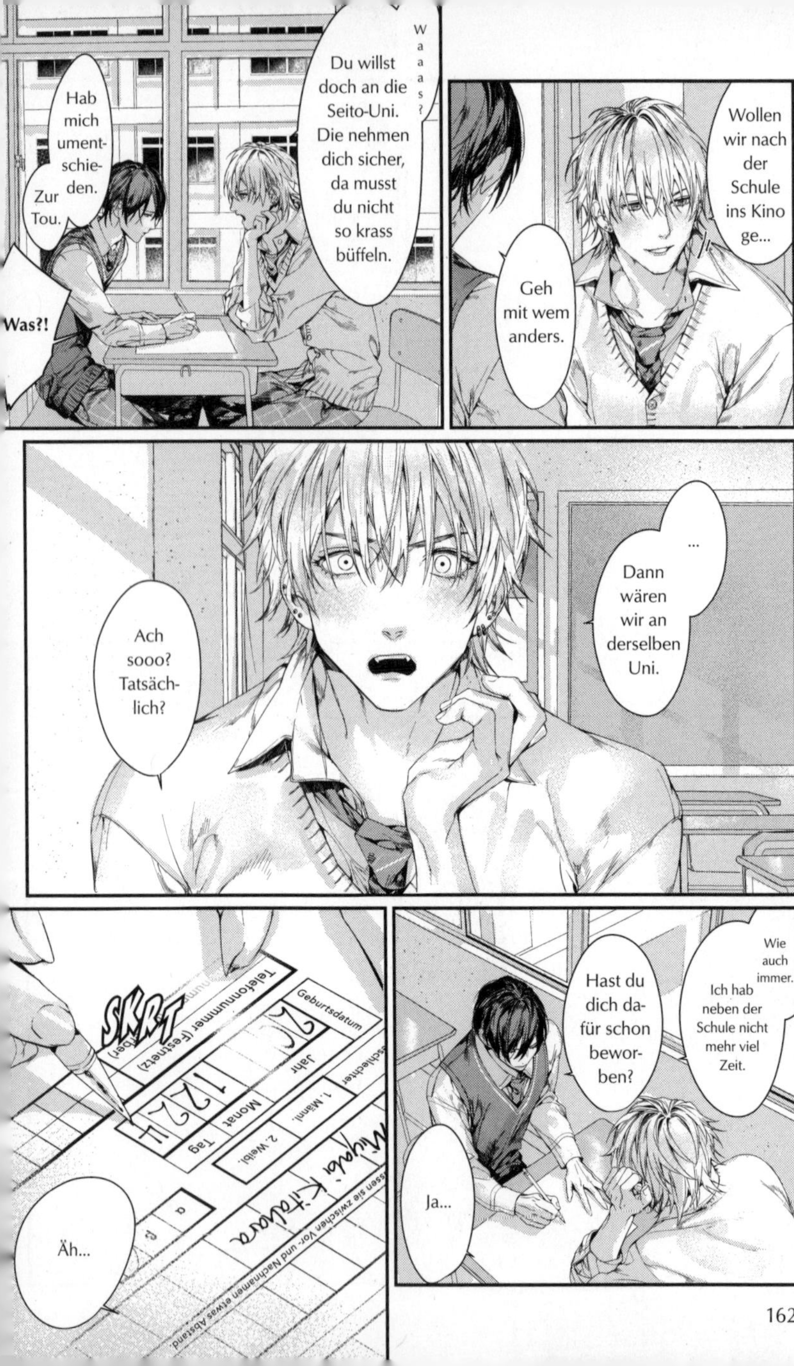
Wollen wir nach der Schule ins Kino ge...
Geh mit wem anders.
Du willst doch an die Seito-Uni. Die nehmen dich sicher, da musst du nicht so krass büffeln.
Waaaas?
Hab mich umentschieden.
Zur Tou.
Was?!
...
Dann wären wir an derselben Uni.
Ach sooo? Tatsächlich?
Wie auch immer.
Ich hab neben der Schule nicht mehr viel Zeit.
Hast du dich dafür schon beworben?
Ja...
SKRT
Geburtsdatum
Jahr
Monat
Tag
1. Männl.
2. Weibl.
Äh...

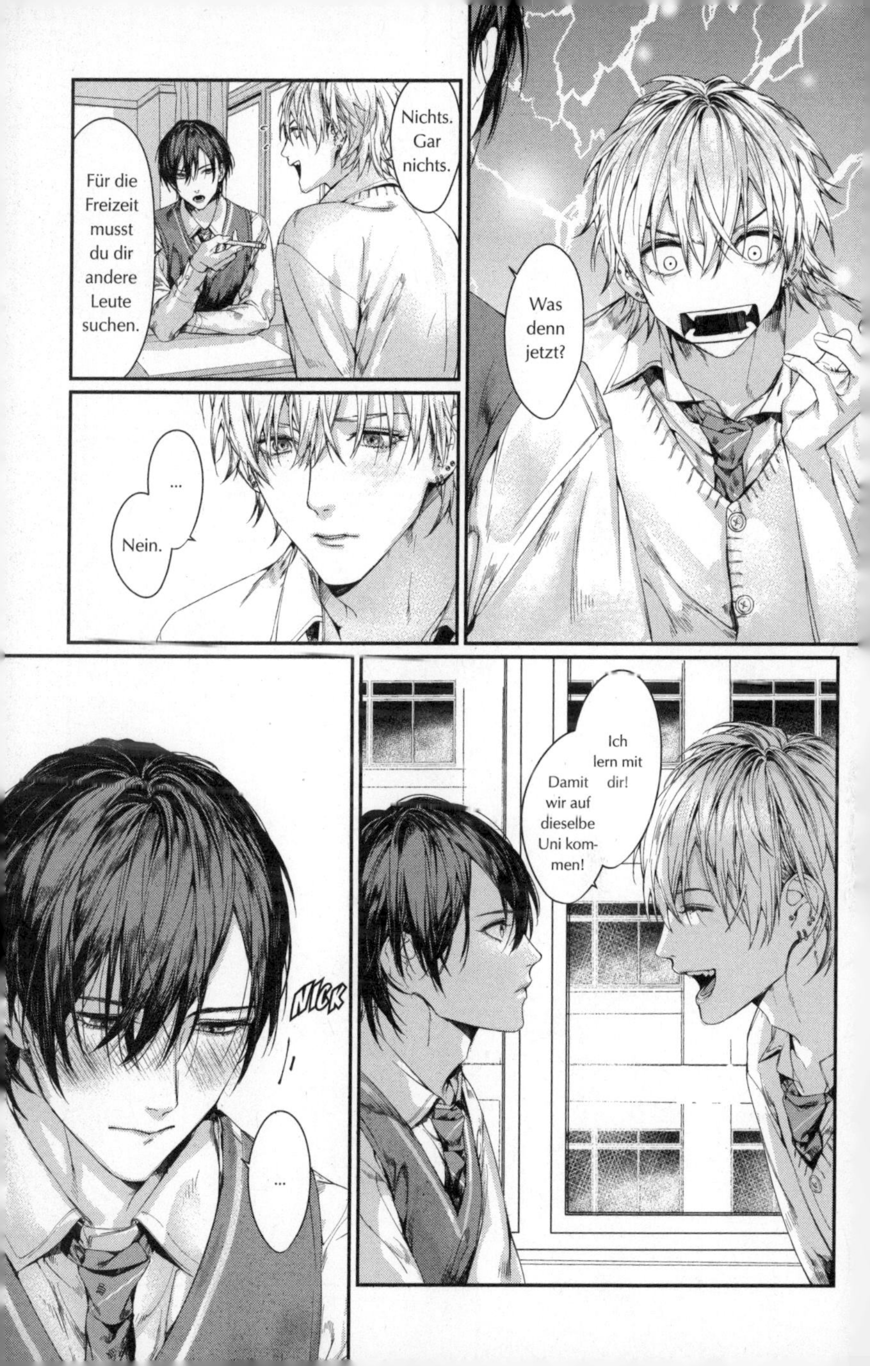
Was denn jetzt?
Nichts. Gar nichts.
Für die Freizeit musst du dir andere Leute suchen.
...
Nein.
Ich lern mit dir!
Damit wir auf dieselbe Uni kommen!
NICK
...

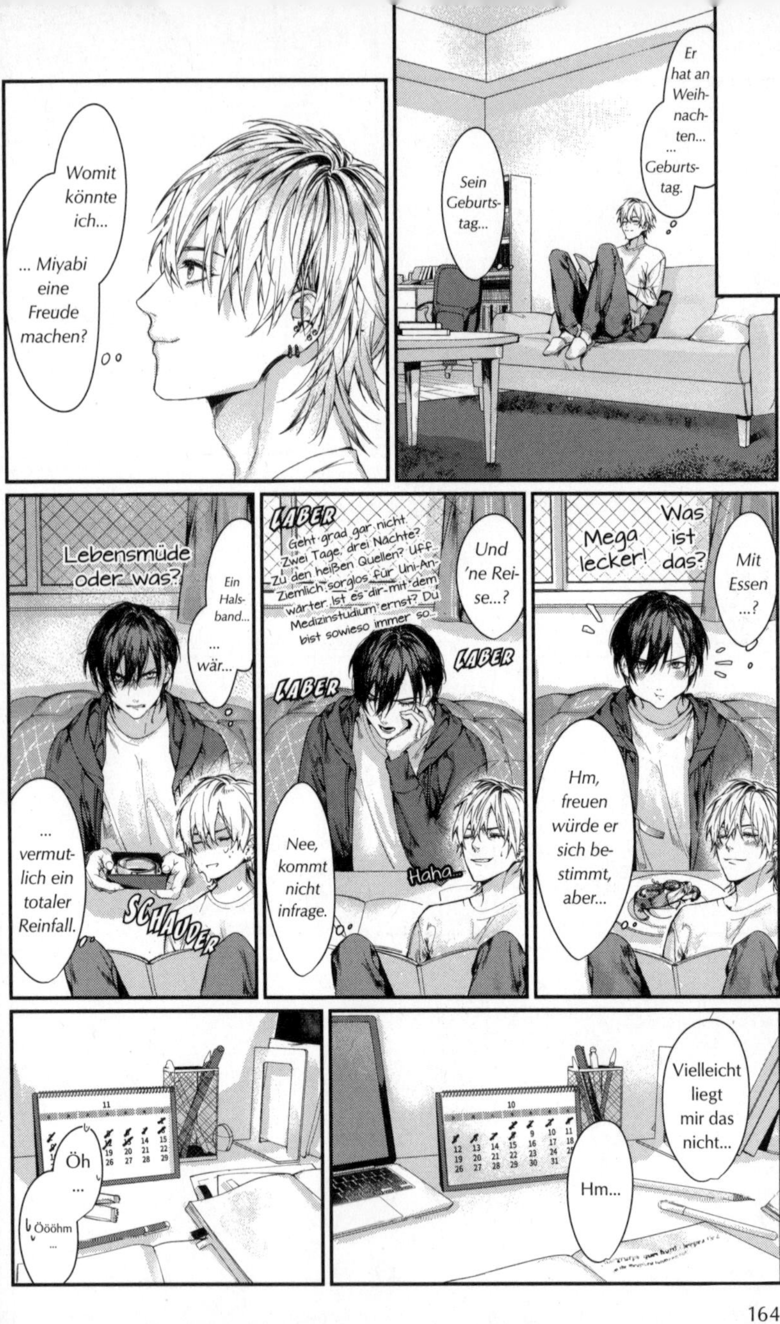
Er hat an Weihnachten... ... Geburtstag.
Sein Geburtstag...
Womit könnte ich... ... Miyabi eine Freude machen?
Mit Essen ...?
Was ist das?
Mega lecker!
Hm, freuen würde er sich bestimmt, aber...
Und 'ne Reise...?
LABER
Geht grad gar nicht. Zwei Tage, drei Nächte? Zu den heißen Quellen? Uff. Ziemlich sorglos für Uni-Anwärter. Ist es dir mit dem Medizinstudium ernst? Du bist sowieso immer so...
LABER
LABER
Haha...
Nee, kommt nicht infrage.
Ein Halsband... ... wär...
Lebensmüde oder was?
SCHAUDER
... vermutlich ein totaler Reinfall.
Vielleicht liegt mir das nicht...
Hm...
Öh ...
Öööhm ...

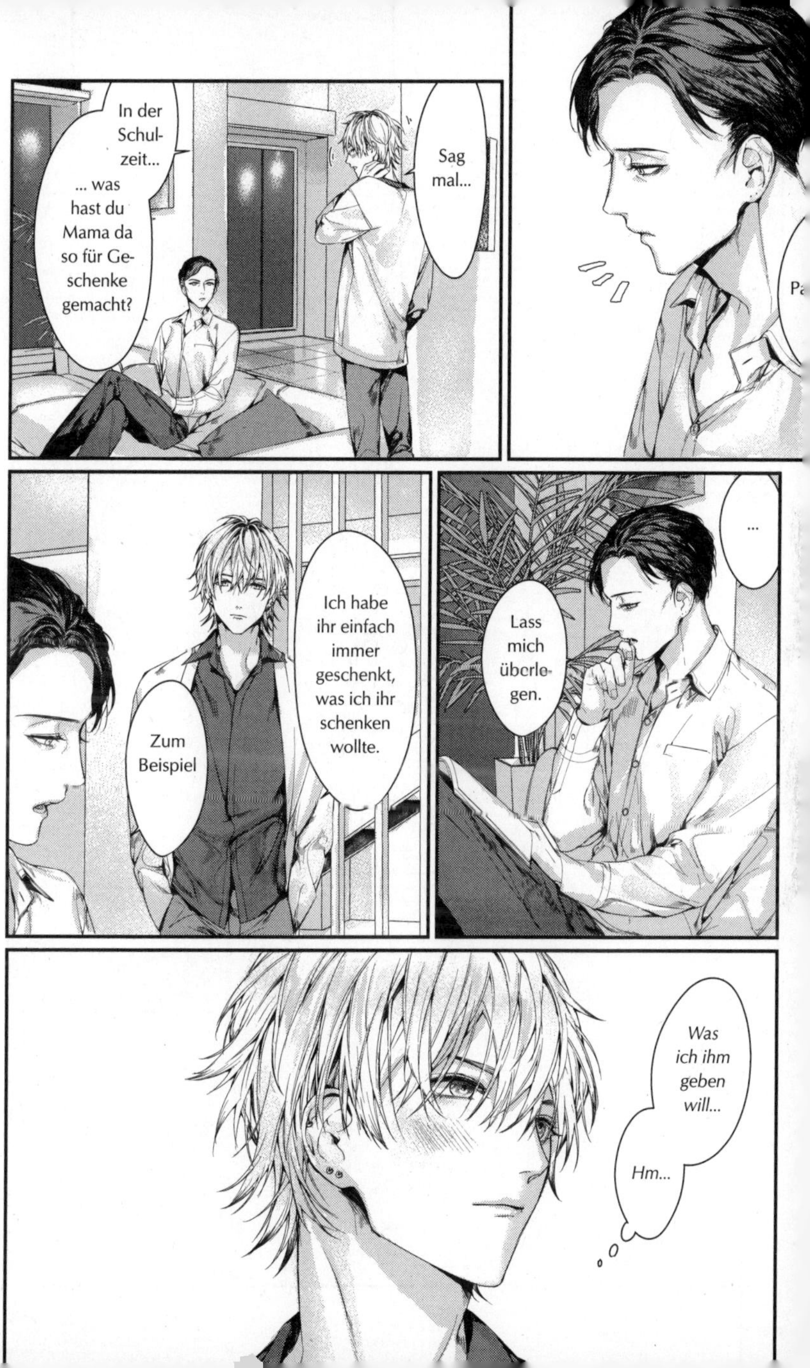

Sag mal...
In der Schulzeit...
... was hast du Mama da so für Geschenke gemacht?
...
Lass mich überlegen.
Ich habe ihr einfach immer geschenkt, was ich ihr schenken wollte.
Zum Beispiel
Was ich ihm geben will...
Hm...

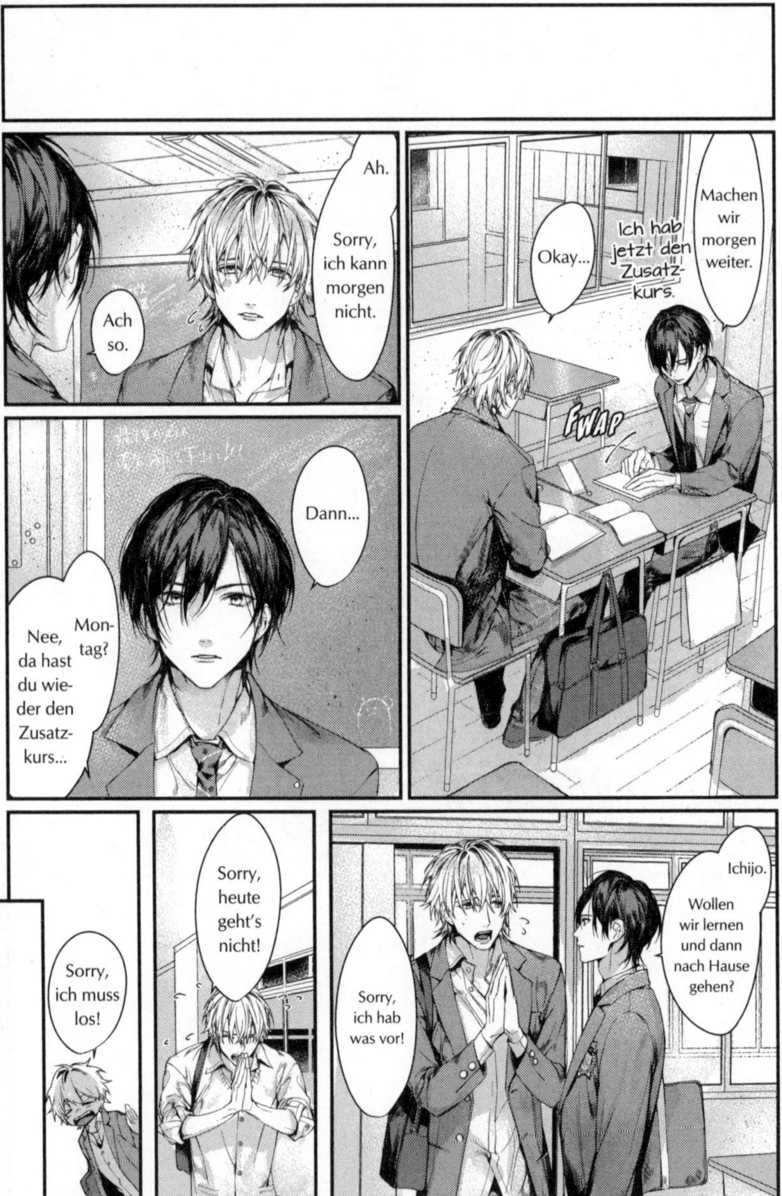

Machen wir morgen weiter.
Ich hab jetzt den Zusatzkurs.
Okay...
FWAP
Ah.
Sorry, ich kann morgen nicht.
Ach so.
Dann...
Montag?
Nee, da hast du wieder den Zusatzkurs...
Ichijo.
Wollen wir lernen und dann nach Hause gehen?
Sorry, ich hab was vor!
Sorry, heute geht's nicht!
Sorry, ich muss los!

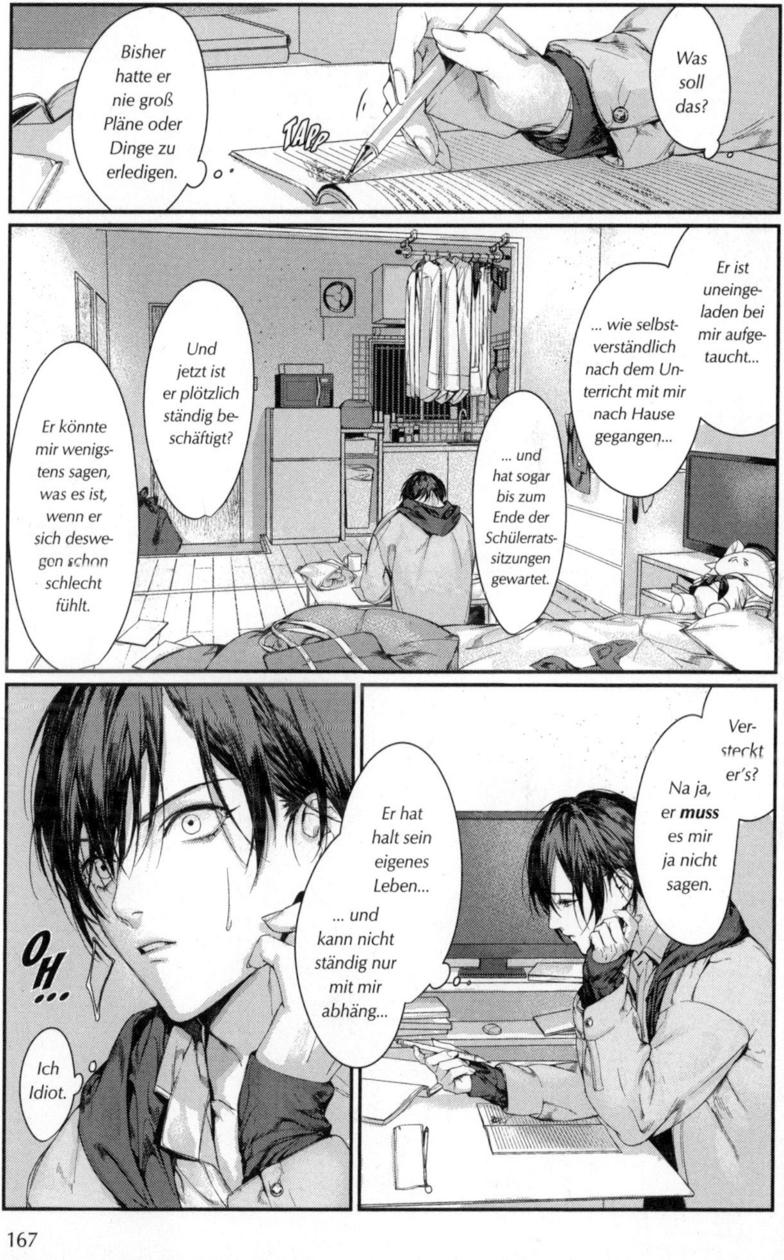

Was soll das?
Bisher hatte er nie groß Pläne oder Dinge zu erledigen.
TAPP
Er ist uneingeladen bei mir aufgetaucht...
... wie selbstverständlich nach dem Unterricht mit mir nach Hause gegangen...
... und hat sogar bis zum Ende der Schülerratssitzungen gewartet.
Und jetzt ist er plötzlich ständig beschäftigt?
Er könnte mir wenigstens sagen, was es ist, wenn er sich deswegen schon schlecht fühlt.
Versteckt er's?
Na ja, er **muss** es mir ja nicht sagen.
Er hat halt sein eigenes Leben...
... und kann nicht ständig nur mit mir abhäng...
OH...
Ich Idiot.

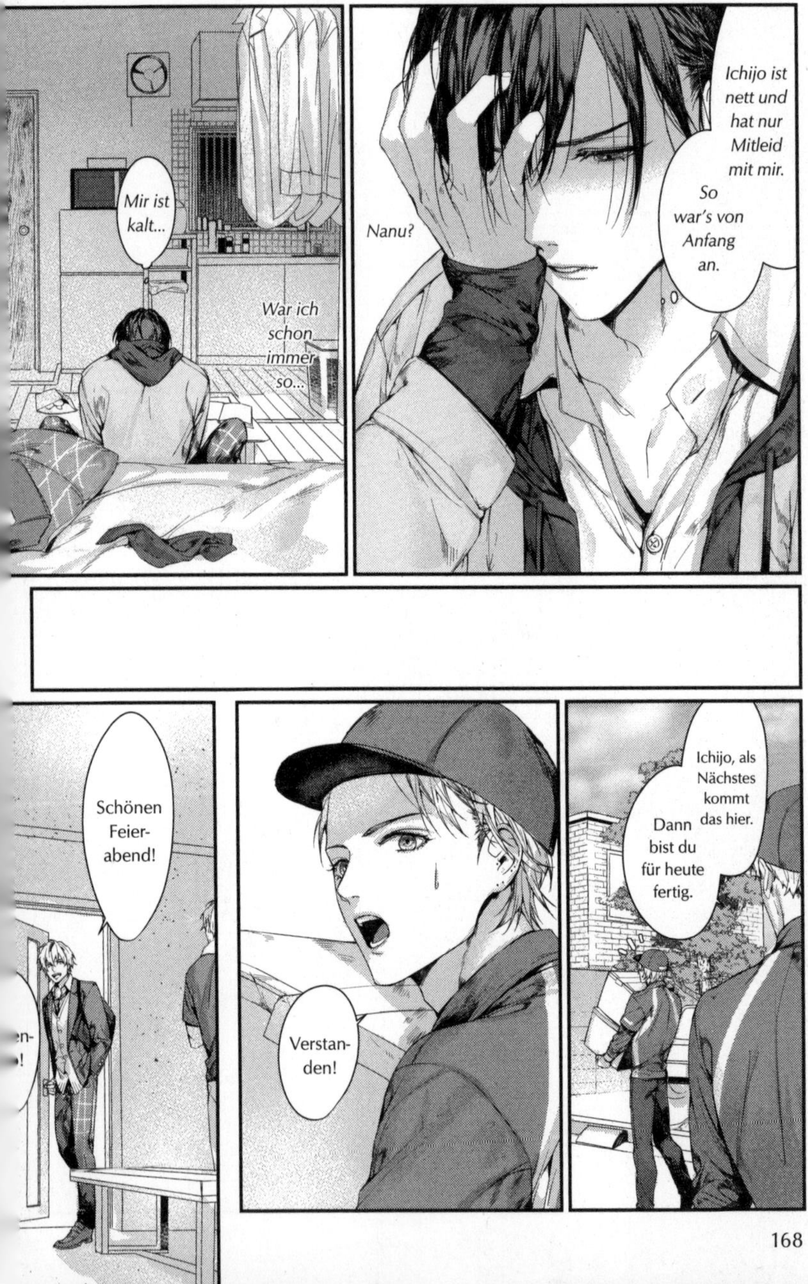
Ichijo ist nett und hat nur Mitleid mit mir.
So war's von Anfang an.
Nanu?
Mir ist kalt...
War ich schon immer so...
Ichijo, als Nächstes kommt das hier.
Dann bist du für heute fertig.
Verstanden!
Schönen Feierabend!

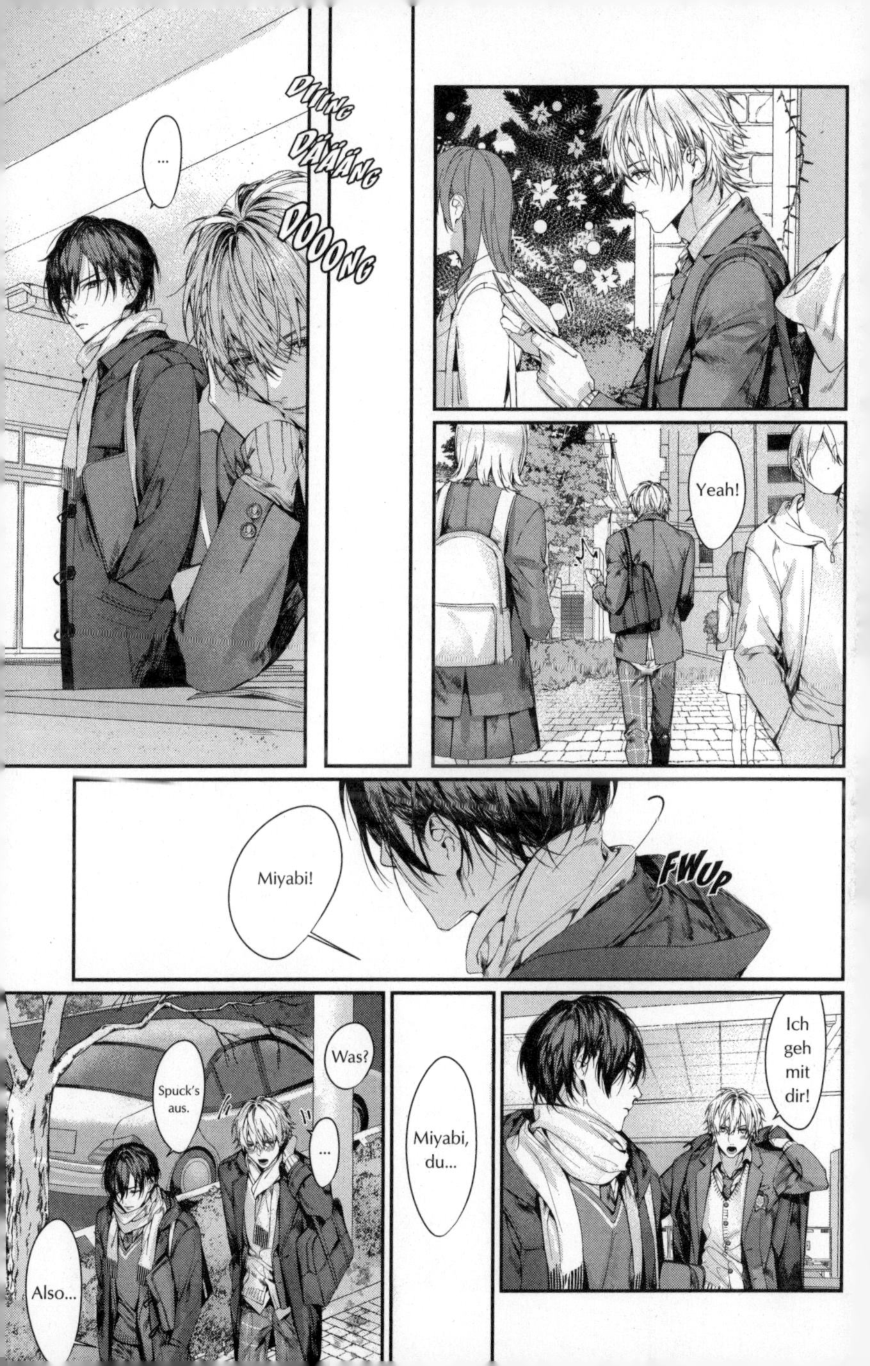

Yeah!
...
DIIING
DÄÄÄNG
DOOONG
FWUP
Miyabi!
Ich geh mit dir!
Miyabi, du...
Was?
...
Spuck's aus.
Also...

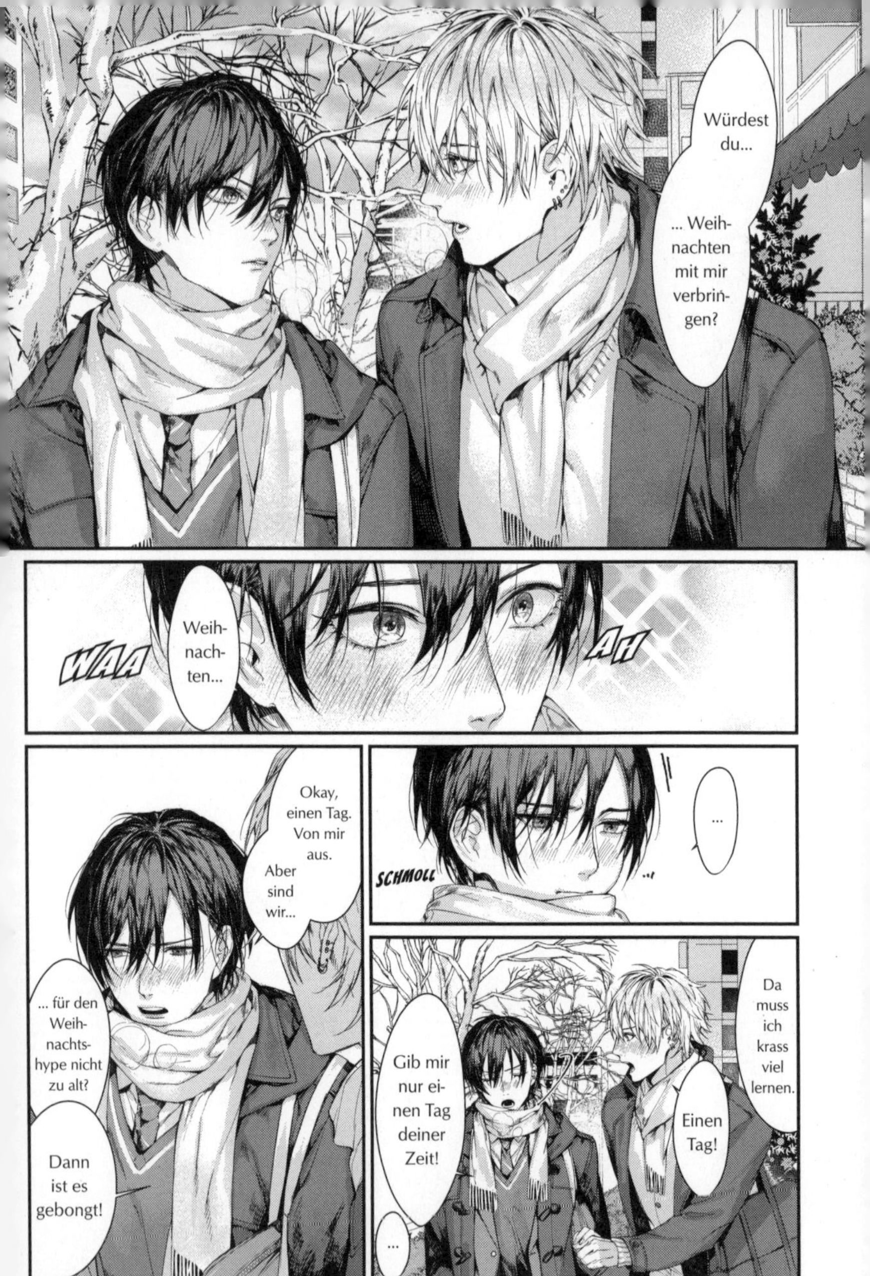
Würdest du...
... Weihnachten mit mir verbringen?
AH
Weihnachten...
WAA
...
SCHMOLL
Da muss ich krass viel lernen.
Einen Tag!
Gib mir nur einen Tag deiner Zeit!
...
Okay, einen Tag. Von mir aus.
Aber sind wir...
... für den Weihnachtshype nicht zu alt?
Dann ist es gebongt!

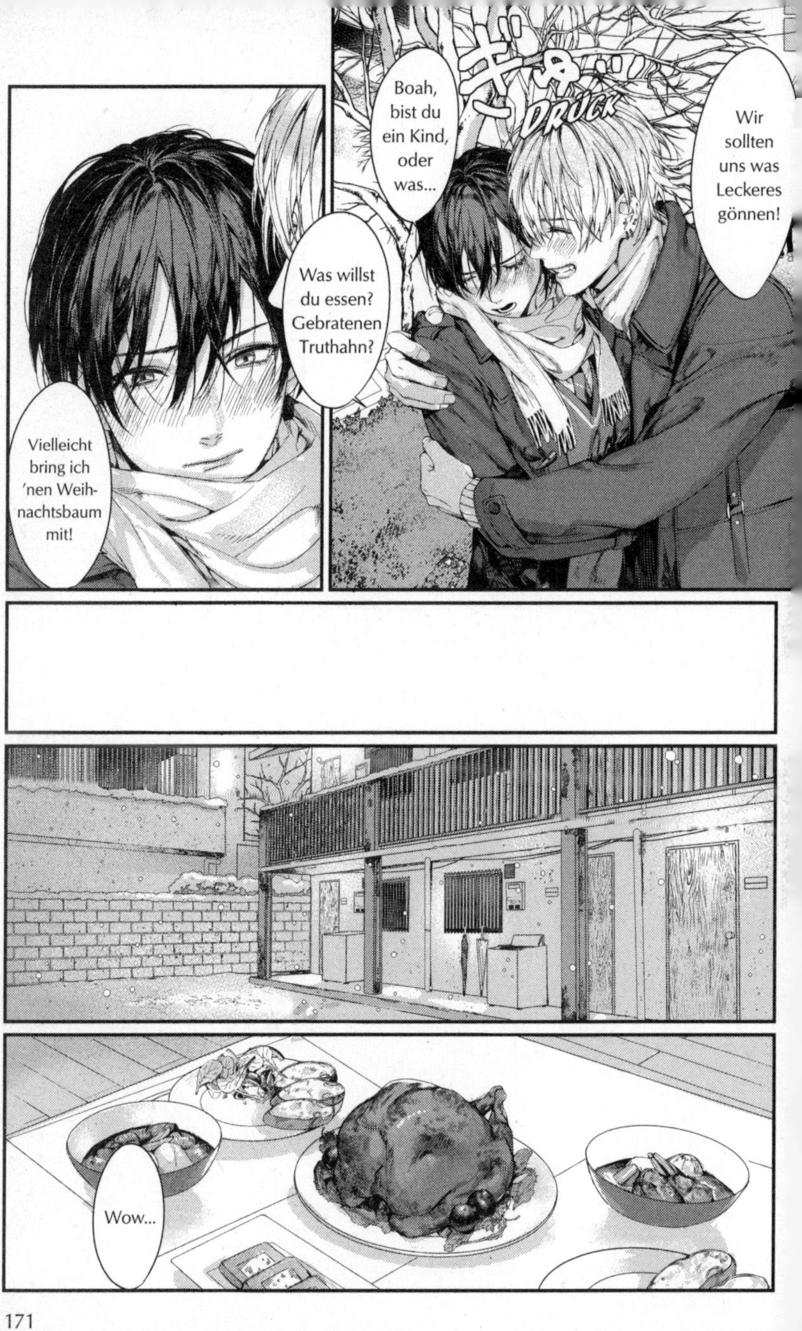
Wir sollten uns was Leckeres gönnen!
DRÜCK
Boah, bist du ein Kind, oder was...
Was willst du essen? Gebratenen Truthahn?
Vielleicht bring ich 'nen Weihnachtsbaum mit!
Wow...

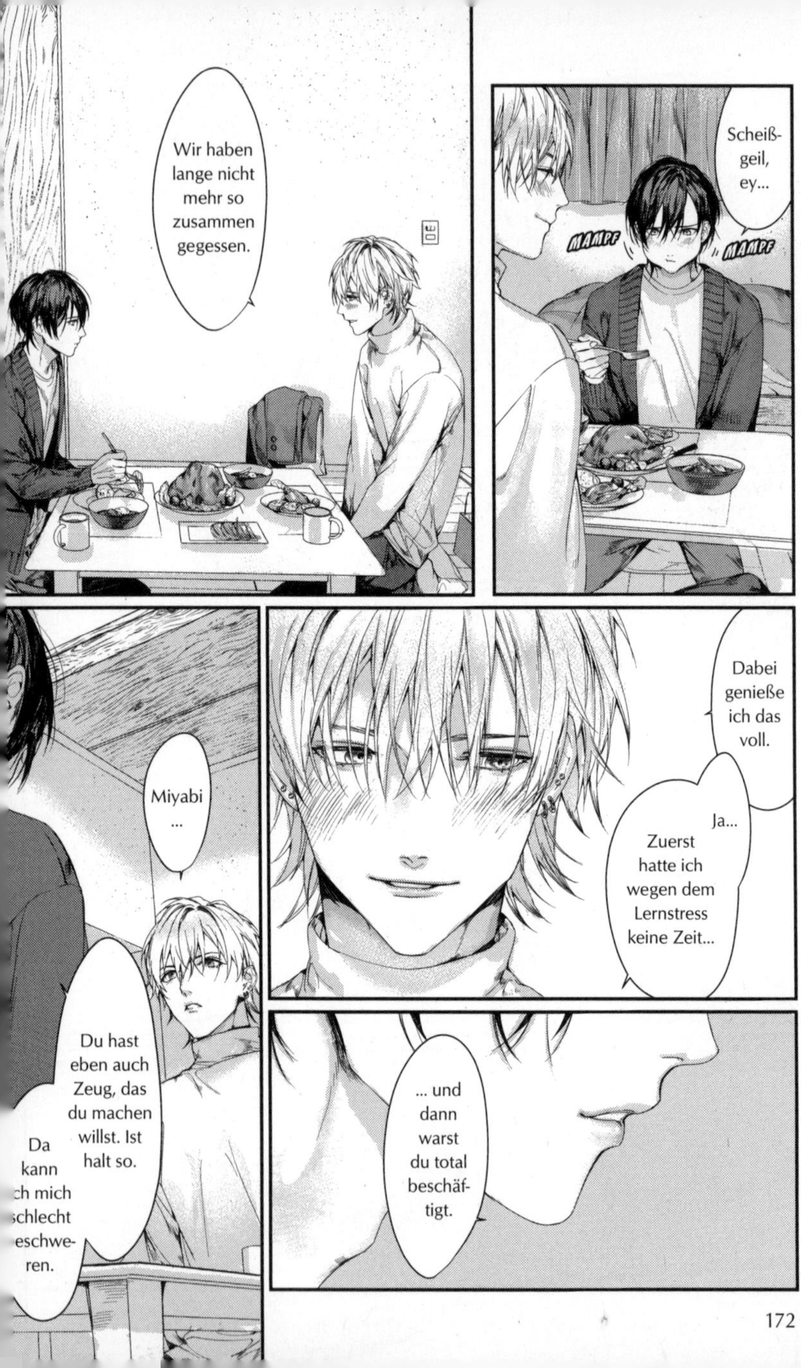
Scheiß-geil, ey...
MAMPF
MAMPF
Wir haben lange nicht mehr so zusammen gegessen.
Dabei genieße ich das voll.
Ja... Zuerst hatte ich wegen dem Lernstress keine Zeit...
... und dann warst du total beschäftigt.
Miyabi ...
Du hast eben auch Zeug, das du machen willst. Ist halt so.
Da kann ch mich schlecht eschweren.

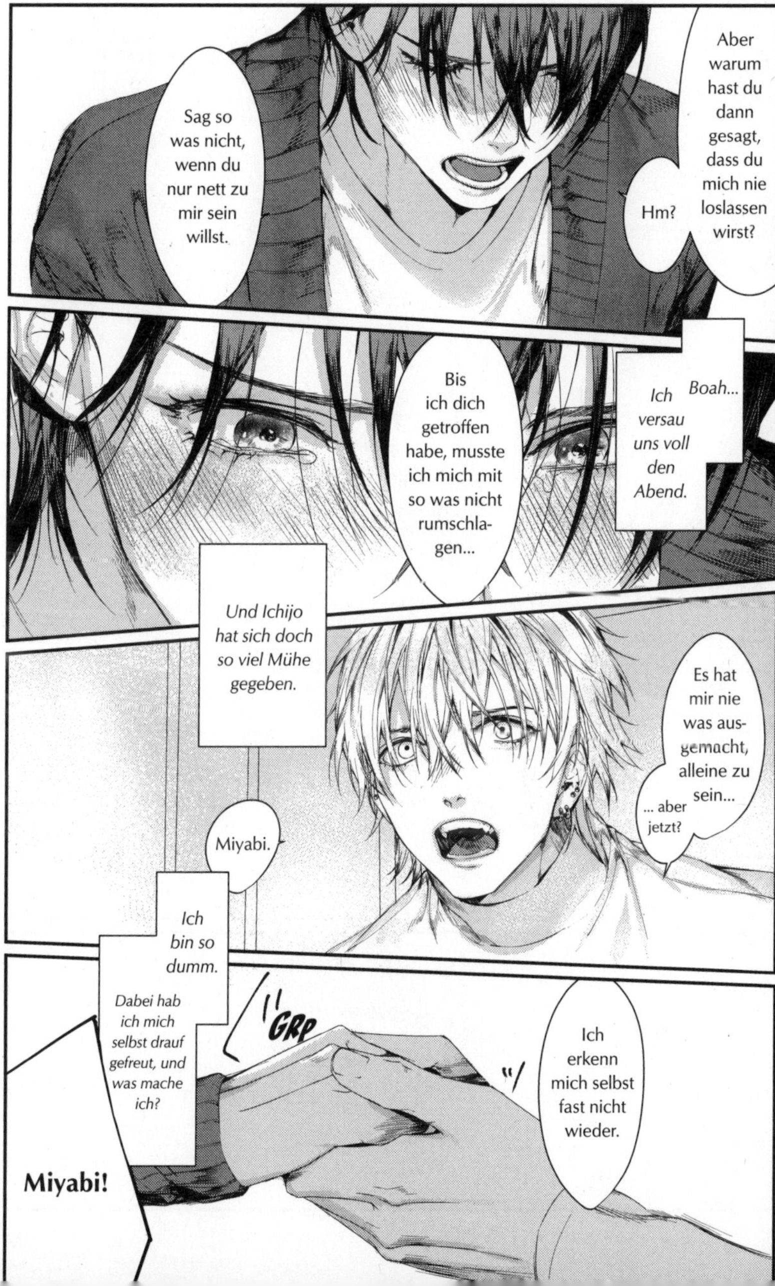
Aber warum hast du dann gesagt, dass du mich nie loslassen wirst?
Hm?
Sag so was nicht, wenn du nur nett zu mir sein willst.
Boah...
Ich versau uns voll den Abend.
Bis ich dich getroffen habe, musste ich mich mit so was nicht rumschlagen...
Und Ichijo hat sich doch so viel Mühe gegeben.
Es hat mir nie was ausgemacht, alleine zu sein...
... aber jetzt?
Miyabi.
Ich bin so dumm.
Ich erkenn mich selbst fast nicht wieder.
GRP
Dabei hab ich mich selbst drauf gefreut, und was mache ich?
Miyabi!

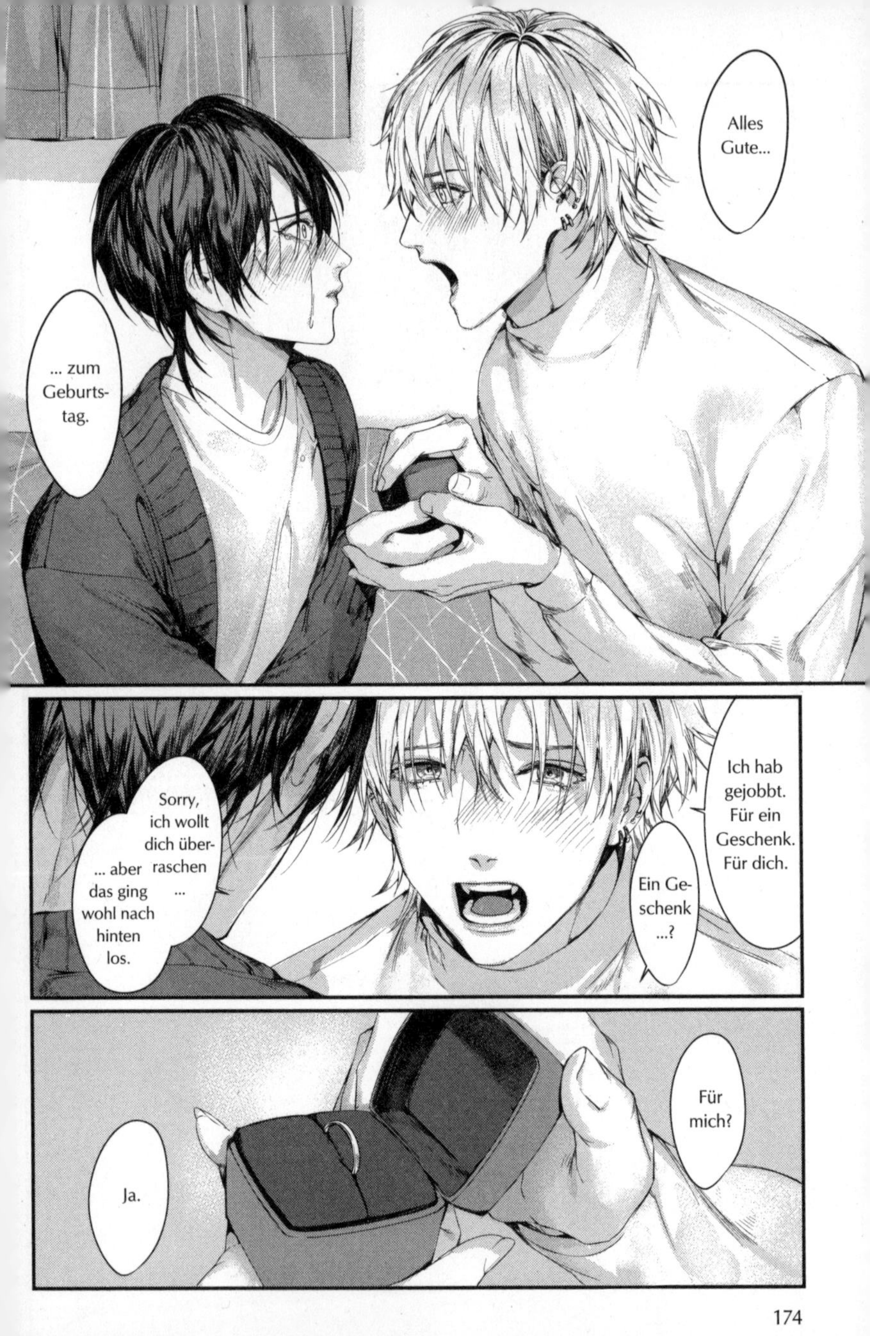
Alles Gute...
... zum Geburtstag.
Ich hab gejobbt. Für ein Geschenk. Für dich.
Ein Geschenk ...?
Sorry, ich wollt dich überraschen ...
... aber das ging wohl nach hinten los.
Für mich?
Ja.

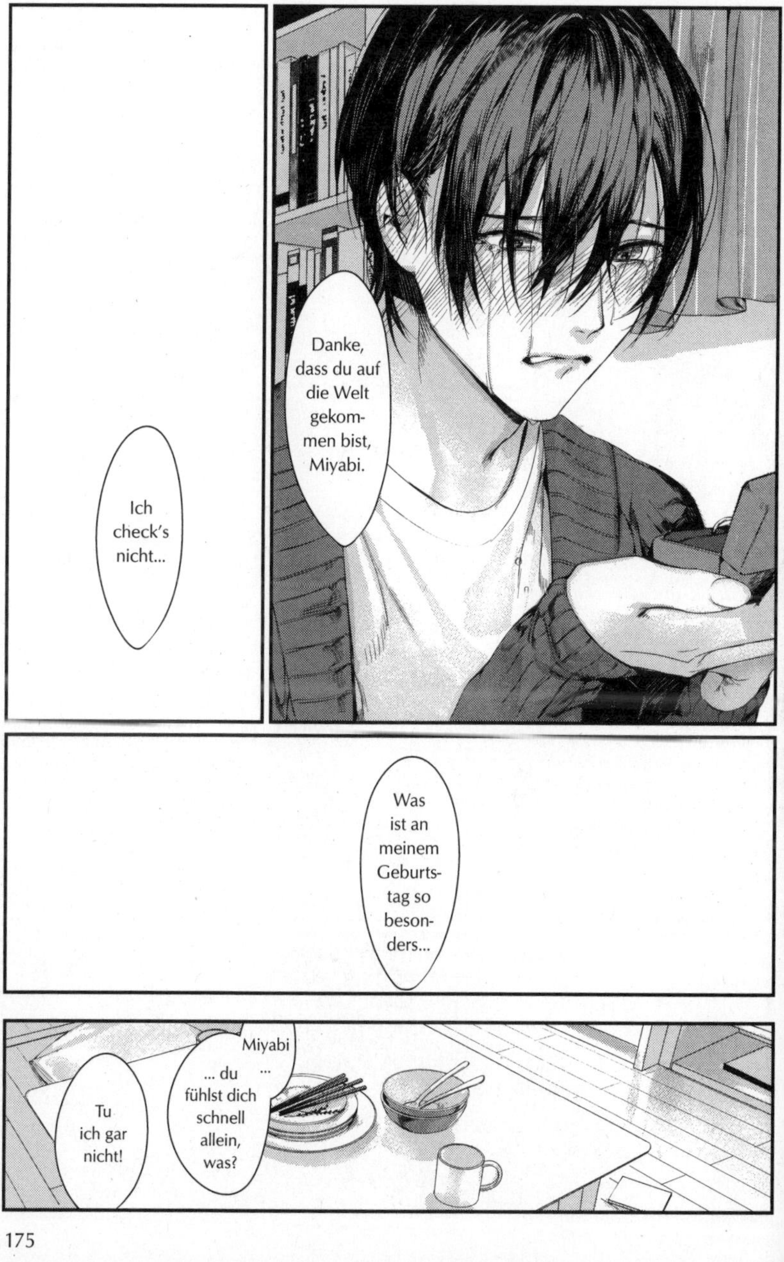
Danke, dass du auf die Welt gekommen bist, Miyabi.
Ich check's nicht...
Was ist an meinem Geburtstag so besonders...
Miyabi ...
... du fühlst dich schnell allein, was?
Tu ich gar nicht!

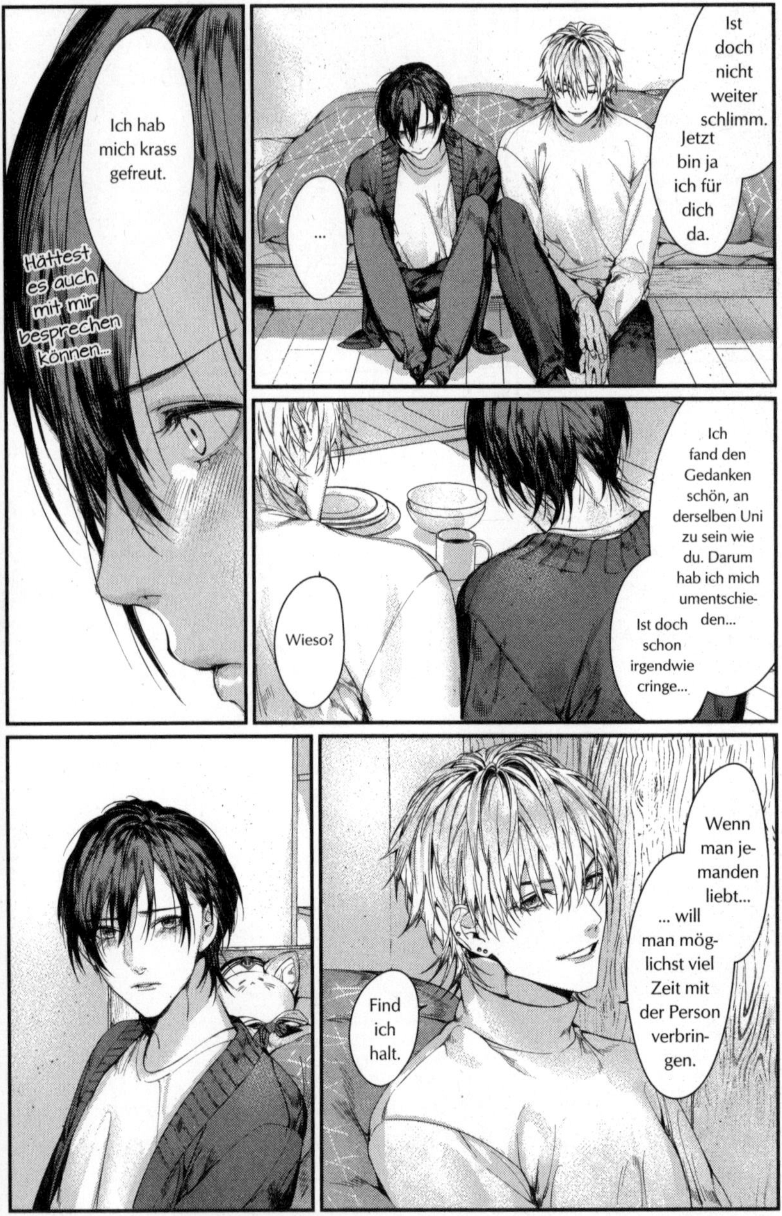
Ist doch nicht weiter schlimm.
Jetzt bin ja ich für dich da.
...
Ich hab mich krass gefreut.
Hättest es auch mit mir besprechen können...
Ich fand den Gedanken schön, an derselben Uni zu sein wie du. Darum hab ich mich umentschieden...
Ist doch schon irgendwie cringe...
Wieso?
Wenn man jemanden liebt...
... will man möglichst viel Zeit mit der Person verbringen.
Find ich halt.

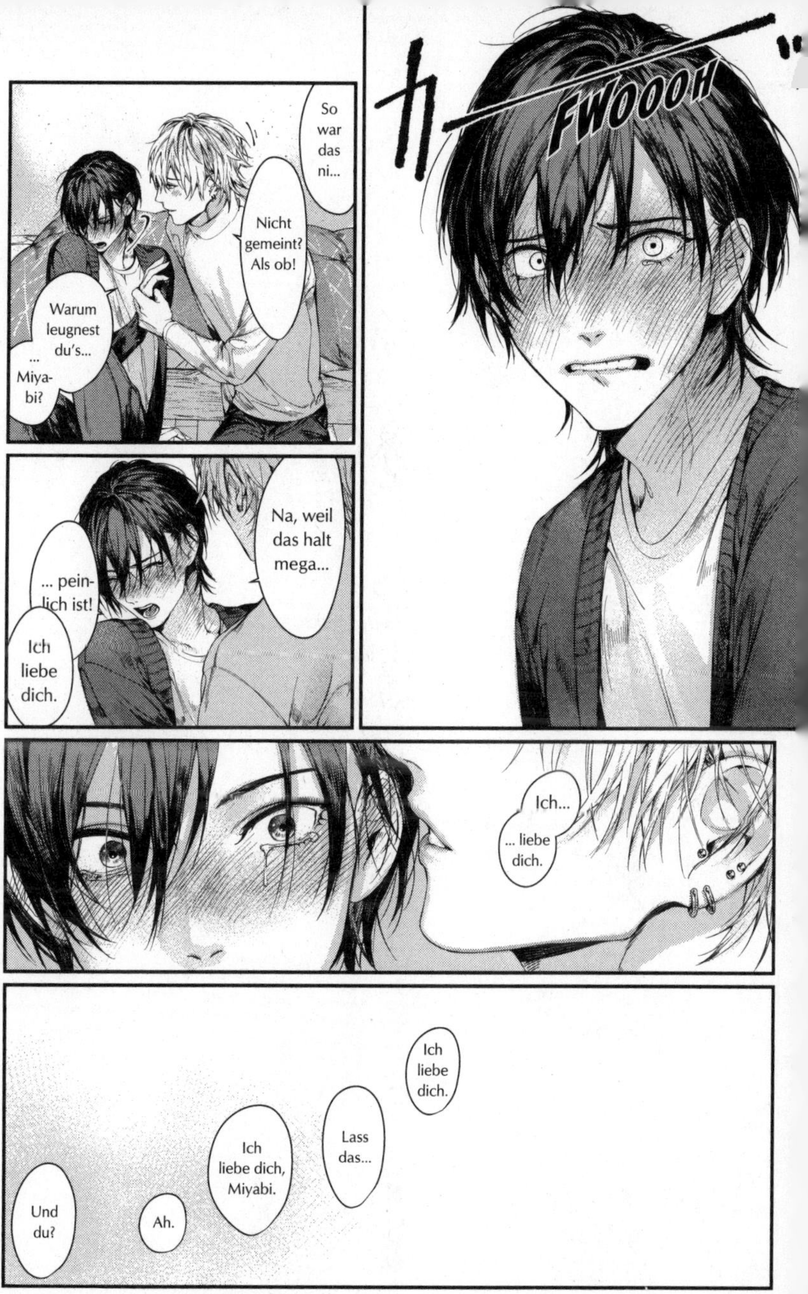
FWOOOH
So war das ni...
Nicht gemeint? Als ob!
Warum leugnest du's...
... Miyabi?
Na, weil das halt mega...
... peinlich ist!
Ich liebe dich.
Ich...
... liebe dich.
Ich liebe dich.
Lass das...
Ich liebe dich, Miyabi.
Ah.
Und du?

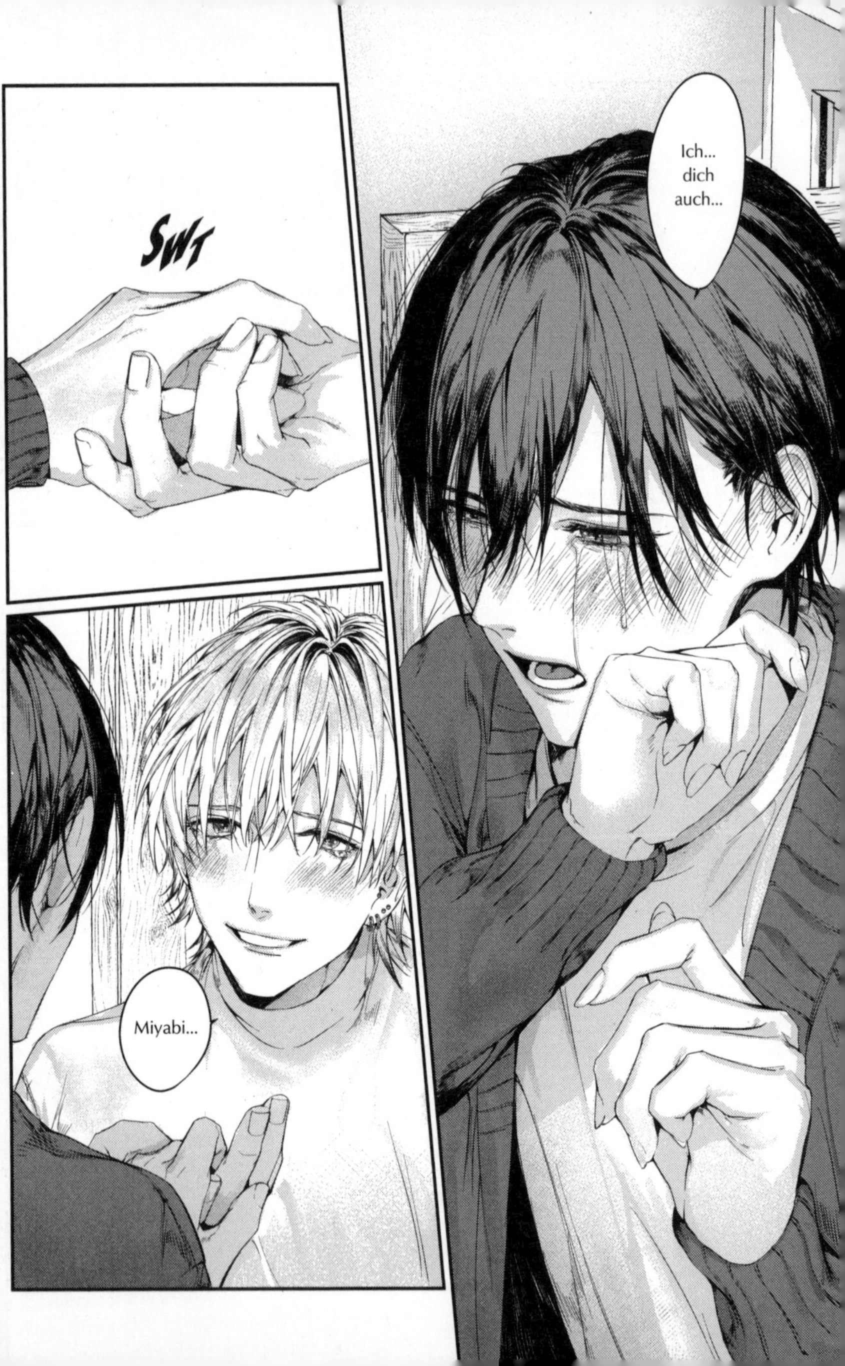
Ich...
dich
auch...
SWT
Miyabi...

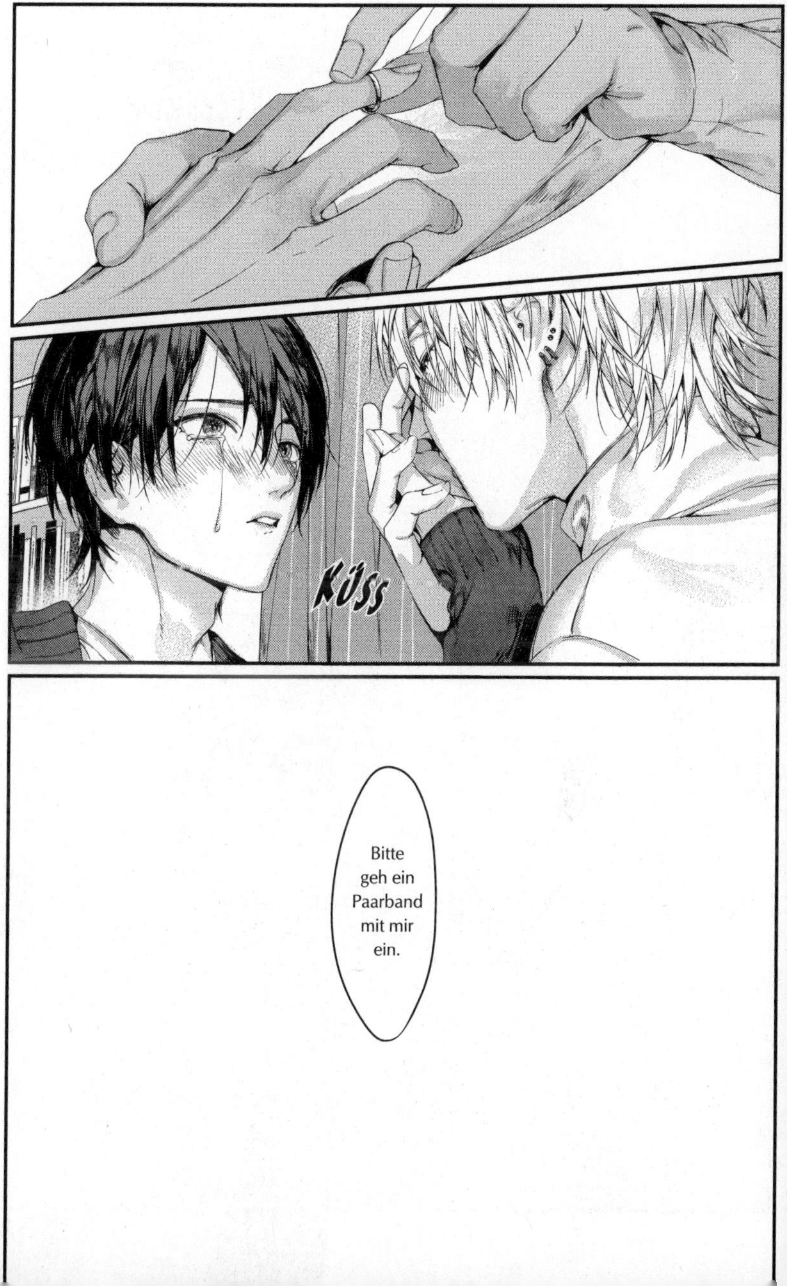
KÜSS
Bitte geh ein Paarband mit mir ein.

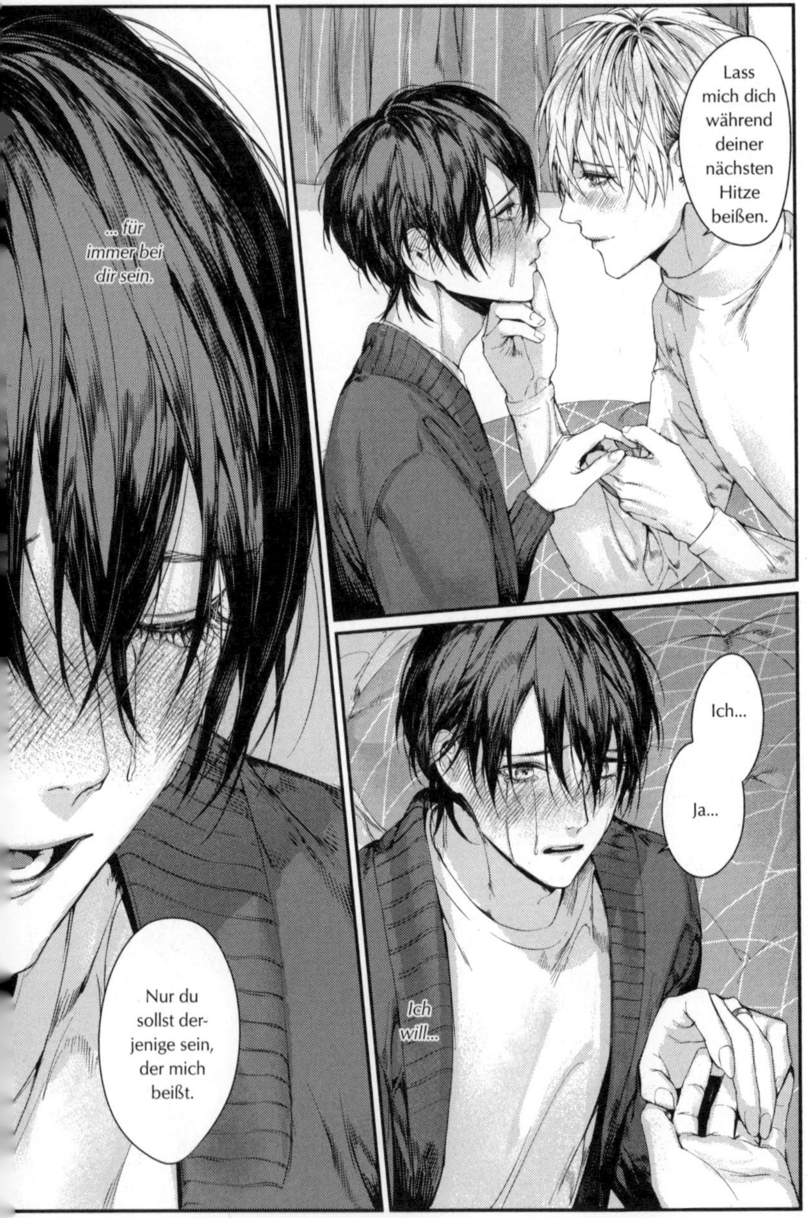
Lass mich dich während deiner nächsten Hitze beißen.
Ich...
Ja...
Ich will...
... für immer bei dir sein.
Nur du sollst der-jenige sein, der mich beißt.

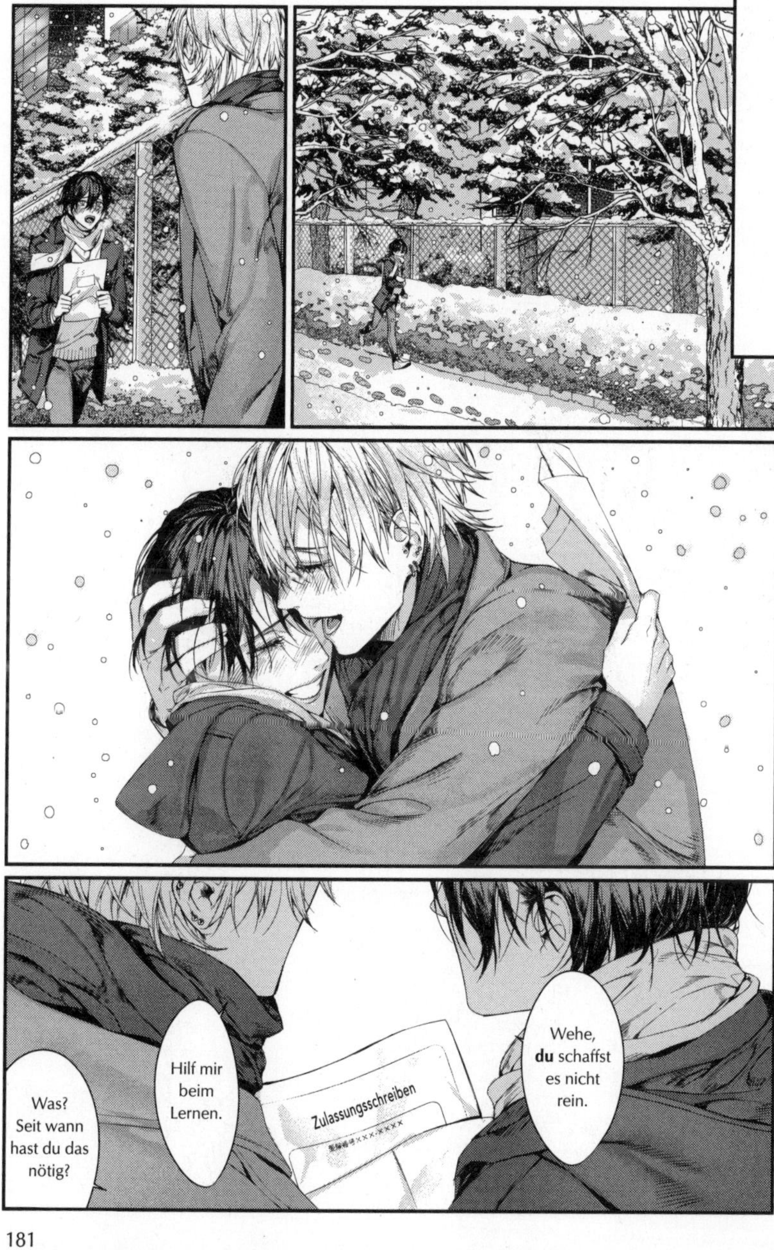
Wehe, **du** schaffst es nicht rein.
Zulassungsschreiben
Hilf mir beim Lernen.
Was? Seit wann hast du das nötig?

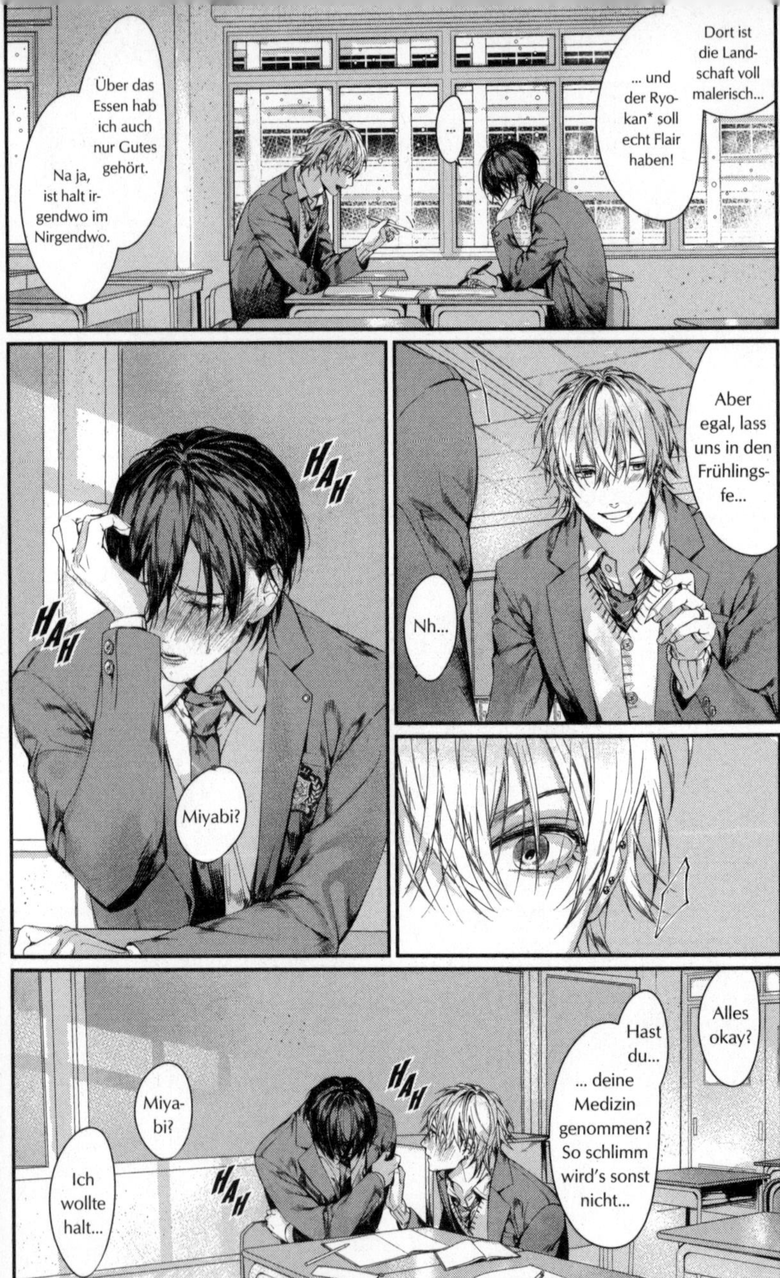

* traditionelles japanisches Gästehaus

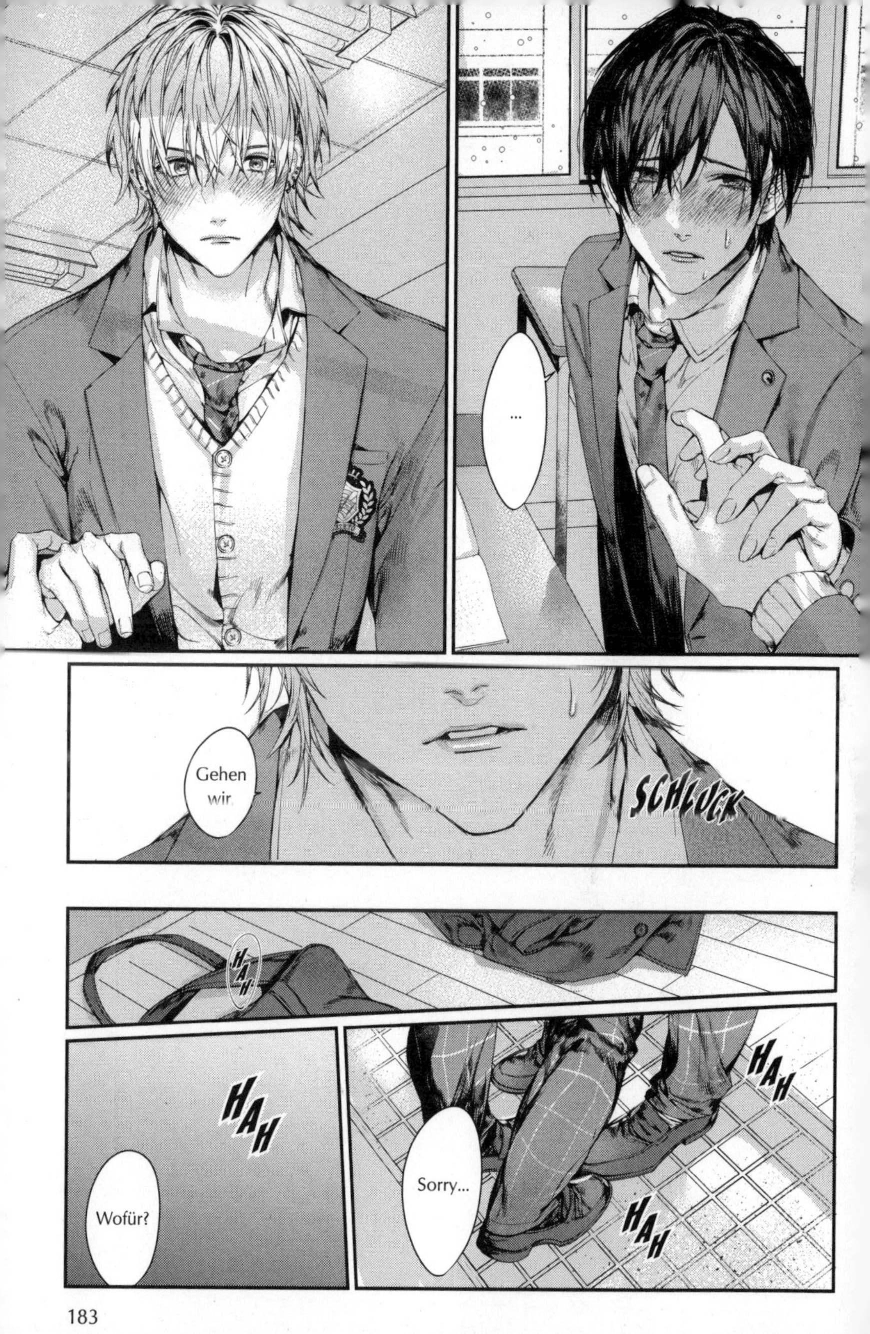
...
Gehen wir.
SCHLUCK
HAH HAH
HAH
Sorry...
HAH
Wofür?
HAH

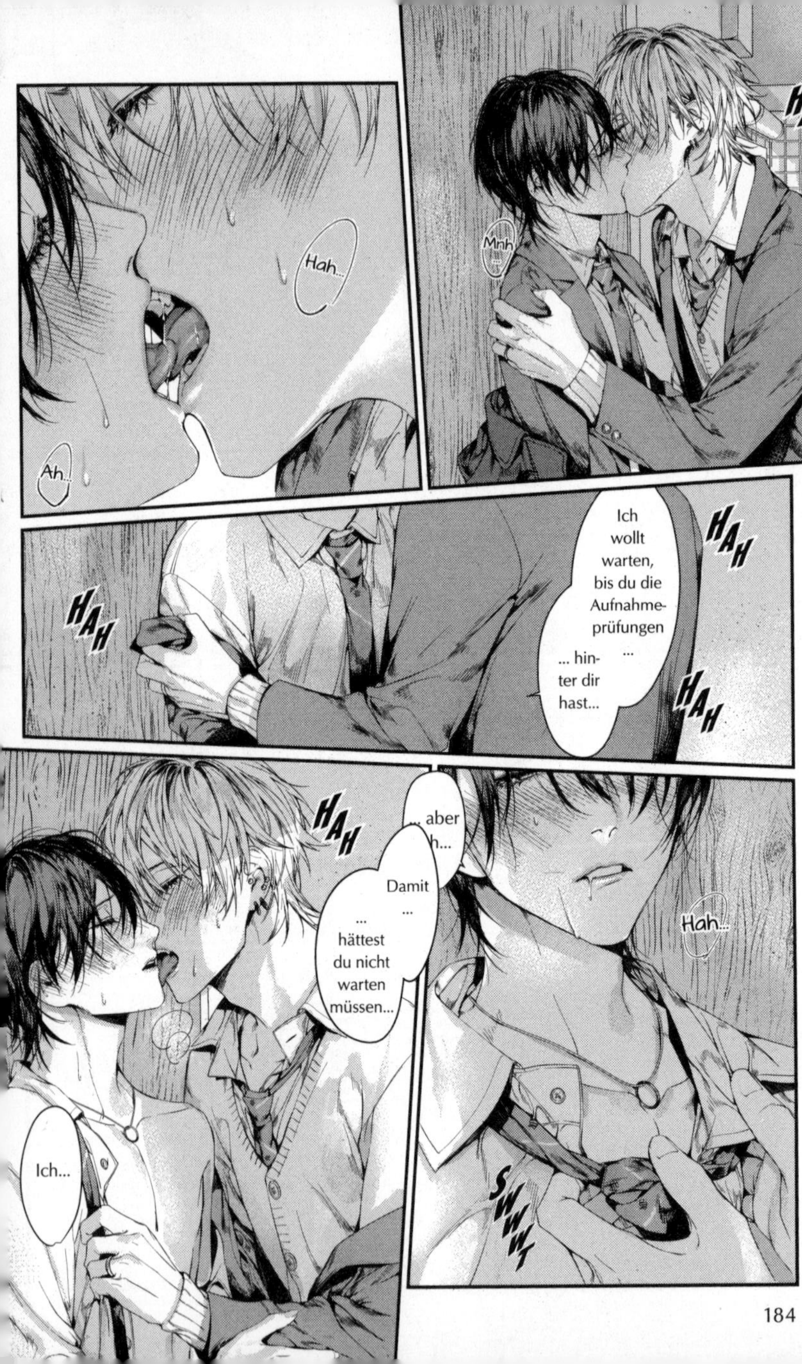
HAH
Mnh ...
Hah...
Ah...
HAH
Ich wollt warten, bis du die Aufnahmeprüfungen ... ... hinter dir hast...
HAH
HAH
... aber h...
Hah...
SWWT
HAH
Damit ... ... hättest du nicht warten müssen...
Ich...

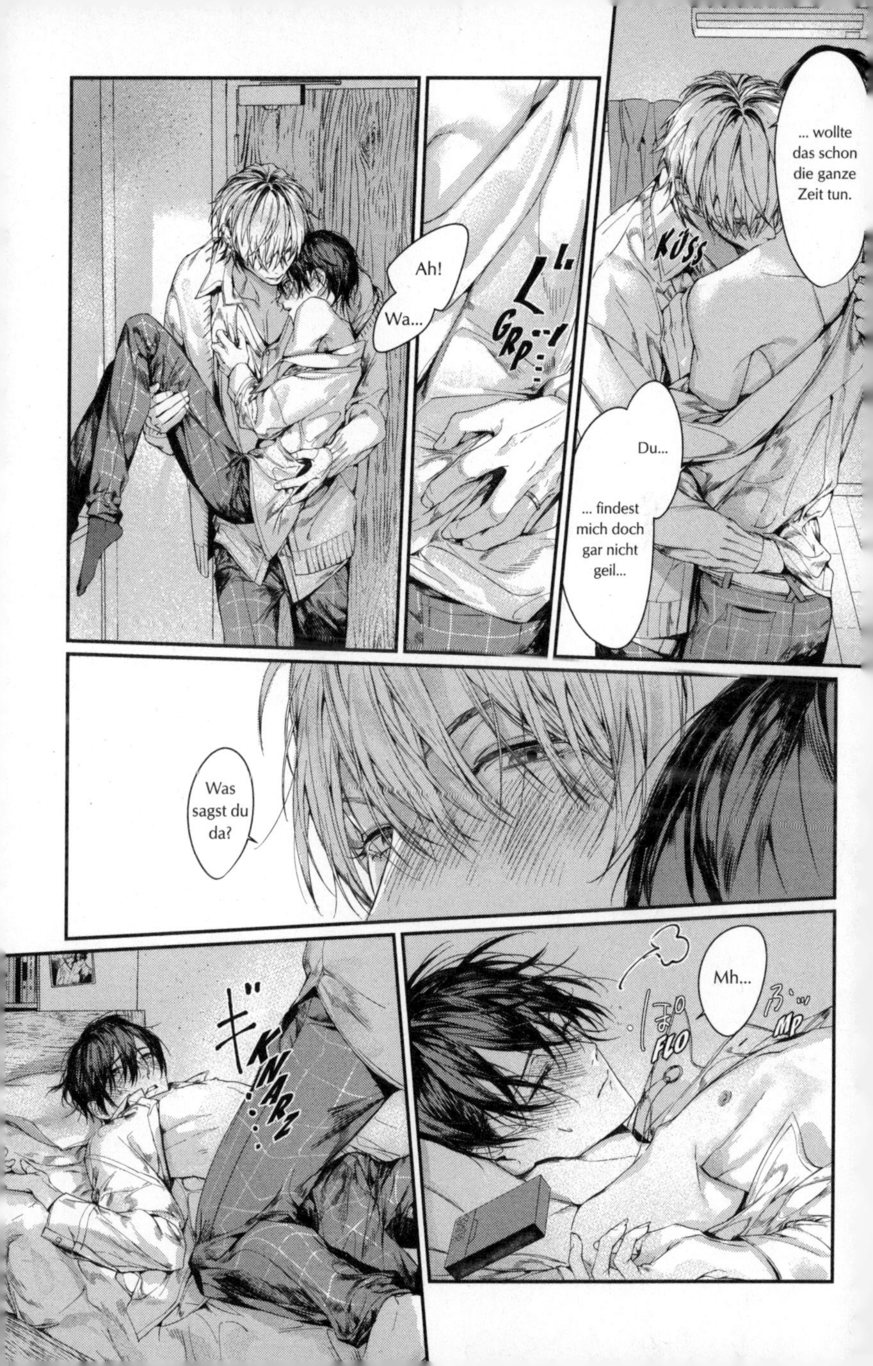
... wollte das schon die ganze Zeit tun.
KÜSS
Du...
... findest mich doch gar nicht geil...
GRP...
Ah!
Wa...
Was sagst du da?
Mh...
MP
FLO
KNARZ

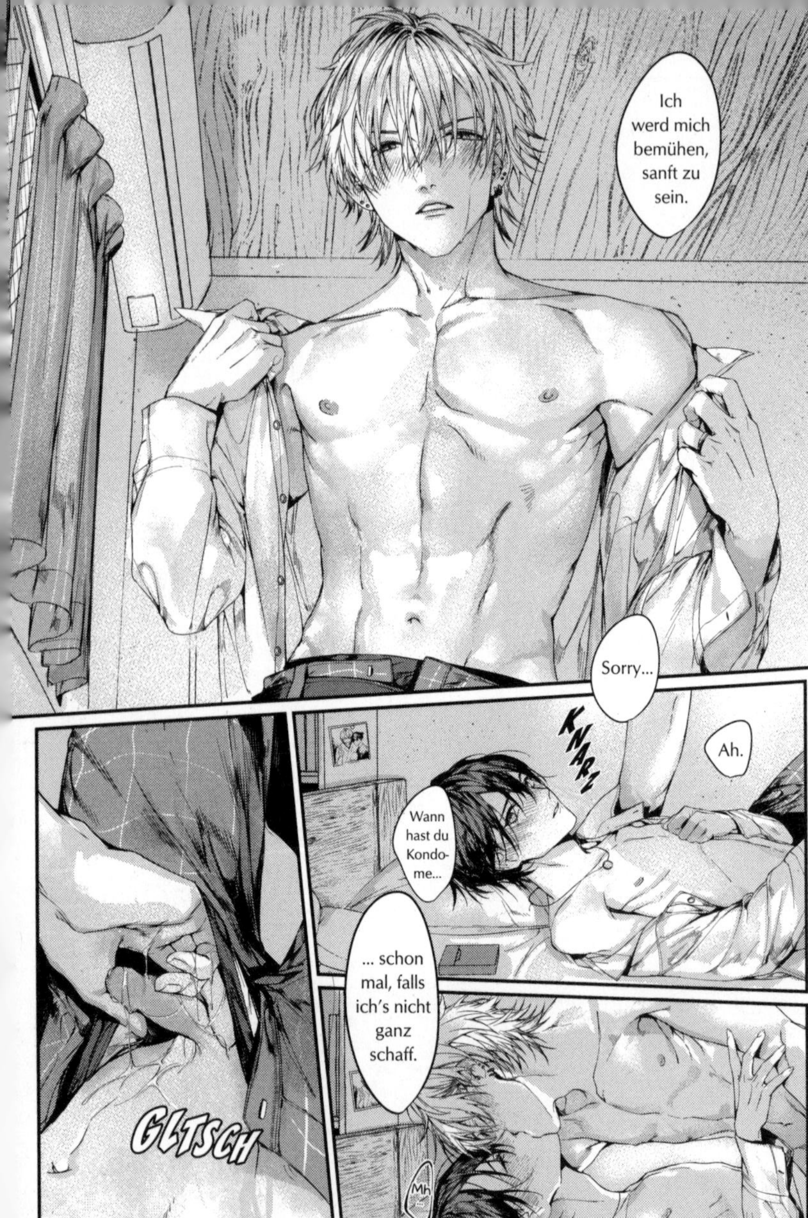
Ich werd mich bemühen, sanft zu sein.
Sorry...
Ah.
KNARZ
Wann hast du Kondome...
... schon mal, falls ich's nicht ganz schaff.
Mh ...
GLTSCH

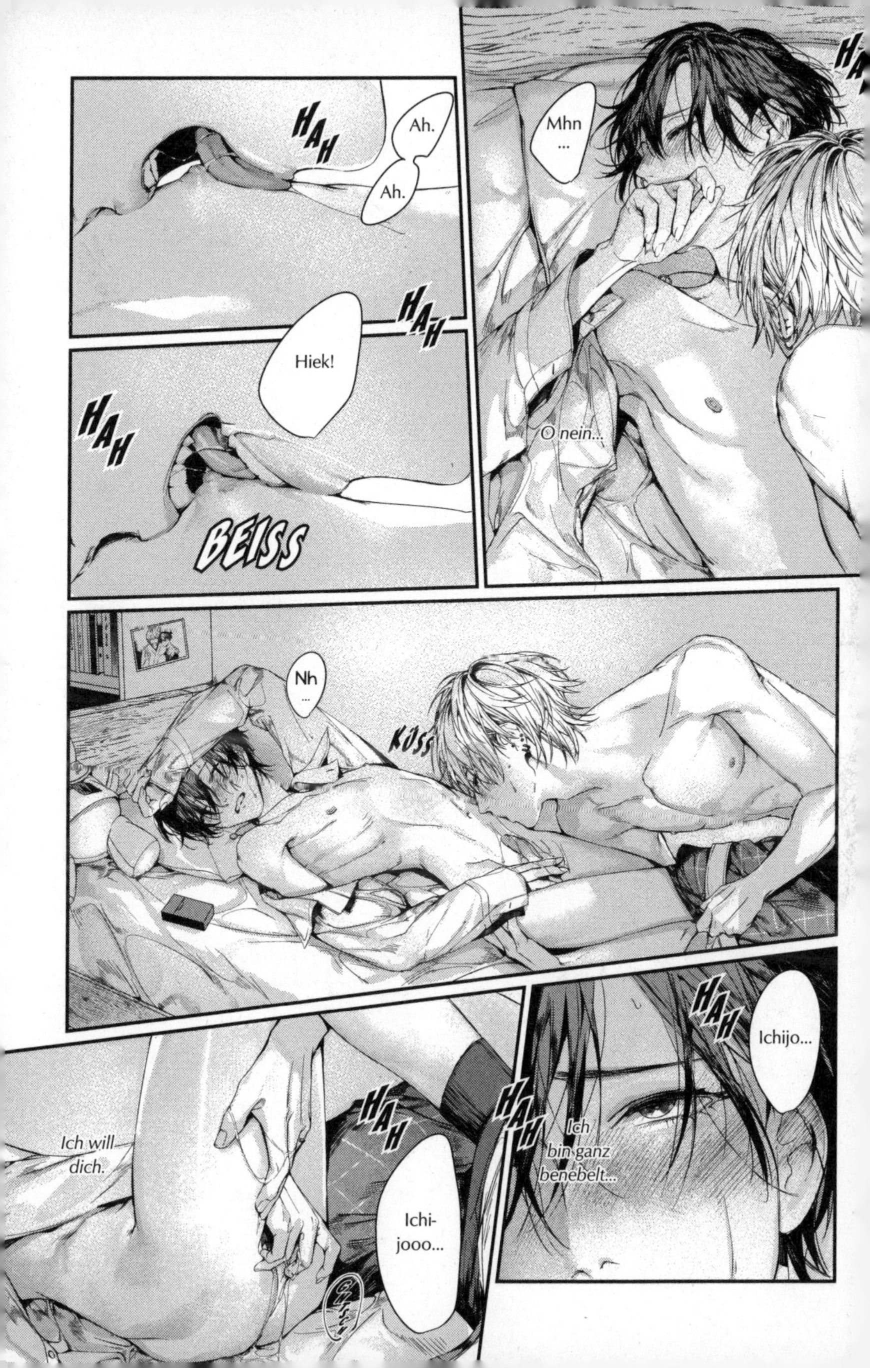
Mhn ...
O nein...
HAH
Ah.
Ah.
HAH
Hiek!
HAH
BEISS
Nh ...
KÜSS
HAH
Ichijo...
HAH
Ich bin ganz benebelt...
HAH
Ichi-jooo...
Ich will dich.

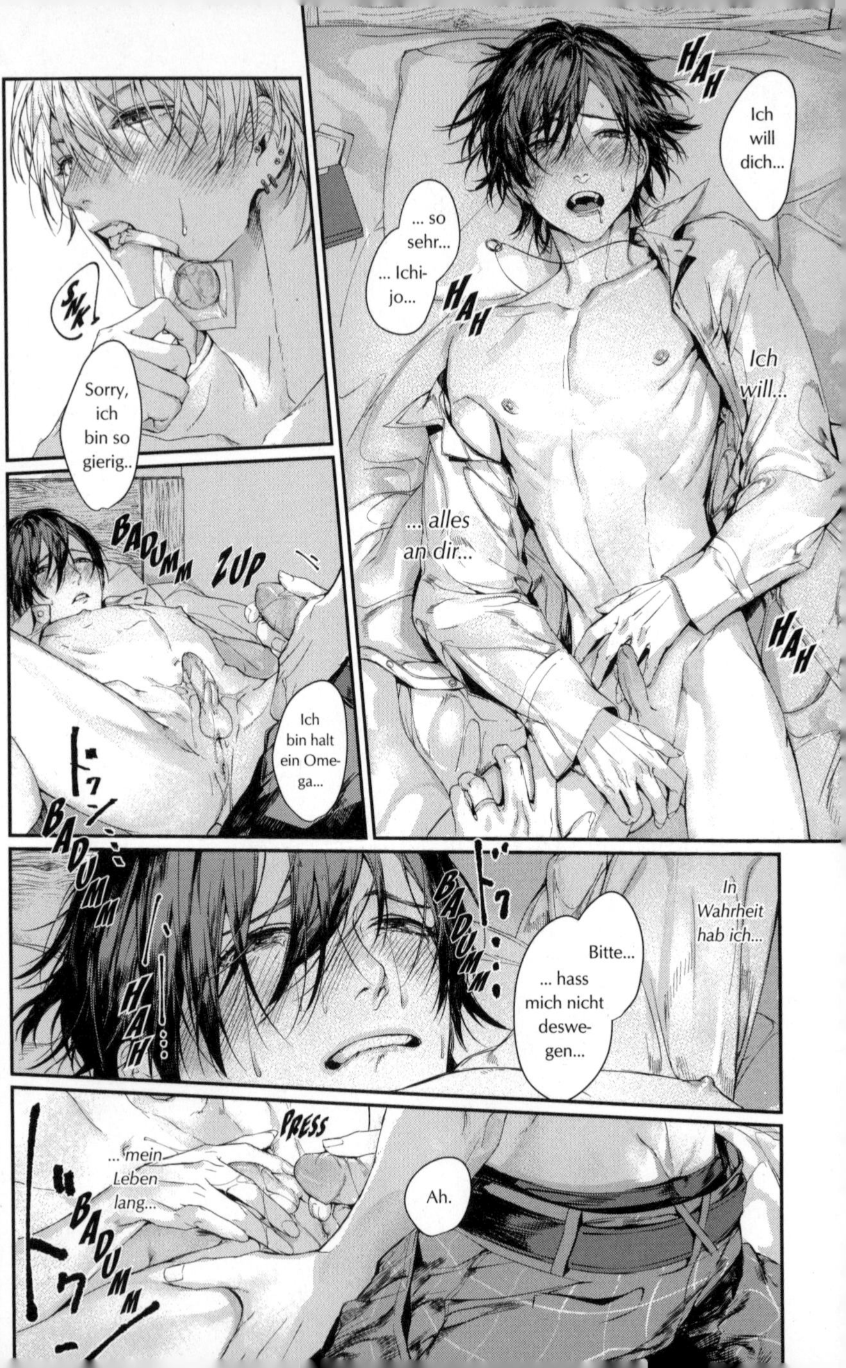
HAH
Ich will dich...
... so sehr... ... Ichi-jo...
HAH
Ich will...
... alles an dir...
HAH
SNK
Sorry, ich bin so gierig..
BADUMM
ZUP
Ich bin halt ein Ome-ga...
BADUMM
In Wahrheit hab ich...
BADUMM
Bitte... ... hass mich nicht deswe-gen...
HAH
HAH
PRESS
Ah.
... mein Leben lang...
BADUMM

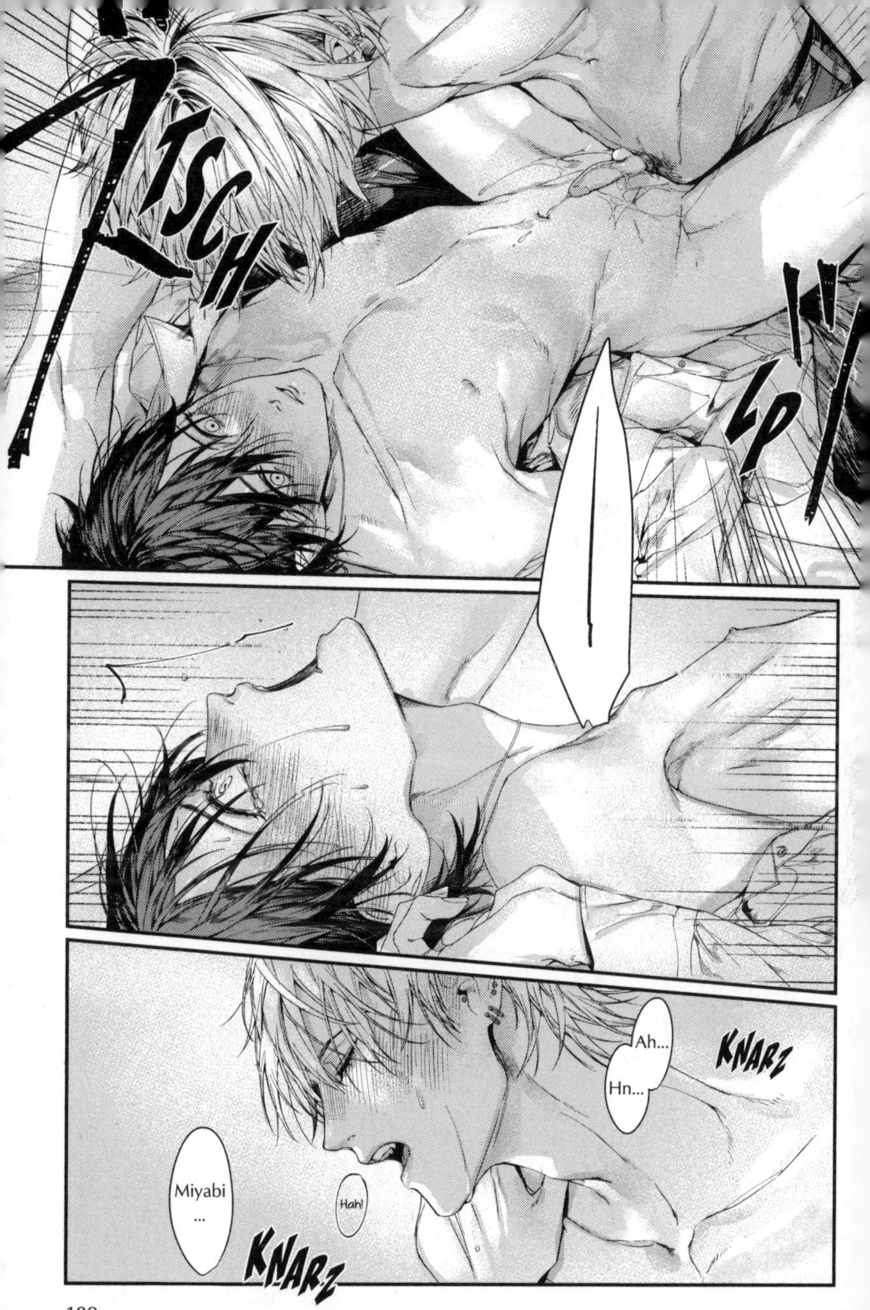
KNARZ
Ah...
Hn...
Hah!
Miyabi ...
KNARZ

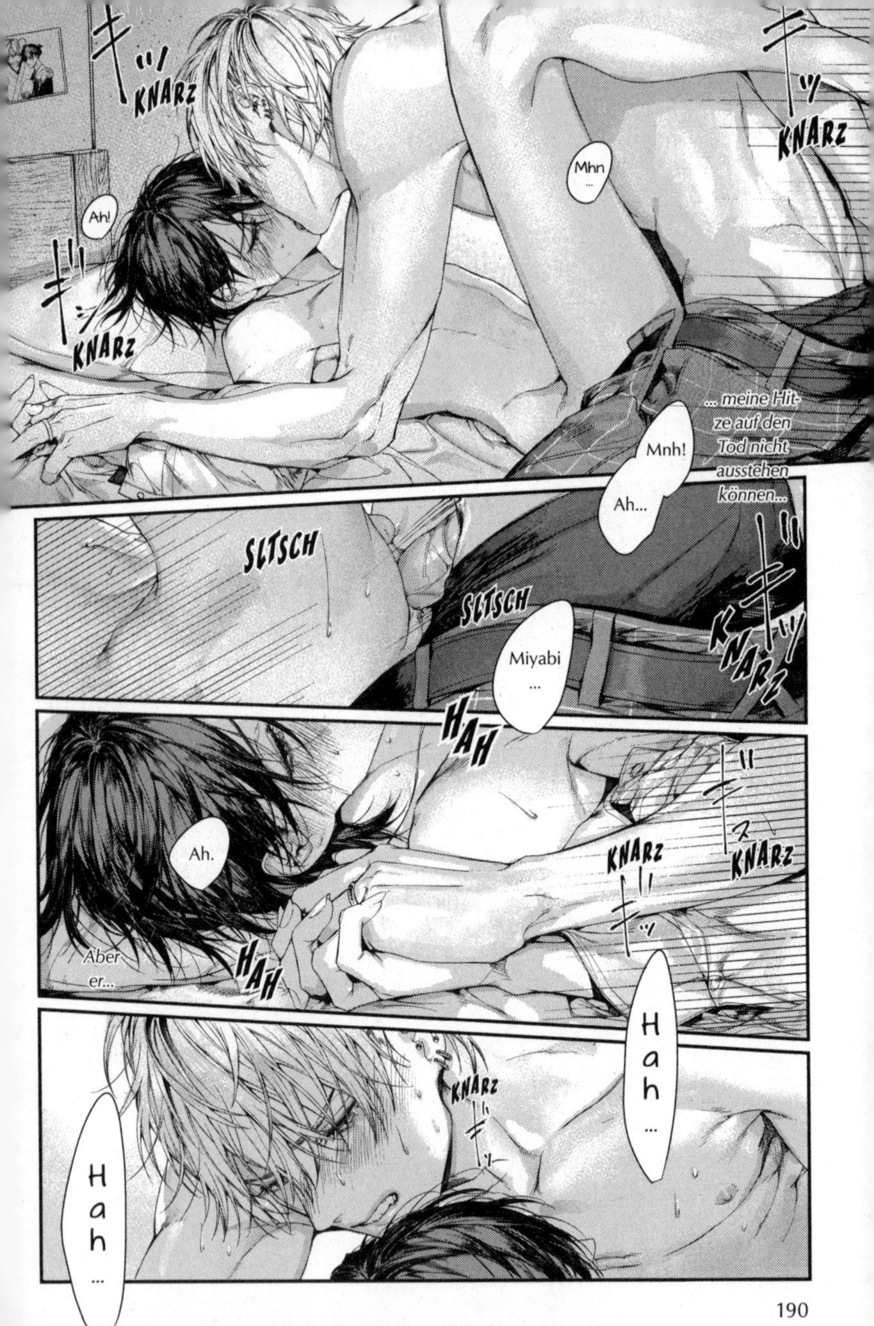
KNARZ
KNARZ
Mhn ...
Ah!
KNARZ
... meine Hitze auf den Tod nicht ausstehen können...
Mnh!
Ah...
SLTSCH
SLTSCH
KNARZ
Miyabi ...
HAH
KNARZ
KNARZ
Ah.
HAH
Aber er...
Hah ...
KNARZ
Hah ...

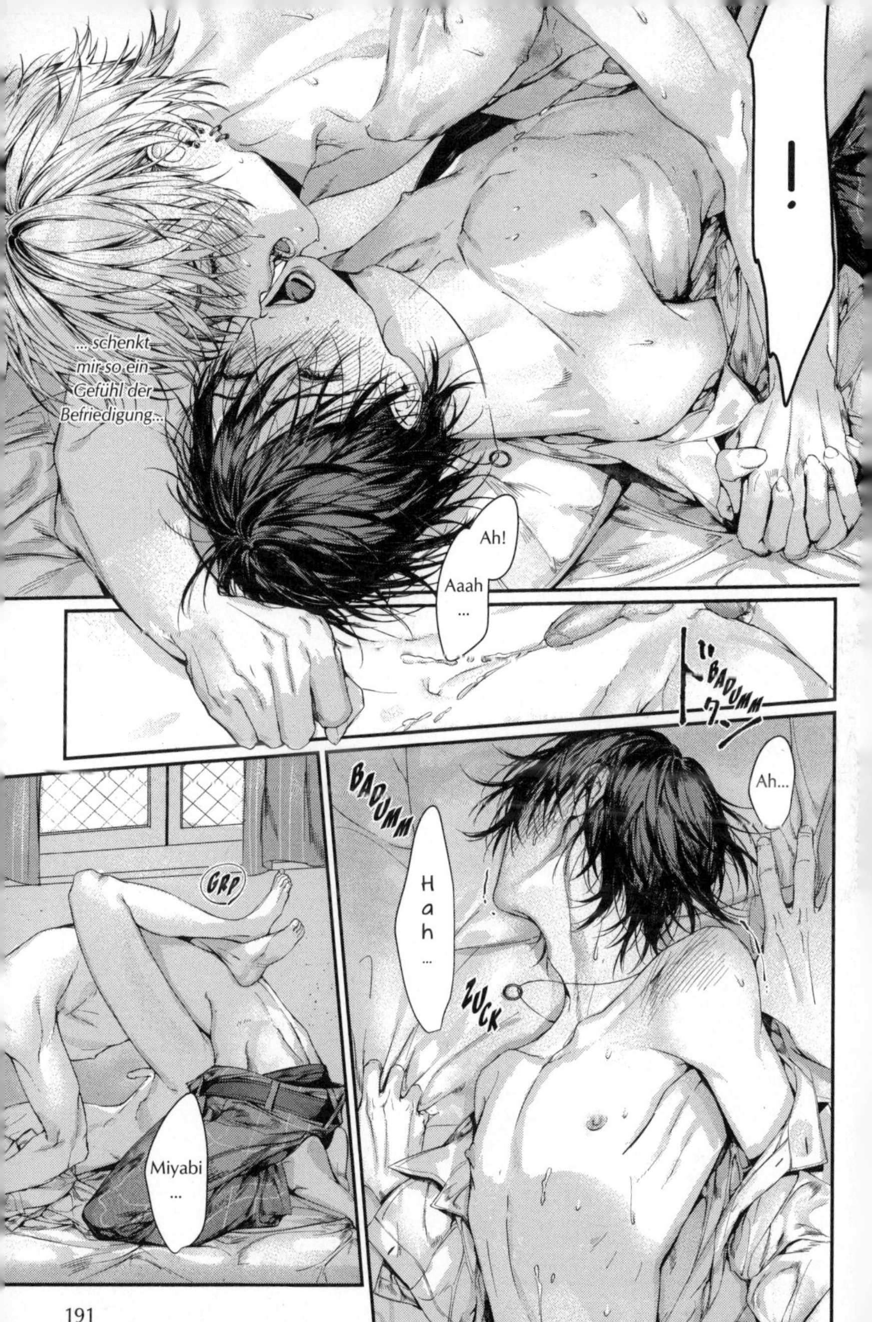
!
... schenkt mir so ein Gefühl der Befriedigung...
Ah! Aaah ...
BADUMM
Ah...
BADUMM
Hah ...
ZUCK
GRP
Miyabi ...

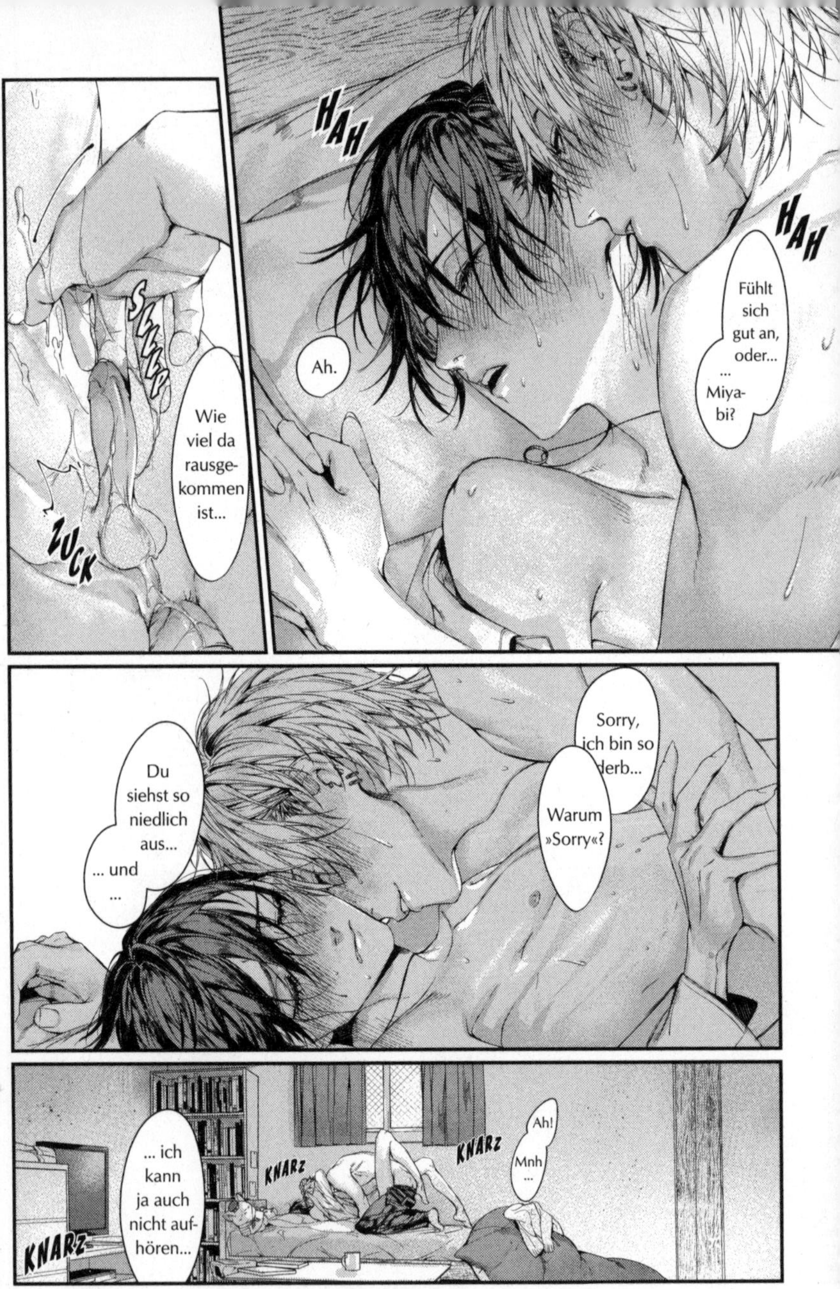
HAH
HAH
Fühlt sich gut an, oder... ... Miya-bi?
Ah.
Wie viel da rausgekommen ist...
ZUCK
Sorry, ich bin so derb...
Warum »Sorry«?
Du siehst so niedlich aus... ... und ...
Ah! Mnh ...
KNARZ
KNARZ
... ich kann ja auch nicht aufhören...
KNARZ

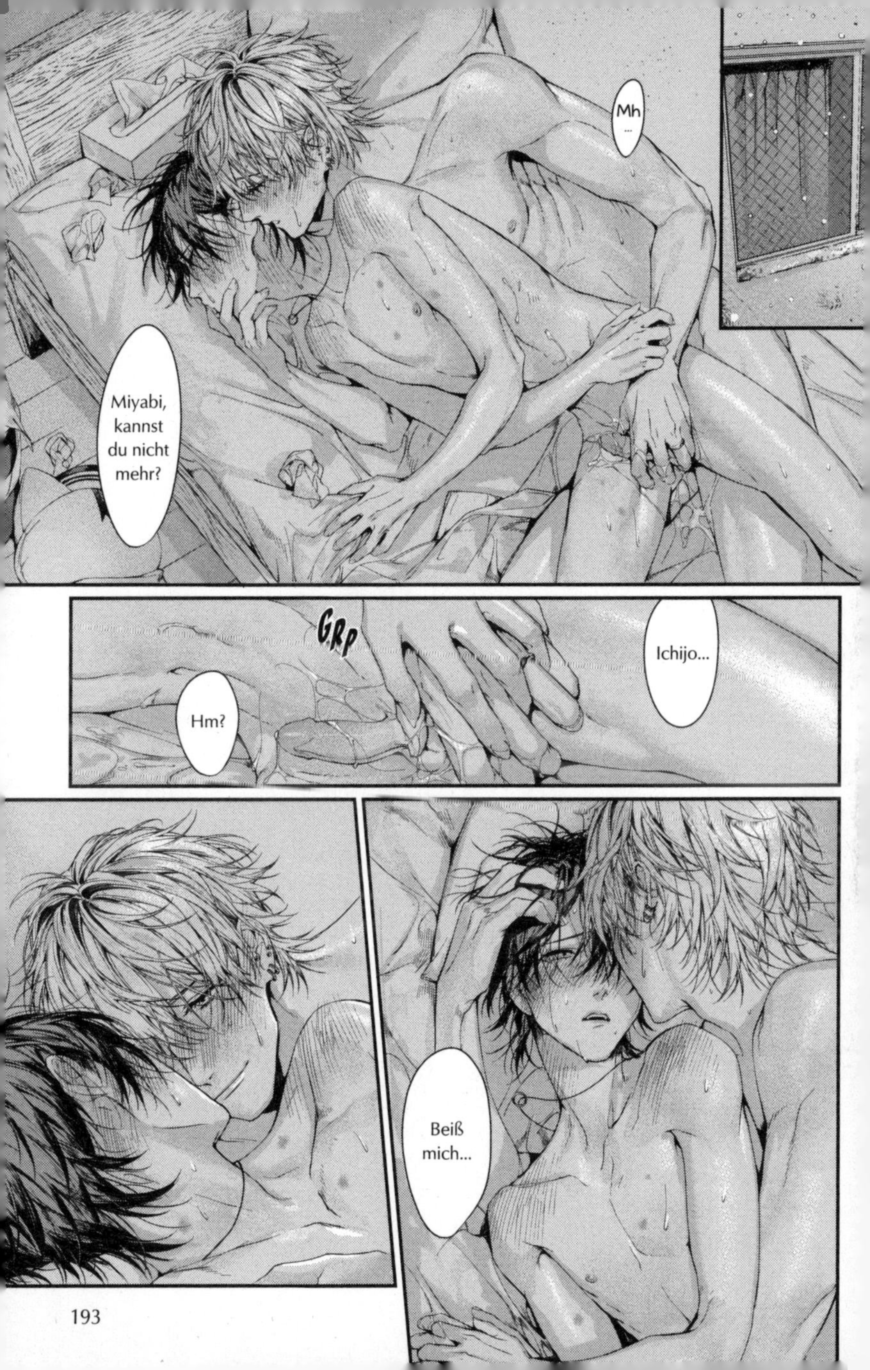
Mh ...
Miyabi, kannst du nicht mehr?
Ichijo...
GRP
Hm?
Beiß mich...

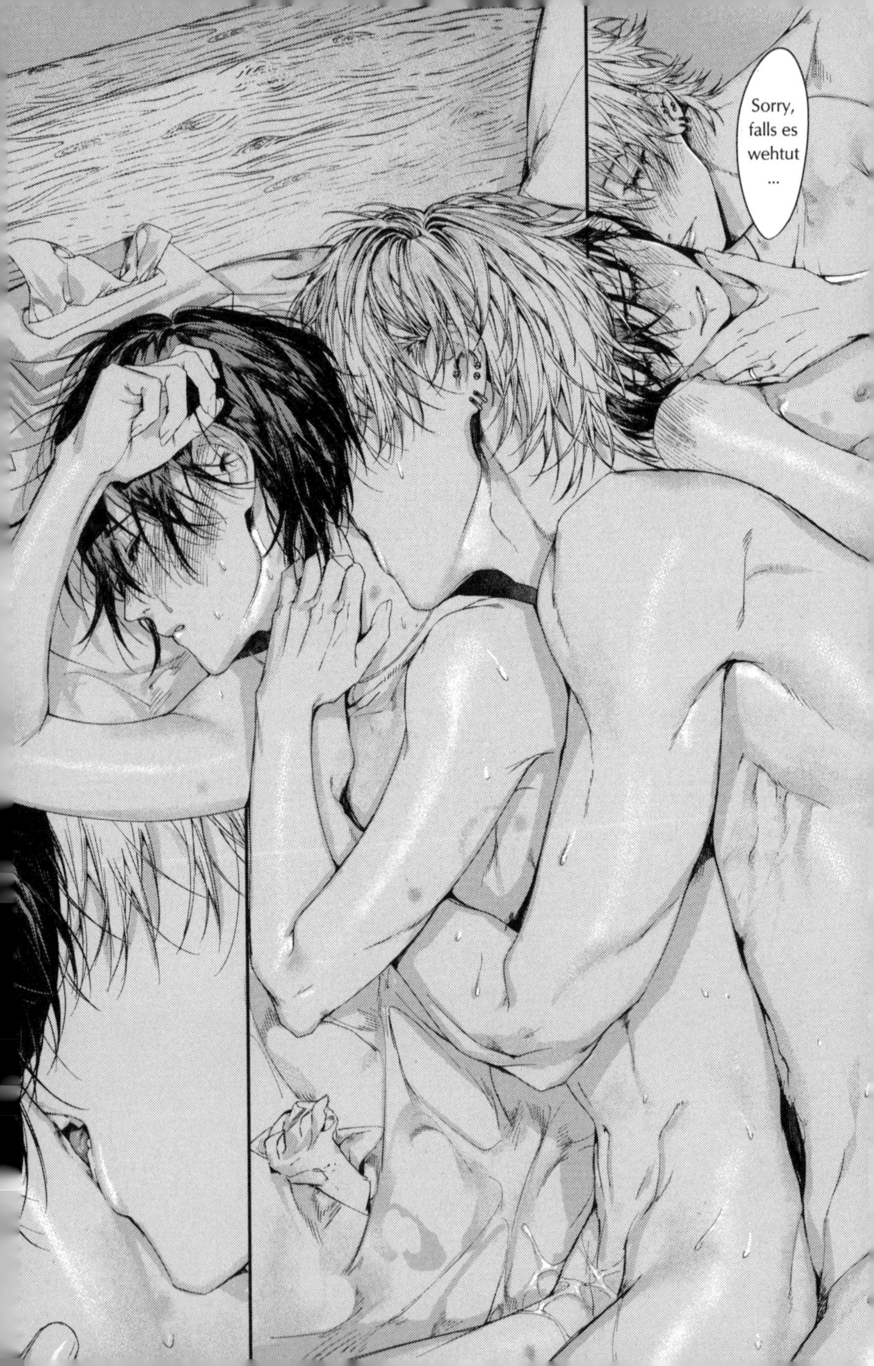
Sorry, falls es wehtut ...

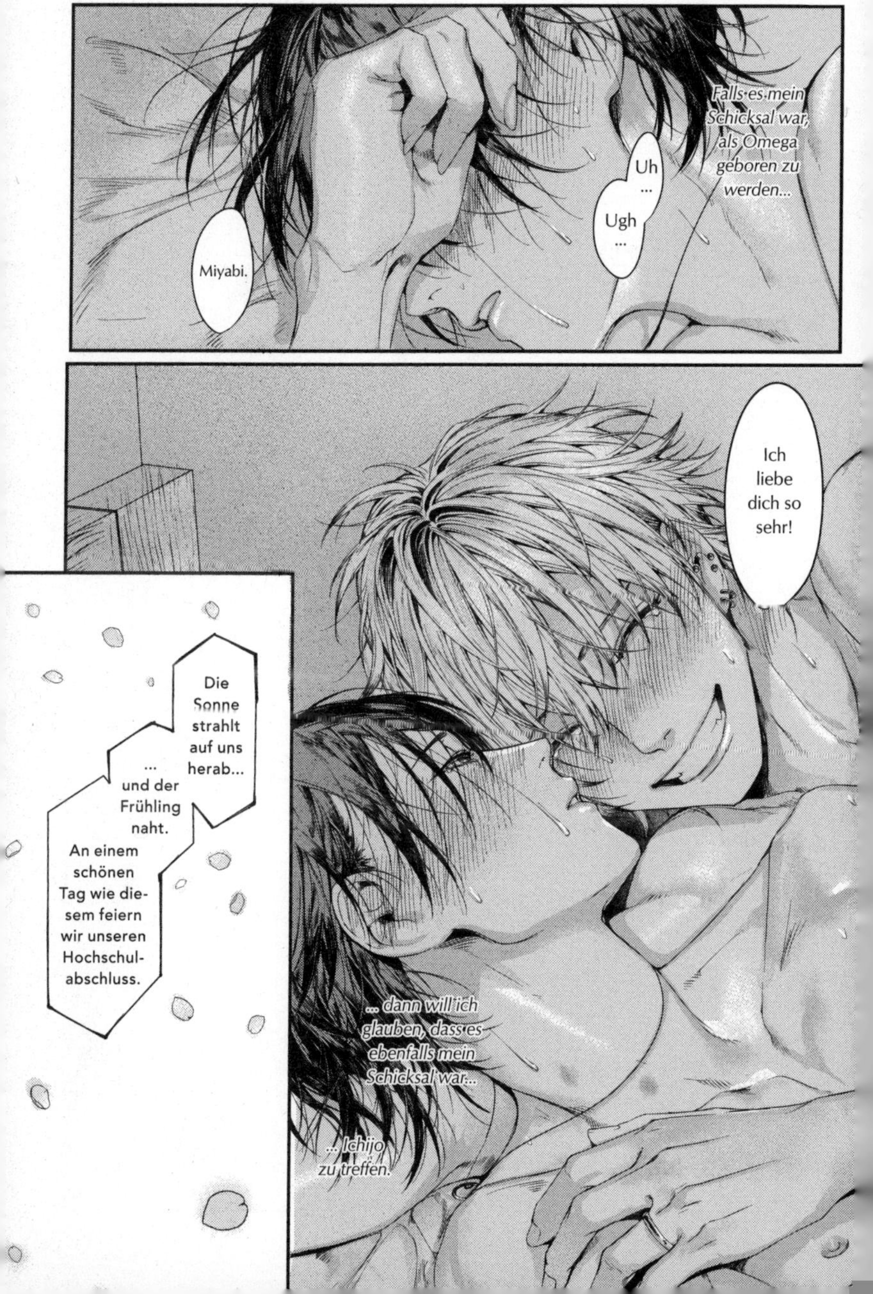
Falls es mein Schicksal war, als Omega geboren zu werden...
Uh ... Ugh ...
Miyabi.
Ich liebe dich so sehr!
... dann will ich glauben, dass es ebenfalls mein Schicksal war...
... Ichijo zu treffen.
Die Sonne strahlt auf uns herab...
... und der Frühling naht.
An einem schönen Tag wie diesem feiern wir unseren Hochschulabschluss.

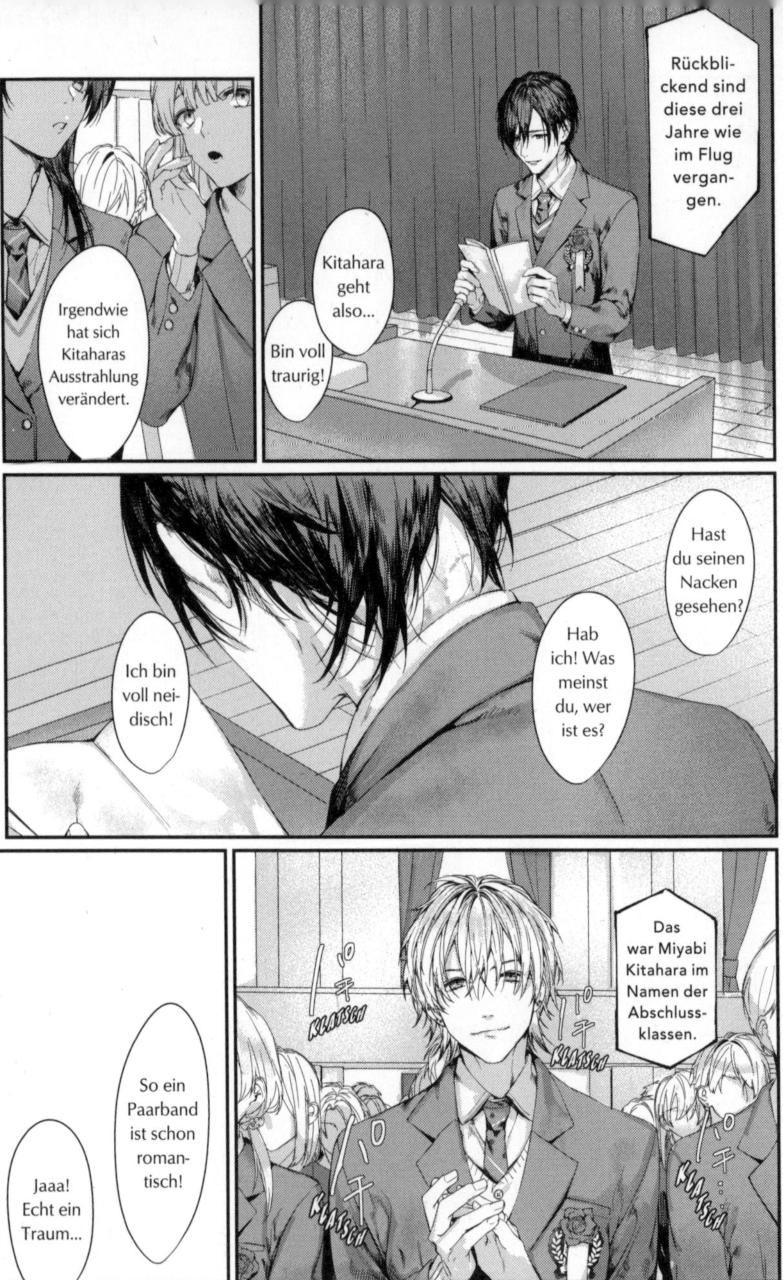
Rückblickend sind diese drei Jahre wie im Flug vergangen.
Kitahara geht also...
Bin voll traurig!
Irgendwie hat sich Kitaharas Ausstrahlung verändert.
Hast du seinen Nacken gesehen?
Hab ich! Was meinst du, wer ist es?
Ich bin voll neidisch!
Das war Miyabi Kitahara im Namen der Abschlussklassen.
KLATSCH
KLATSCH
KLATSCH
KLATSCH
So ein Paarband ist schon romantisch!
Jaaa! Echt ein Traum...

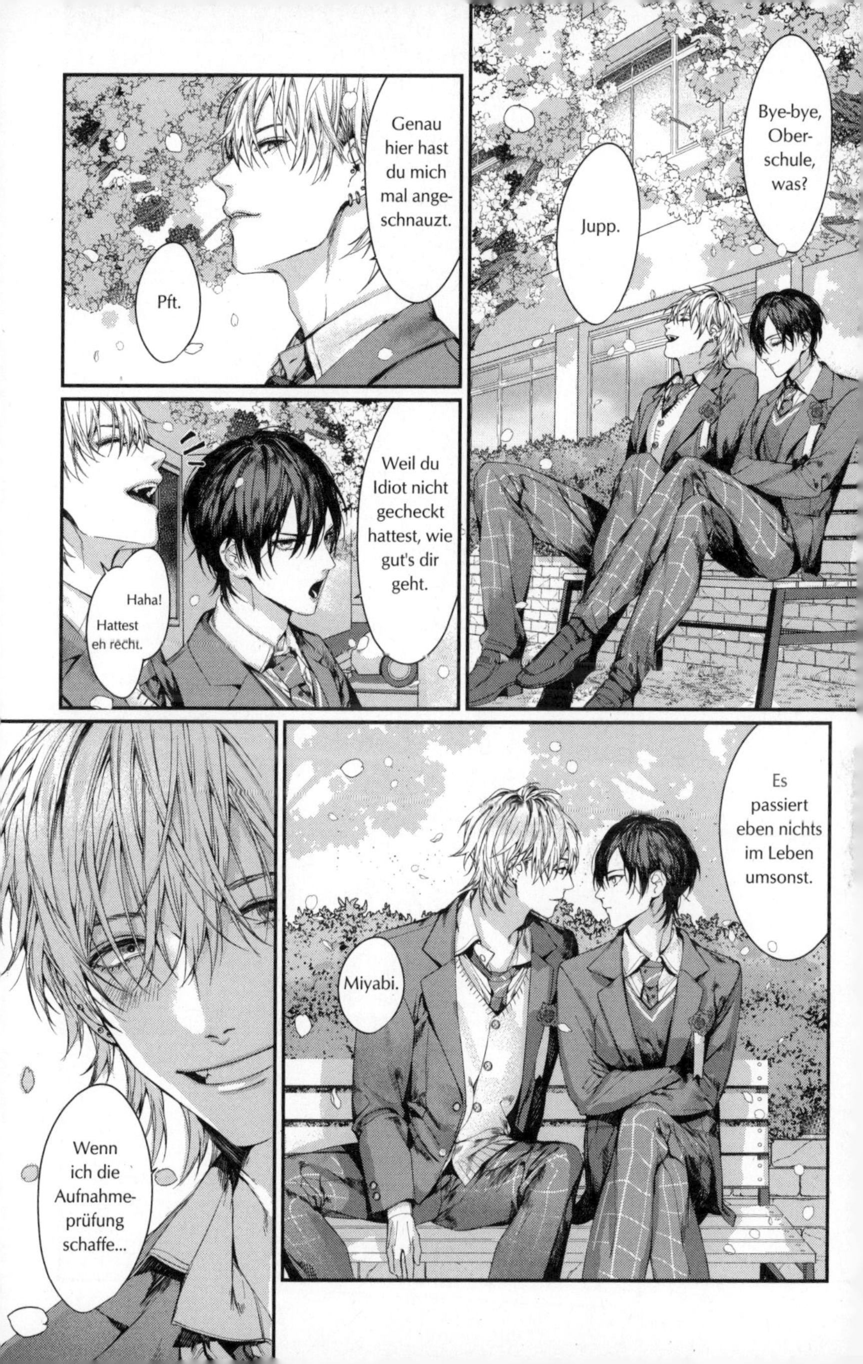
Bye-bye, Oberschule, was?
Jupp.
Genau hier hast du mich mal angeschnauzt.
Pft.
Weil du Idiot nicht gecheckt hattest, wie gut's dir geht.
Haha! Hattest eh recht.
Es passiert eben nichts im Leben umsonst.
Miyabi.
Wenn ich die Aufnahmeprüfung schaffe...

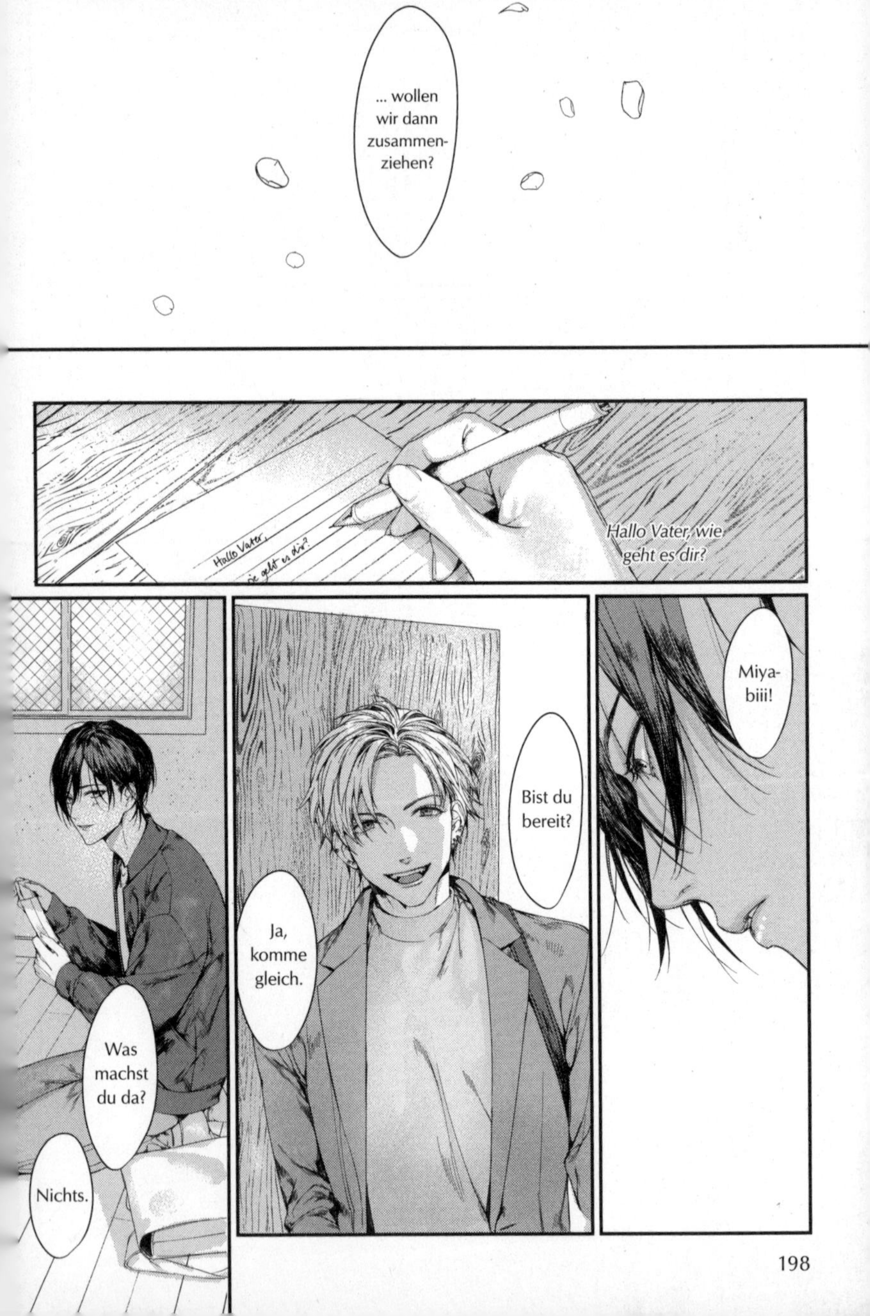
... wollen wir dann zusammen-ziehen?
Hallo Vater, wie geht es dir?
Miya-biii!
Bist du bereit?
Ja, komme gleich.
Was machst du da?
Nichts.

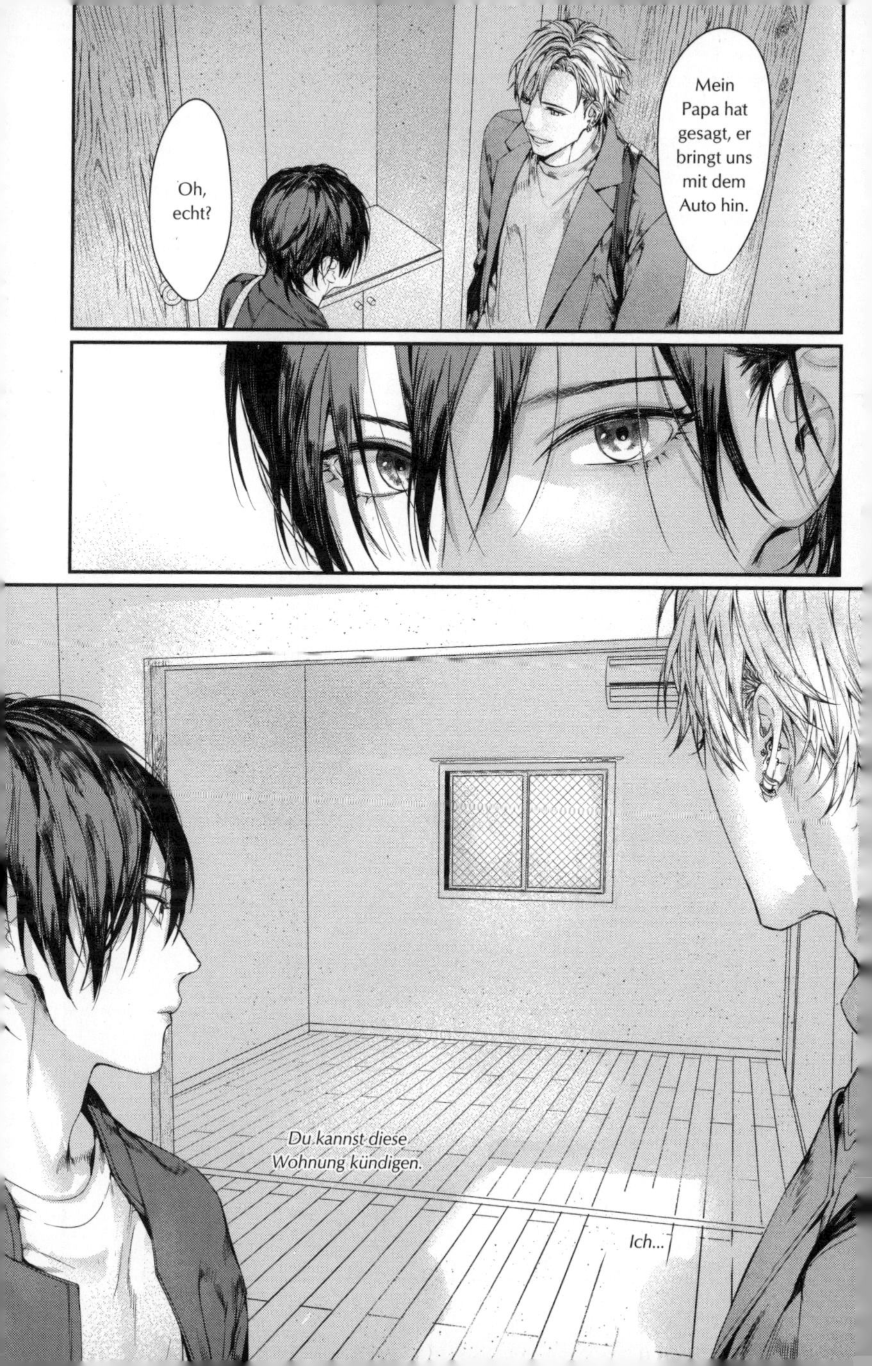

Mein Papa hat gesagt, er bringt uns mit dem Auto hin.
Oh, echt?
Du kannst diese Wohnung kündigen.
Ich...

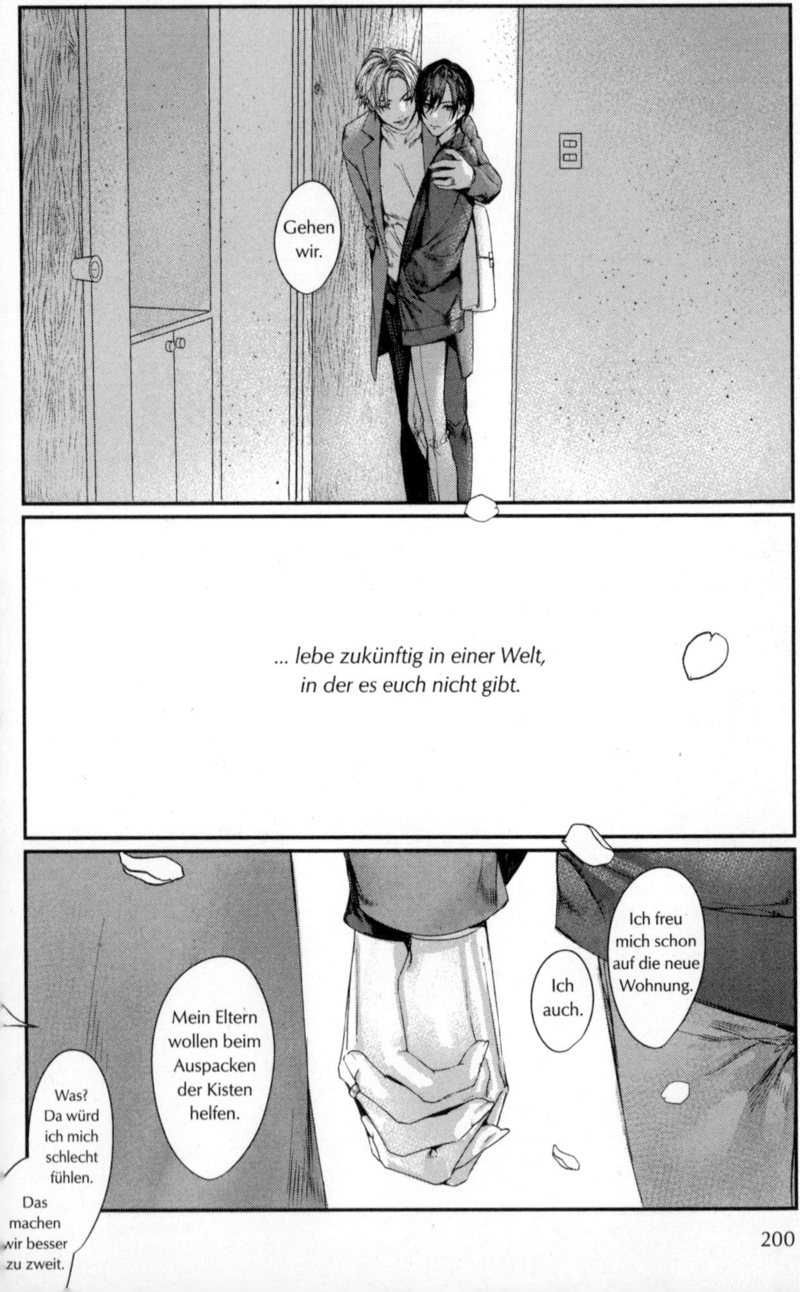
Gehen wir.
... lebe zukünftig in einer Welt, in der es euch nicht gibt.
Ich freu mich schon auf die neue Wohnung.
Ich auch.
Mein Eltern wollen beim Auspacken der Kisten helfen.
Was? Da würd ich mich schlecht fühlen.
Das machen wir besser zu zweit.

Ende

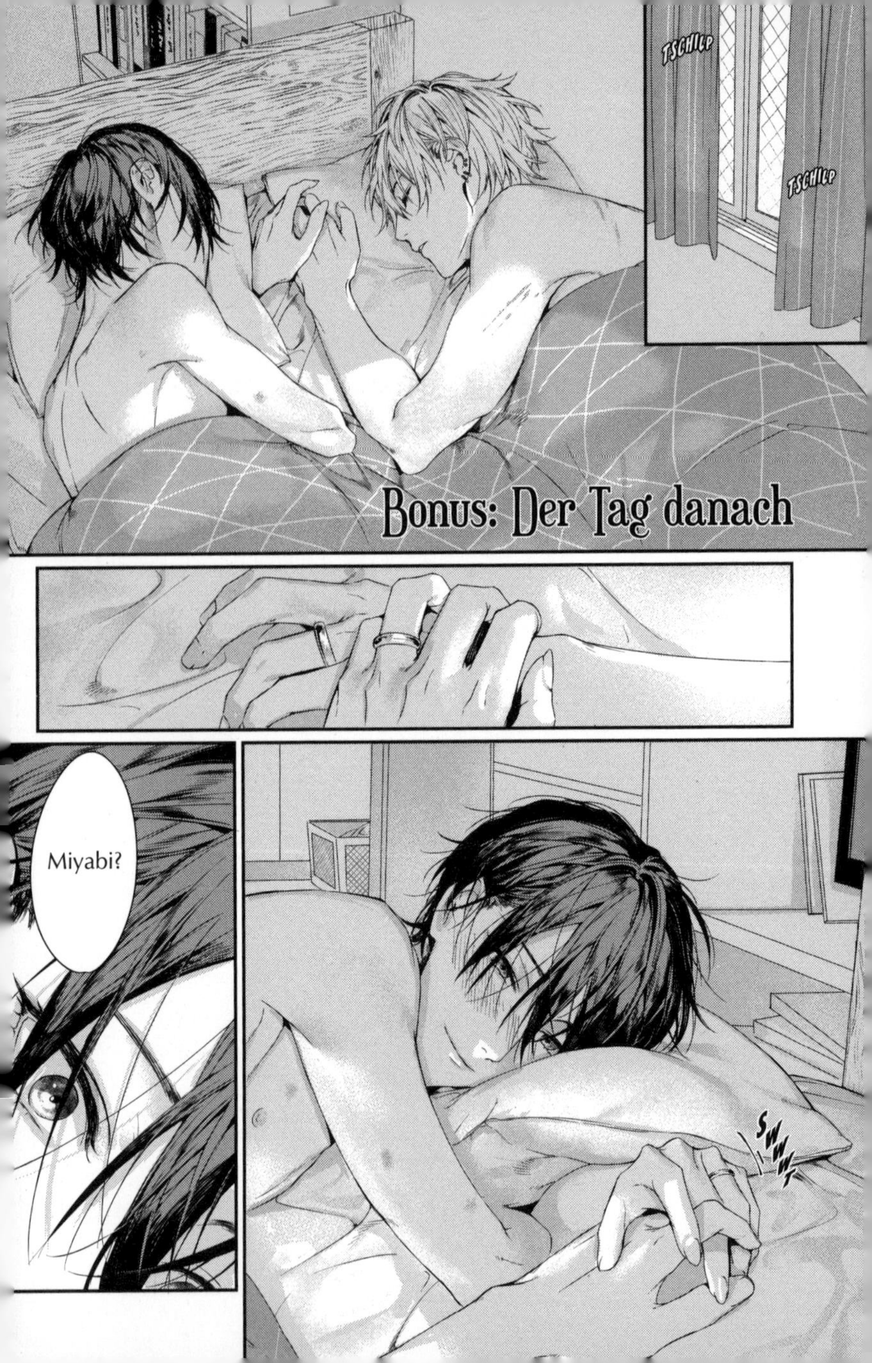
TSCHILP
TSCHILP
Bonus: Der Tag danach
Miyabi?
SWWWT

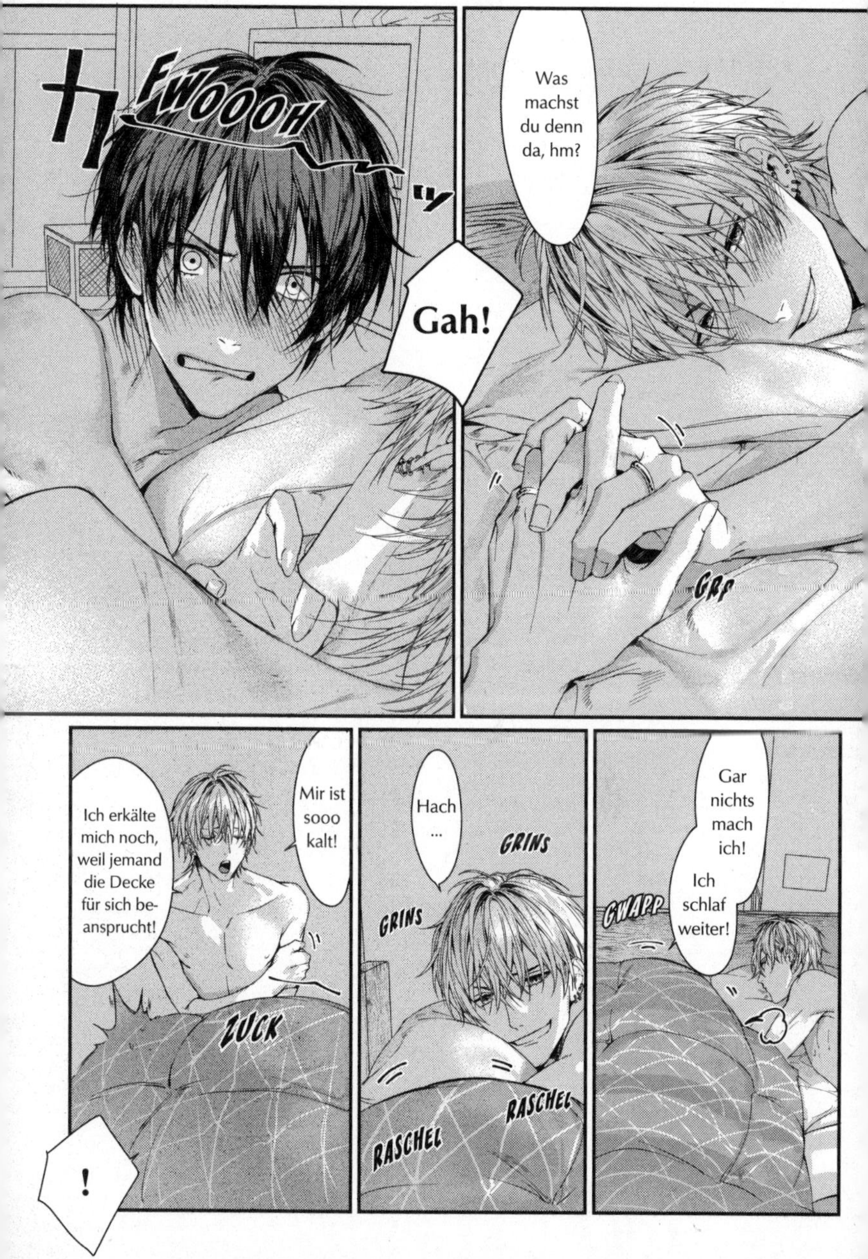
Was machst du denn da, hm?
Gah!
FWOOOH
カ
Gar nichts mach ich!
Ich schlaf weiter!
GWAPP
Hach ...
GRINS
GRINS
RASCHEL
RASCHEL
Mir ist sooo kalt!
Ich erkälte mich noch, weil jemand die Decke für sich beansprucht!
ZUCK
!

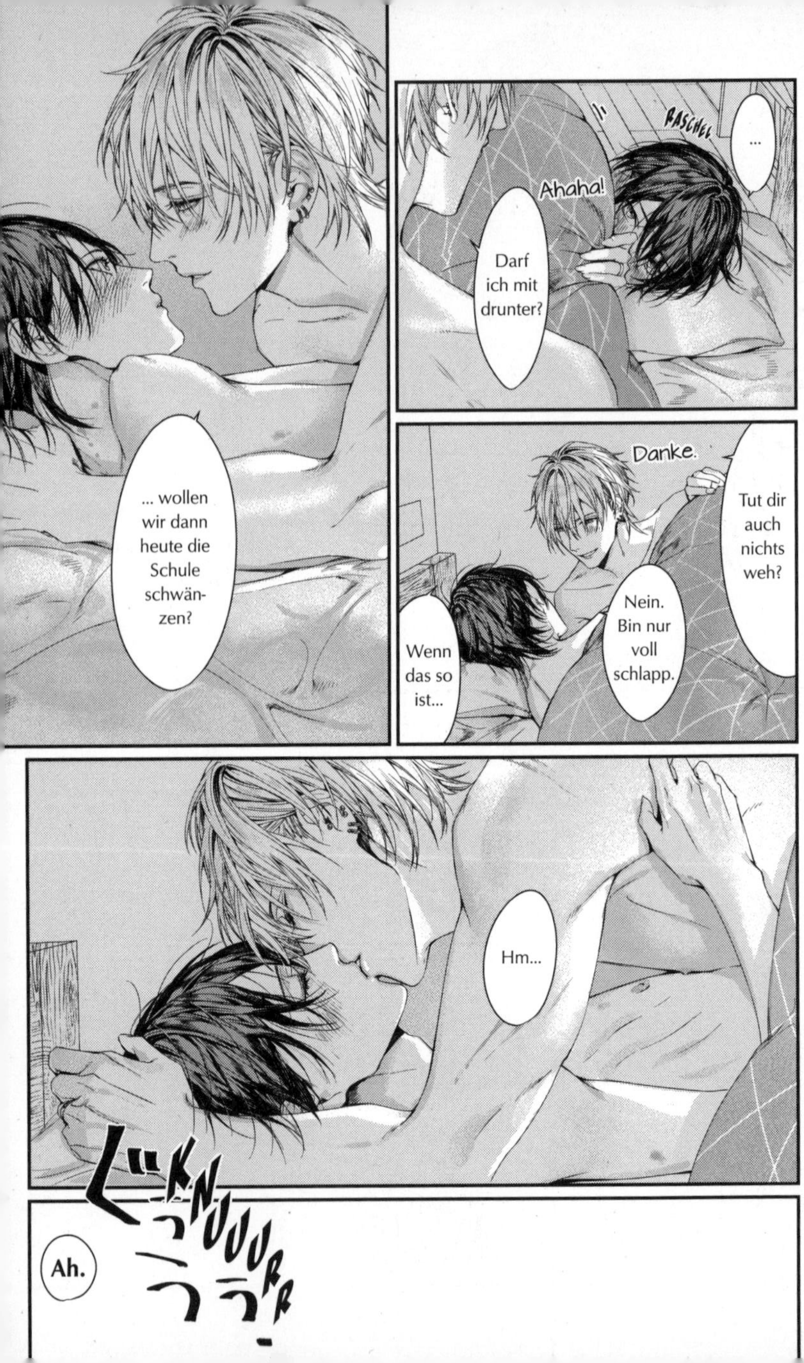
...
RASCHEL
Ahaha!
Darf ich mit drunter?
Tut dir auch nichts weh?
Danke.
Nein. Bin nur voll schlapp.
Wenn das so ist...
... wollen wir dann heute die Schule schwänzen?
Hm...
KNUUURR
Ah.

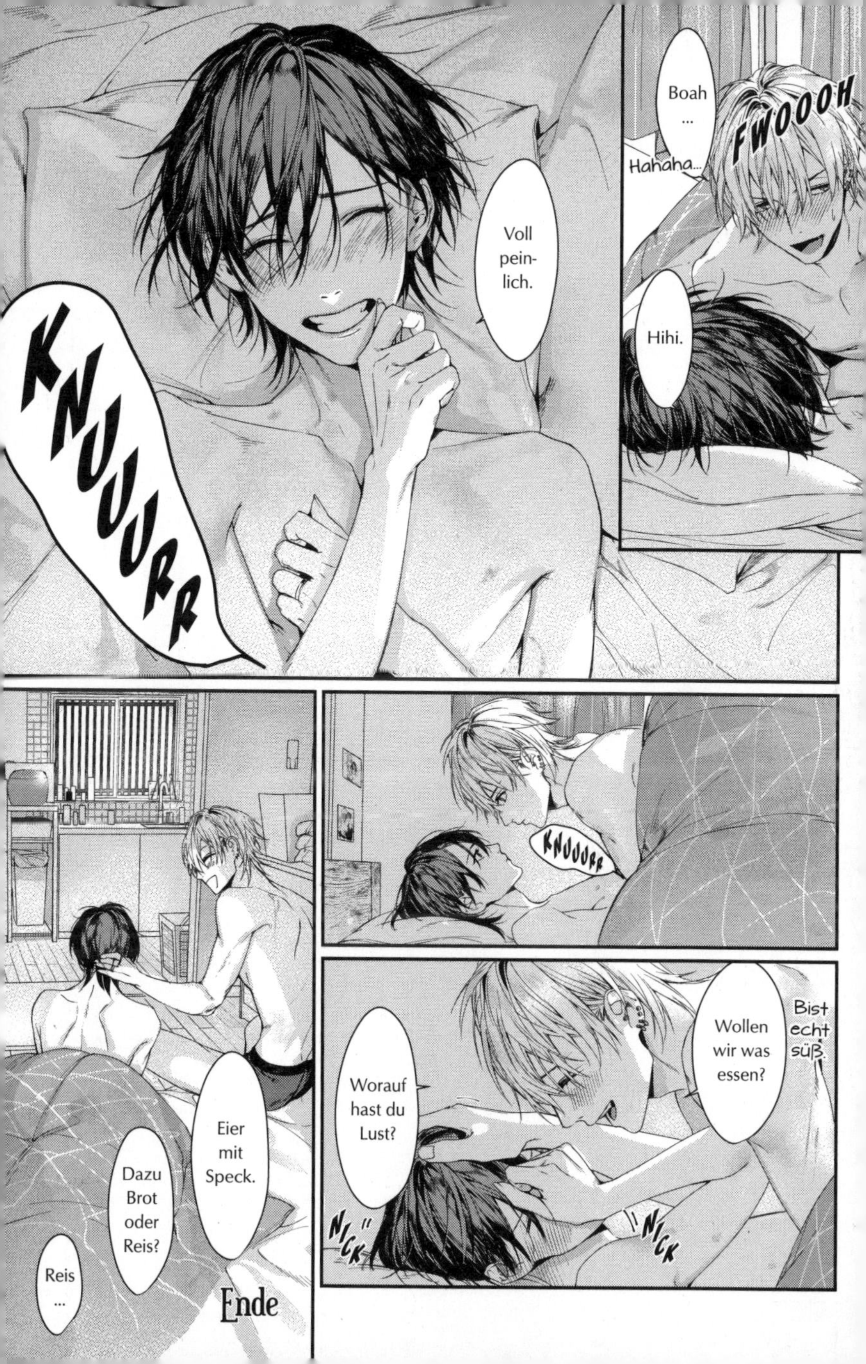

Boah ...
FWOOOH
Hahaha...
Hihi.
Voll peinlich.
KNUUURR
KNUUURR
Bist echt süß.
Wollen wir was essen?
Worauf hast du Lust?
NICK NICK
Eier mit Speck.
Dazu Brot oder Reis?
Reis ...
Ende

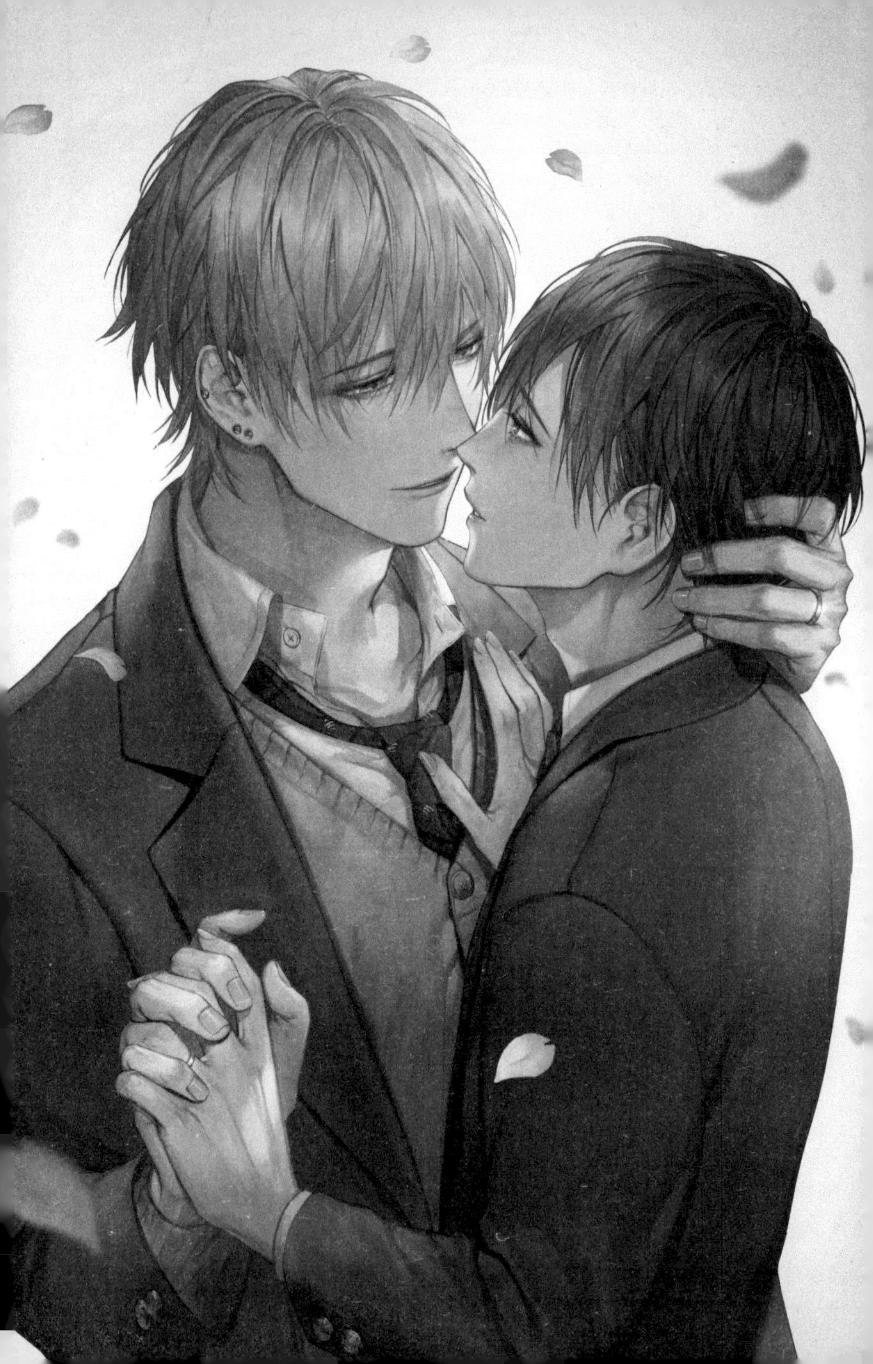

Vielen Dank, dass ihr den Manga bis zum Schluss gelesen habt.

»Lass meine Hand nicht los« ist mein erstes Werk. Am Anfang haben mich Sorgen und Unsicherheiten geplagt, ob ich die Geschichte auch zu Ende bringen kann, aber schließlich konnte ich die beiden doch auf den Pfad ihrer gemeinsamen Zukunft bringen. Darüber freue ich mich.

Meine Redaktion war so lieb und hat gesagt: »Das ist deine erste Veröffentlichung, zeichne doch einfach, was du magst!« Also habe ich eine Omegaverse-Story geschrieben, die an der Oberschule spielt. Bei Miyabi sind ziemlich viele meiner persönlichen Präferenzen eingeflossen (dünn, achtet nicht auf seine Gesundheit, kühle Art . . . etc.) Sein Charakter war der Dreh- und Angelpunkt, anhand dessen ich Haruto als komplettes Gegenteil entworfen habe. Und da ist mir zum ersten Mal aufgefallen, dass dadurch ein Top entstand, bei dem quasi alle Skillpunkte auf das Licht-Attribut gesetzt wurden. Ganz am Anfang hatte Haruto also nicht wirklich einen Charakter, das war ein harter Kampf für mich. Schlussendlich wurde er zum Glück doch ein ausgewogener Oberschüler, der sowohl seine guten als auch seine unreifen Seiten hat.

Je mehr ich die beiden gezeichnet habe, desto mehr habe ich verstanden, wer sie als Personen sind. Das war für mich ein ganz wundersames, aber auch aufregendes Gefühl.

Wenn ich etwas bedauere, dann dass die zwei nicht viel Spaß mit Sachen hatten, die als typisch für Oberschüler gelten. Ein kleines Stimmchen in meinem Kopf fände es ja schön, wenn ich das irgendwann irgendwo nachholen könnte.

Die beiden haben es endlich an die Startlinie geschafft. Ich hoffe, dass in der Zukunft viele schöne Erfahrungen auf sie warten, die ihnen bisher verwehrt blieben.

Nachdem jetzt feststeht, dass ich eine Fortsetzung zeichnen darf, würde ich mich freuen, wenn ihr die zwei auch auf ihrer zukünftigen Reise begleiten würdet.

Saki Sakimoto

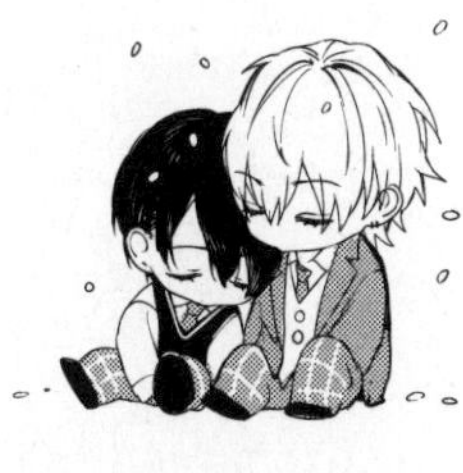

Ein ganz großes Danke an die Redaktion, alle Designer*innen und Leute, die an der Gestaltung dieses Manga beteiligt waren, und natürlich an alle Leser*innen dieser Geschichte!

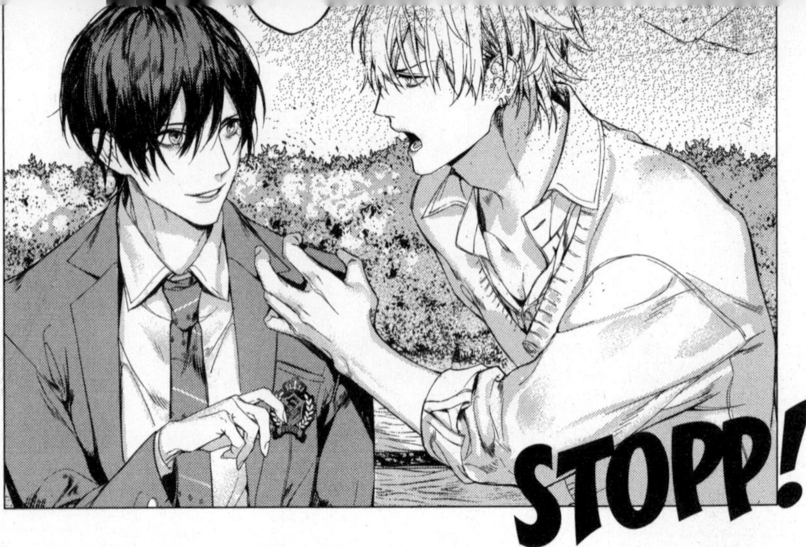

Lass meine Hand nicht los

ist eine japanische Serie, die originalgetreu von »hinten« nach »vorne« und von rechts nach links gelesen wird! Schlagt das Buch also »hinten« auf und blättert Seite für Seite nach »vorne« weiter! Auch die Bilder und Sprechblasen werden von rechts oben nach links unten gelesen, wie es in der Grafik gezeigt wird! HAYABUSA wünscht gute Unterhaltung!

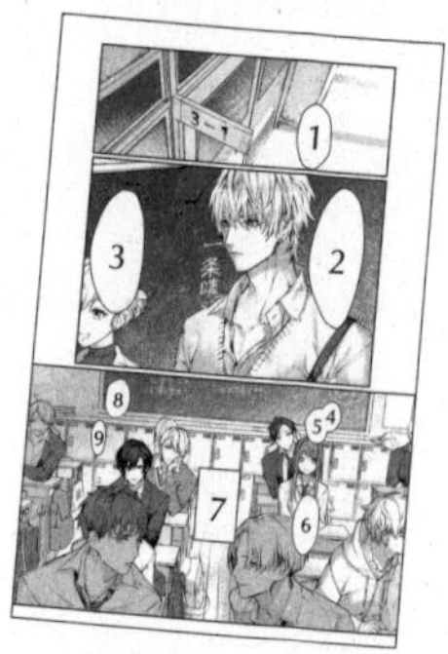

HAYABUSA
2024 Carlsen Verlag GmbH · Völckersstraße 14-20 · 22765 Hamburg
Aus dem Japanischen von Christina Rinnerthaler
KONO TE WO HANASANAIDE

Original Cover Design: UCHIKAWADESIGN Inc.
Covergestaltung: Sonnenfisch Production – Laura Bartels
Redaktion: Julia Liebetraut
Herstellung: Lena Voigt

ISBN: 978-3-551-62395-9

FSC www.fsc.org MIX Papier | Fördert gute Waldnutzung FSC® C083411

LOVE THE FALCON
www.hayabusa-manga.de
www.carlsen.de
hayabusa_manga
HayabusaTweets

Wir produzieren nachhaltig
- Klimaneutrales Produkt
- Papiere aus nachhaltigen und kontrollierten Quellen
- Hergestellt in Europa